# FTD digital

Olá, aluno!

Este livro que está em suas mãos permite acessar **conteúdo multimídia** que irá tornar o seu aprendizado muito mais **dinâmico** e **profundo**. Basta utilizar o seu *código exclusivo*, impresso nesta página.

Se você já é usuário do **FTD Digital**, acesse-o usando seu **login** e sua **senha**. Então, clique em **cadastrar livro** e siga as instruções de como utilizar seu *código exclusivo*. Se você **ainda não é usuário** do **FTD Digital**, siga os passos abaixo antes de registrar seu *código exclusivo* e bons estudos.

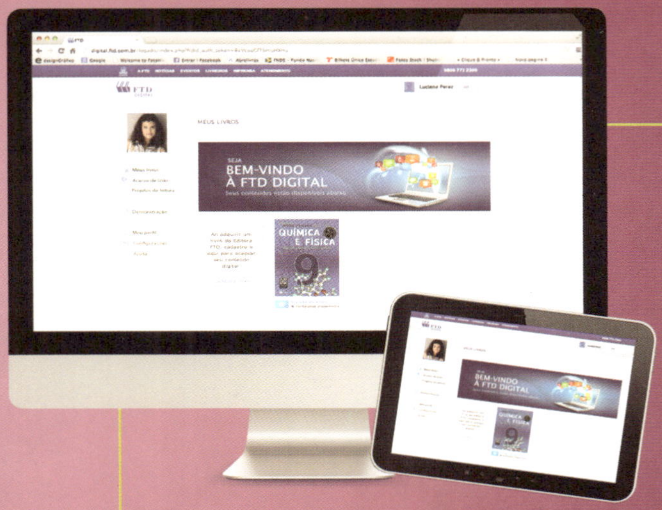


**Passo a passo:**

1 Acesse: www.ftd.com.br e clique em **FTD Digital**.

2 Clique em **criar cadastro** e preencha com seus dados.

3 Em seguida, você receberá um **e-mail para ativação**. Clique no link e conclua seu cadastro.

4 Agora que você tem acesso ao ambiente **FTD Digital**, siga as orientações para o registro do seu *código exclusivo*.

**Perfil Aluno**

Você terá acesso a **vídeos**, **animações**, **simuladores**, **jogos**, **infográficos**, **educlipes** e **textos** para facilitar a compreensão dos temas de seus estudos. Além disso, você poderá buscar **indicações de leitura** complementar, **fazer simulados** e **obter ajuda** para suas pesquisas na web com o **Acervo de links**.

Experimente e entre para o mundo **FTD Digital**.

**Seu código exclusivo:**

**1153.9283.82E6.KV8M.NPY**

www.ftd.com.br

# HISTÓRIA 6
## Sociedade & Cidadania

**Alfredo Boulos Júnior**

Doutor em Educação (área de concentração: História da Educação) pela Pontifícia Universidade Católica de São Paulo.

Mestre em Ciências (área de concentração: História Social) pela Universidade de São Paulo.

Lecionou na rede pública e particular e em cursinhos pré-vestibulares.

É autor de coleções paradidáticas.

Assessorou a Diretoria Técnica da Fundação para o Desenvolvimento da Educação – São Paulo.

São Paulo, 2015

FTD

| | |
|---|---|
| **Diretor editorial** | Lauri Cericato |
| **Gerente editorial** | Silvana Rossi Júlio |
| **Editora** | Natalia Taccetti |
| **Editores assistentes** | Nubia Andrade e Silva, Gabriel Careta |
| **Assessoria** | Carolina Leite de Souza, Leonardo Klein, Thais Videira, Carolina Bianchini |
| **Gerente de produção editorial** | Mariana Milani |
| **Coordenadora de produção** | Marcia Berne |
| **Coordenadora de arte** | Daniela Máximo |
| **Projeto gráfico** | Juliana Carvalho |
| **Capa** | Alexandre Santana de Paula |
| **Foto de capa** | W. Buss/De Agostini/Getty Images |
| **Supervisor de arte** | Fabiano dos Santos Mariano |
| **Editor de arte** | Felipe Borba |
| **Diagramação** | Claritas Comunicação |
| **Tratamento de imagens** | Eziquiel Racheti, Ana Isabela Pithan Maraschin |
| **Ilustrações e cartografia** | Ilustra Cartoon, Mozart Couto, Luís Rubio, Osnei, Pelicano, Rmatias, Alexandre Bueno, Allmaps, Renato Bassani |
| **Coordenadora de preparação e revisão** | Lilian Semenichin |
| **Revisão** | **Líder**: Viviam Moreira. *Revisores*: Aline Araújo, Carina de Luca, Enymilia Guimarães, Fernando Cardoso, Iracema Fantaguci, Lívia Perran, Rita Lopes, Sônia Cervantes, Veridiana Maenaka |
| **Supervisora de iconografia** | Célia Rosa |
| **Iconografia** | Daniel Cymbalista, Graciela Naliati |
| **Diretor de operações e produção gráfica** | Reginaldo Soares Damasceno |

**Dados Internacionais de Catalogação na Publicação (CIP)**
**(Câmara Brasileira do Livro, SP, Brasil)**

Boulos Júnior, Alfredo
História sociedade & cidadania, 6º ano / Alfredo Boulos Júnior. — 3. ed. — São Paulo : FTD, 2015.

"Ed. Reform."
ISBN 978-85-20-00367-1 (aluno)
ISBN 978-85-20-00368-8 (professor)

1. História (Ensino fundamental) I. Título.

15-04580 CDD-372.89

**Índices para catálogo sistemático:**
1. História : Ensino fundamental 372.89

2 3 4 5 6 7 8 9

Envidamos nossos melhores esforços para localizar e indicar adequadamente os créditos dos textos e imagens presentes nesta obra didática.
No entanto, colocamo-nos à disposição para avaliação de eventuais irregularidades ou omissões de crédito e consequente correção nas próximas edições.
As imagens e os textos constantes nesta obra que, eventualmente, reproduzam algum tipo de material de publicidade ou propaganda, ou a ele façam alusão, são aplicados para fins didáticos e não representam recomendação ou incentivo ao consumo.



Rua Rui Barbosa, 156 – Bela Vista – São Paulo-SP
CEP 01326-010 – Tel. (11) 3598-6000
Caixa Postal 65149 – CEP da Caixa Postal 01390-970
www.ftd.com.br
*E-mail*: ensino.fundamental2@ftd.com.br

Impresso no Parque Gráfico
Editora FTD S.A.
Avenida Antonio Bardella, 300
Guarulhos-SP – CEP 07220-020
Tel. (11) 3545-8600 e Fax (11) 2412-5375

# APRESENTAÇÃO

**Caro aluno,**

Quero lhe dizer algo que para mim é importante e por isso gostaria que você soubesse: para que este livro chegasse às suas mãos, foi necessário o trabalho e a dedicação de muitas pessoas: os profissionais do mundo do livro.

O autor é um deles. Sua tarefa é pesquisar e escrever o texto e as atividades, além de sugerir as imagens que ele gostaria que entrassem no livro. A essas páginas produzidas pelo autor damos o nome de originais.

O editor e seus assistentes leem e avaliam os originais. Em seguida, solicitam ao autor que melhore ou corrija o que é preciso no texto. Por vezes, pedem que o autor refaça uma ou outra parte. Daí entram em cena outros trabalhadores do mundo do livro: os profissionais da Iconografia, da Arte, da Revisão e do Jurídico, entre outros.

Os profissionais da Iconografia pesquisam, selecionam, tratam e negociam as imagens (fotografias, desenhos, gravuras, pinturas etc.) que serão aplicadas no livro. Algumas dessas imagens são os mapas, feitos por especialistas (os cartógrafos), e desenhos baseados em pesquisas históricas, feitos por profissionais denominados ilustradores.

Os profissionais da Arte criam um projeto gráfico (planejamento visual da obra), preparam e tratam as imagens e diagramam o livro, isto é, distribuem textos e imagens pelas páginas para que a leitura se torne mais compreensível e agradável.

Os profissionais da Preparação e Revisão corrigem palavras e frases, ajustam e padronizam o texto.

A equipe do Jurídico solicita a autorização legal para o uso de textos de outros autores e das imagens que irão compor o livro.

Todo esse trabalho é acompanhado pela Gerência Editorial.

Em seguida, esse material todo, que é um arquivo digital, segue para a gráfica, onde é transformado em livro por técnicos especializados do setor Gráfico. Depois de pronto, o livro chega às mãos da equipe de Divulgação, que o apresenta aos professores, personagens que dão vida ao livro, objeto ao mesmo tempo material e cultural.

Meu muito obrigado do fundo do coração a todos esses profissionais, sem os quais esta Coleção não existiria! E obrigado também a você, leitor.

*O autor*

# COMO ESTÁ ORGANIZADO SEU LIVRO?

## ABERTURA DE UNIDADE

Cada unidade é iniciada com uma abertura em página dupla. Nessas aberturas são apresentados, por meio de imagens e textos, os temas que serão trabalhados.

## ABERTURA DE CAPÍTULO

As aberturas dos capítulos propõem a discussão dos temas que serão trabalhados nas páginas seguintes.

## DIALOGANDO...

Desafios propostos ao longo do texto para discutir imagens, gráficos, tabelas e textos.

## PARA REFLETIR

Uma seção que traz textos estimulantes sobre os conteúdos estudados e propõe a discussão sobre esses temas.

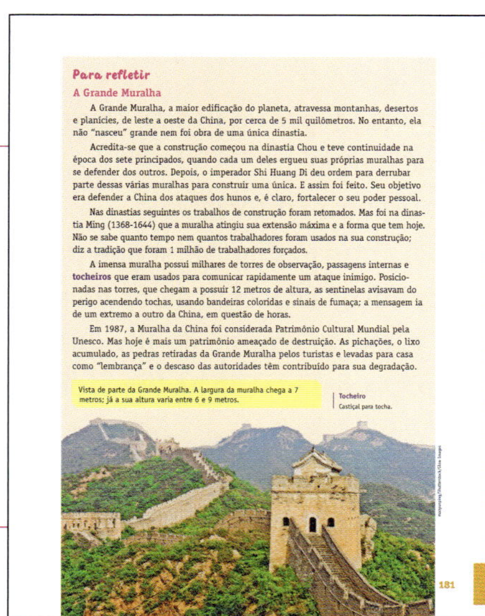


## PARA SABER MAIS

Um quadro que apresenta informações extras sobre os conteúdos dos capítulos trabalhados.

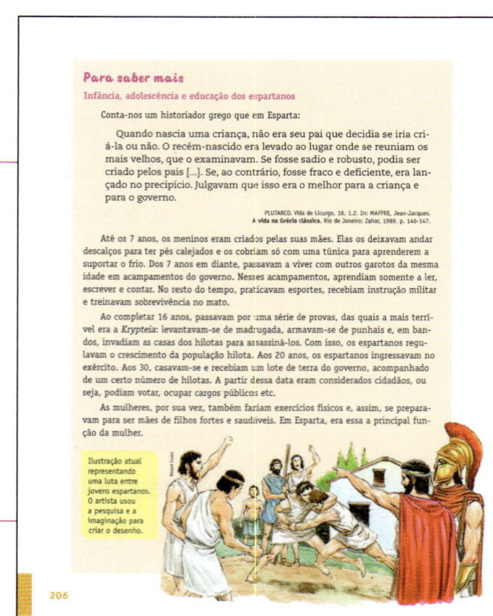

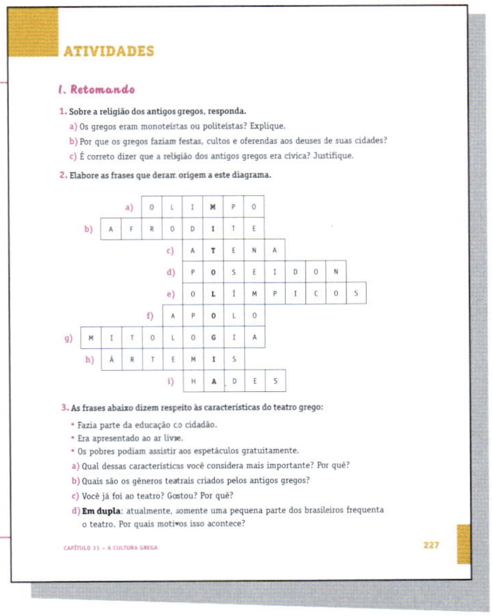

## ATIVIDADES

### Retomando

Questões variadas sobre os conteúdos dos capítulos para serem realizadas individualmente ou em grupo. Uma forma de rever aquilo que foi estudado.

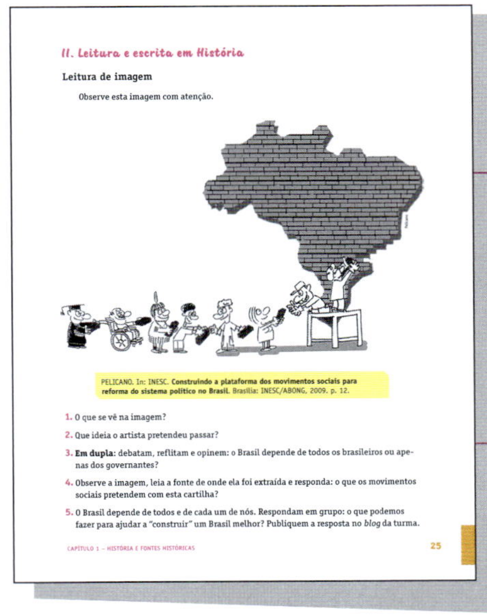

### Leitura de imagem

Seção que permite o estudo de imagens relacionadas aos temas dos capítulos.

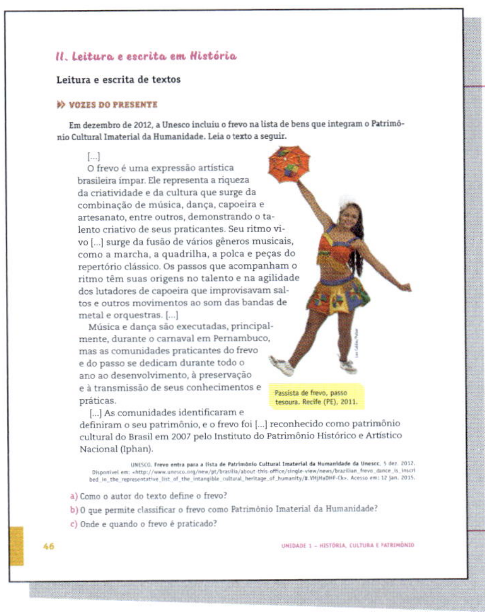

### Leitura e escrita de textos

Seção que trabalha a leitura e a interpretação de diferentes gêneros textuais. Para completar o estudo dos temas, são propostas atividades de pesquisa ou escrita de um texto.

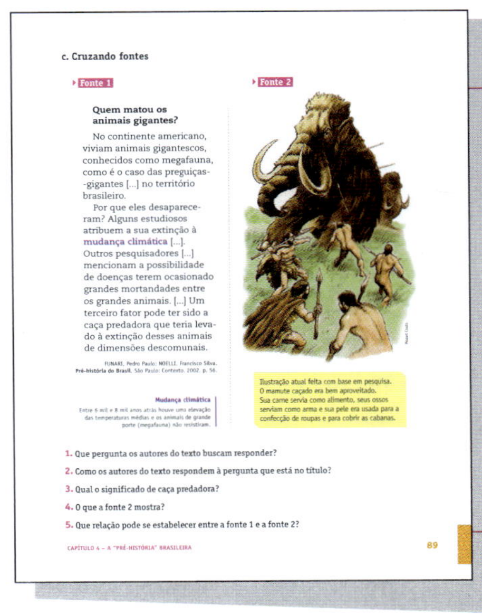

### Cruzando fontes

Uma seção que permitirá a você se aproximar do trabalho de um historiador, por meio da análise e da comparação de diferentes fontes.

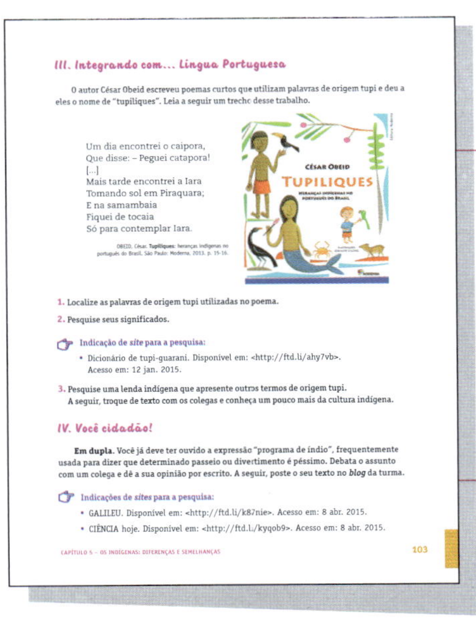

### Integrando com...

Nesta seção, a História e outras áreas do conhecimento se encontram, o que permite ampliar ou complementar o que foi visto no capítulo.

### Você cidadão!

Seção que permite a reflexão sobre temas como meio ambiente, ética e solidariedade. As atividades visam estimular e preparar o aluno para o exercício da cidadania.

# OBRIGADO!


Pelos momentos de reflexão e debates que tivemos sobre historiografia e ensino de História, quero agradecer os seguintes colegas:

**Fábio Duarte Joly** [Professor Doutor]
**Cláudio Hiro** [Professor Doutor]
**Márcio Delgado** [Professor Doutor]
**Sebastião Leal Ferreira Vargas Neto** [Professor Doutor]
**Vanderlei Machado** [Professor Doutor]
**Regina Braz da Silva Santos Rocha** [Professora Doutora]
**Ana de Sena Tavares Bezerra** [Professora Mestra]
**Marco Túlio Vilela** [Professor Mestre]
**Maria Barjute Bacha** [Professora Mestra]
**Vanderlice de Souza Morangueira** [Professora Mestra]
**Eduardo Góes de Castro** [Professor Mestre]
**Luciana P. Magalhães de Castro** [Professora Mestra]
**Cândido Domingues Grangeiro** [Professor Mestre]
**Gláucia Borges Nunes** [Professora Mestra]
**Alexandre Coelho** [Professor]
**Augusto Cesar Nery de Lima** [Professor]
**Antônio Carlos Felix** [Professor]
**Antônio Carlos do Prado** [Professor]
**Augusto Bragança S. P. Rischitelil** [Professor]
**Cesar Mustafá Tanajura** [Professor]
**Clécio Rodrigues de Lima** [Professor]
**Daniel da Silva Assum** [Professor]
**Gecionny Souza** [Professora]
**Jorge Galdino** [Professor]
**José Augusto Carvalho Santos** [Professor]
**José Carvalho Rios** [Professor]
**Matheus Targino** [Professor]
**Murilo Mello** [Professor]
**Osmar Augusto Fick Júnior** [Professor]
**Rodolfo Augusto Bravo de Conto** [Professor]
**Udo Ingo Kunert** [Professor]
**Valdeir da Costa** [Professor]
**Dóris Margarete Assunção** [Professora]
**Maria Cristina Costa** [Professora]
**Marlúcia Naves Lemos** [Professora]
**Suzana C. Vargas** [Professora]
**José Clodomir Freire** [Professor]
**José Cleber Uchoa Gomes** [Professor]
**Francisco Waston Silva Souza** [Professor]
**Francisca Marcia Muniz Chaves** [Professora]
**Jorge Tales** [Professor]
**Marcos Luiz Treigher** [Professor]
**André Vinícius Bezerra Magalhães** [Professor]
**Marcio de Sousa Gurgel** [Professor]
**Michelle Arantes Pascoal** [Professora]
**Silvia Helena Ferreira** [Professora]
**Marília Serra Holanda Pinto** [Professora]
**Carlos José Ferreira de Souza** [Professor]
**Mardonio Cunha** [Professor]
**Joamir Souza** [Professor]
**Gabrielle Werenicz Alves** [Professora]
**Hudson de Oliveira e Silva** [Professor]
**Renato Dias Prado** [Professor]
**Juliana Aparecida Costa Silvestre** [Professora]

Agradeço também com especial carinho à gerente editorial Silvana Rossi Júlio e a outras três mulheres, cujo apoio foi decisivo para o nascimento desta coleção: Suely Regina, Isaura Feliciano de Paula e Margarete do Rosário Lúcio.

*O autor*

## BLOG DA TURMA

Professores, cientes da familiaridade que as novas gerações têm com as redes sociais, e que o uso de tecnologias educacionais pode levá-los a aprender mais e melhor, consideramos importante o esforço que vem sendo feito por vários atores sociais para recorrer a elas no processo de ensino-aprendizagem. Contribuindo com esses esforços e visando estimular o alunado a apresentar sua pesquisa de maneira mais atraente, solicitamos a eles, ao longo de toda a coleção, para que postassem suas reflexões e produções no ***blog* da turma**.

A fim de colaborar com os professores, produzimos também um pequeno texto com dicas para a montagem de um *blog* no ambiente escolar; propomos a seguir alguns passos para a realização desta tarefa:

1. Aplicar o nome da turma, da escola e do professor responsável; o *blog* pertencerá, portanto, a um grupo definido e limitado de pessoas.
2. Elaborar uma proposta para o *blog* explicitada por um nome significativo e uma curta descrição de seus objetivos.
3. Revisar o material a ser postado no *blog*, a fim de garantir a compreensão e a correção da mensagem (pode-se trabalhar em parceria com o professor de Língua Portuguesa).
4. Avaliar criteriosamente as fotos, tabelas, gráficos, mapas e textos dos mais variados gêneros destinados ao *blog*.
5. Os alunos poderão se organizar em grupos. Cada grupo será responsável por uma área de atuação; assim sendo teremos:
   a) **EQUIPE DE PESQUISA**, responsável por alimentar o *blog* com novas matérias-primas, que serão transformadas em produto com a ajuda dos outros grupos.
   b) **EQUIPE DE *DESIGN***, responsável pelos aspectos visuais, incluindo-se aí a diagramação, escolha das fontes de letra e cores, estilos e tamanho das imagens.
   c) **EQUIPE DE REDAÇÃO**, responsável por receber e organizar os materiais a serem postados, padronizando e melhorando os textos e as imagens (com a ajuda de programas como o *photoshop*).
   d) **EQUIPE DE ICONOGRAFIA**, responsável pela pesquisa e seleção de imagens (fotografias e ilustrações) e vídeos a serem postados.
   e) **EQUIPE DE PRODUÇÃO**, responsável pela integração dos demais aspectos e também pelas questões técnicas de manutenção do *blog*.
   f) **EQUIPE DE JORNALISMO**, responsável por entrevistas e cobertura dos assuntos abordados pelo *blog*, dentro e fora da escola.

Sugestão: poderá haver um rodízio quinzenal ou mensal entre os grupos, de modo que todos os alunos possam vivenciar as várias funções.

O *blog* poderá ser também uma ferramenta de comunicação permanente, em que serão informadas as datas de avaliações, atividades de estudo do meio; visitas técnicas a museus, excursões, passeios etc.

Editoria de arte

# SUMÁRIO

Hans Von Manteuffel/Opção Brasil

Mario Friedlander/Pulsar

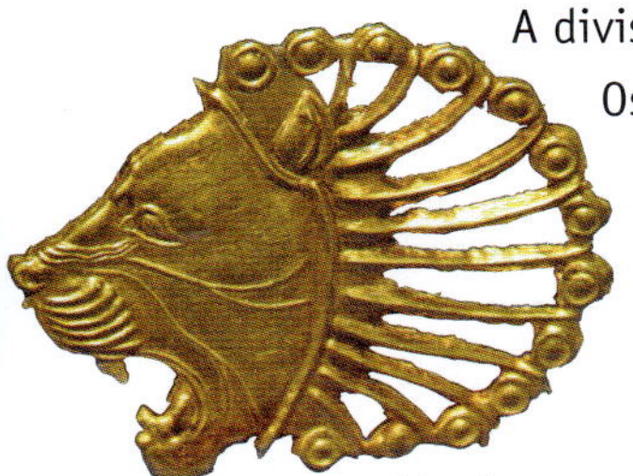
Peter Horree/Alamy/ Glow Images

DEA / A DAGLI ORTI/Easypix

UNIDADE 1

# HISTÓRIA, CULTURA E PATRIMÔNIO

Svetlana Braun/Getty Images

Reparou o desinteresse desses alunos pela aula? Será que é aula de História? Se for, por que será que estão tão desinteressados? Um dos motivos, talvez, seja ver a História como uma matéria "decoreba", um amontoado de datas e nomes de gente antiga que nada tem a ver com a nossa vida hoje. Já o grupo de alunos abaixo está estudando História com gosto; talvez porque vejam a História como uma fonte de prazer e conhecimento. E você, que ideia faz da História? O que a História estuda? Você acha que a História pode ajudar as pessoas no dia a dia?

Fernando Favoretto/Criar Imagem

Blend Images/ KidStock/Getty Images

Outras formas de estudar História...

Fazer uma visita orientada ao museu que guarda as esculturas do Mestre Vitalino, extraordinário artista pernambucano.

Leo Caldas/Pulsar

Casa Museu de Mestre Vitalino. Caruaru (PE), 2010.

Entrevistar um(a) idoso(a), para melhor conhecer outros tempos e histórias, a exemplo do que faz a menina ao lado.

Fernando Favoretto/Criar Imagem

Entrevista. Vila Formosa, São Paulo (SP), 2014.

Participar de uma atividade de Estudo de Meio em um Jardim Botânico, a exemplo do que fazem esses alunos do Rio de Janeiro.

Danísio Silva/Tempo Editorial

Passeio de escola pública municipal ao Jardim Botânico do Rio de Janeiro, 2006.

**Você já participou de alguma atividade parecida com as mostradas nesta página? Se a resposta for sim, você gostou? De qual dessas três atividades você gostaria de ter participado? Por quê?**

# 1 HISTÓRIA E FONTES HISTÓRICAS

Observando as imagens desta página, é possível perceber que o mundo em que vivemos hoje é muito diferente daquele em que viveram nossos bisavós. De lá para cá, muita coisa mudou.

George Marks/Retrofile/Getty Images

Paul Barton/Corbis/Latinstock

Thaïs Falcão

**1.** 1950.
**2.** c. 2000.
**3.** 2009.

As mudanças, porém, não foram apenas no campo da tecnologia e da comunicação; os modos de trabalhar, de se divertir, de se vestir, de se enfeitar, de pensar e de agir também mudaram.

**Dialogando...**

Observe as fotos desta página: que diferenças você percebe entre as meninas das fotos 1, 2 e 3 quanto ao modo de se comunicar? E quanto ao modo de se vestir das meninas das fotos 4 e 5, o que você percebe?

Hulton Archive/Getty Images

Val Thoermer/Alamy/Glow Images

**4.** Menina em foto de 1895.
**5.** Menina em foto de 2013.

# O que a História estuda?

Bem, você deve estar perguntando aonde queremos chegar apresentando todas essas mudanças. Afinal, o que a História estuda?

A História estuda justamente o processo de **mudanças** ocorridas nas sociedades. Incluem-se aí as mudanças no campo da tecnologia, da moda, da alimentação, da construção de moradias, do lazer, entre outras.

Mas a História não estuda apenas as mudanças. Estuda também as **permanências**, ou seja, aquilo que, mesmo com o passar dos anos, não mudou ou mudou pouco. Exemplos disso são as construções presentes em algumas cidades brasileiras, como Ouro Preto, São Luís, Olinda, Goiás e Salvador. Repare que elas são muito antigas e que preservam diversas características da época em que foram feitas.

John W Banagan/Getty Images

O Brasil possui 19 sítios reconhecidos pela Organização das Nações Unidas para a Educação, a Ciência e a Cultura (Unesco) como Patrimônio Mundial, entre os quais estão os centros históricos das cidades de Salvador (no alto) e Goiás (abaixo). Fotografias de 2012 e 2007, respectivamente.

Caetano Barreira/ Olhar Imagem

As permanências também podem ser percebidas nas brincadeiras antigas que continuam sendo praticadas hoje. O jogo de amarelinha é um exemplo de permanência.

Concluindo, a História estuda as mudanças e também as permanências. Procura perceber o modo como as pessoas viviam nos tempos antigos e como vivem hoje, bem como a relação entre aqueles tempos e os tempos atuais. Ou seja, a História estuda o tempo passado e também o presente. Por isso, pode-se dizer que a História é o estudo dos seres humanos no tempo.

Greatstock Photographic Library/Alamy/Otherimages

George S. Zimbel/Getty Images

**1.** Menina brincando de amarelinha na cidade de Nova York, Estados Unidos, 1950.
**2.** Menina brincando de amarelinha na África do Sul, 2007.
**3.** Menina pulando amarelinha, Peru, 2010.

Edith Held/Corbis/Latinstock

## Para refletir

Leia o texto a seguir com atenção.

### O que é História

Diz-se algumas vezes: “A História é a ciência do passado.” É [no meu modo de ver] falar errado [...]

Há muito tempo [...] **Michelet** e **Fustel de Coulanges** nos ensinaram a reconhecer: o objeto da História é [...] o homem. Digamos melhor: os homens. [...]. Por trás dos grandes vestígios [...] da paisagem, [...] por trás dos escritos [...] e das instituições [...] são os homens que a História quer capturar. [...].

**Michelet** e **Fustel de Coulanges**
Importantes historiadores franceses do século XIX.

Do caráter da História como conhecimento dos homens decorre sua posição específica [...]

Ciência dos homens, dissemos. É ainda vago demais. É preciso acrescentar: “dos homens, no tempo”.

BLOCH, Marc L. B. **Apologia da História ou O ofício de historiador**. Rio de Janeiro: Jorge Zahar, 2001. p. 52-54.

a) Que ideia o autor do texto critica?

b) Para o autor do texto, o que é a História?

c) Com base neste texto e no que você aprendeu sobre o assunto, qual a importância do tempo para a História?

d) Você tem conseguido usar bem o seu tempo? Tem conseguido conciliar estudo e lazer?

Crianças realizando diferentes atividades durante um dia.

Pressmaster/Shutterstock/Glow Images

Piti Tan/Shutterstock/Glow Images

Pressmaster/Shutterstock/Glow Images

# As fontes da História

**Historiador**
Profissional formado em universidade cujo trabalho consiste em escrever narrativas sobre o passado e o presente com base em fontes históricas.

O trabalho do **historiador** é semelhante ao do detetive. Ao investigar um caso, o detetive usa os vestígios deixados pelos envolvidos, por exemplo, um fio de cabelo, um brinco, uma lata vazia... O historiador age de forma semelhante: utiliza todos os vestígios ou pistas disponíveis para construir um conhecimento sobre a trajetória de um povo, um grupo ou um indivíduo. Os vestígios (escritos, imagens, objetos etc.) produzidos pelo ser humano na sua passagem pela Terra são chamados de **fontes históricas**.

As fontes históricas podem ser escritas, visuais, orais e da cultura material. Cédulas de identidade, diários e leis são exemplos de fontes escritas. Fotografias, pinturas, desenhos e cartões-postais são exemplos de fontes visuais.

Editoria de arte

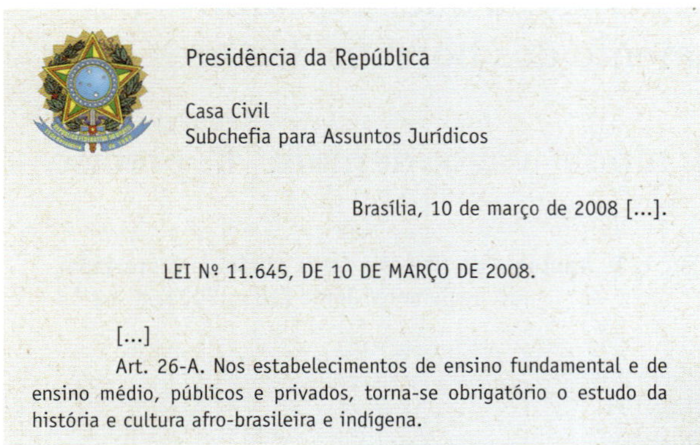
Presidência da República

Casa Civil
Subchefia para Assuntos Jurídicos

Brasília, 10 de março de 2008 [...].

LEI Nº 11.645, DE 10 DE MARÇO DE 2008.

[...]
Art. 26-A. Nos estabelecimentos de ensino fundamental e de ensino médio, públicos e privados, torna-se obrigatório o estudo da história e cultura afro-brasileira e indígena.

Trecho da lei nº 11.645/08 – um exemplo de fonte escrita.

Gary Houlder/Image Source/Glow Images

A foto dessa família é um exemplo de fonte visual.

Cantigas, lendas e entrevistas são exemplos de fontes orais. Nas sociedades em que não se usa a escrita, é quase sempre pelos mais velhos que os mais novos ficam sabendo da História. As lembranças dos mais velhos são, portanto, uma fonte para o conhecimento da História.

Brinquedos, móveis e vestimentas são objetos da cultura material de um grupo ou povo e, como tal, também são importantes fontes históricas.

Fernando Favoretto/Criar Imagem

A entrevista é um exemplo de fonte oral. A menina grava e depois transcreve a entrevista.

Fabio Colombini

Zig Koch/Natureza Brasileira

A bombacha (calça larga presa ao tornozelo por botões), a bota e a cuia de beber o chimarrão (bebida feita com as folhas da erva-mate) são exemplos de objetos da cultura material dos gaúchos. Podemos usá-los como fonte para o estudo sobre eles.

Pois bem, imagine que daqui a cem anos um historiador queira descobrir os divertimentos prediletos das crianças nas cidades brasileiras de hoje. O primeiro passo será reunir vários tipos de fontes (textos, imagens, relatos orais, objetos etc.) que informam sobre esses divertimentos.

Depois de reunir e organizar o material escolhido, o historiador passa a verificar quais os divertimentos mais praticados pelas crianças; depois, então, passa a identificar, classificar, associar, relacionar, comparar, analisar e, assim, aos poucos, vai construindo a sua versão a respeito do assunto.

wavebreakmedia/Shutterstock/Glow Images

Blue Images/Corbis/Latinstock

Crianças de diferentes lugares brincando.

Fabio Colombini

# História e conhecimento

Para construir um conhecimento sobre determinado povo ou episódio, o historiador necessita do saber elaborado pelos profissionais de outras áreas, como os arqueólogos, os geógrafos, os biólogos, entre outros. Os arqueólogos estudam os grupos humanos por meio dos vestígios materiais deixados por eles, como restos de casas, instrumentos de trabalho, pinturas feitas em rochas e vasos. O pedaço de um machado de pedra escavado por um arqueólogo e examinado em laboratório pode nos contar sobre a idade daquela pedra e o modo de vida do povo que utilizou aquele machado. Vasos, potes e jarros para beber água estão entre os achados mais comuns nas escavações arqueológicas; porém, são poucos os encontrados inteiros.

Assim, incorporando os saberes acumulados por outros estudiosos, o historiador vai aumentando seu conhecimento sobre os seres humanos e sua trajetória ao longo do tempo.

Jonathan Blair/Corbis/Latinstock

Richard T. Nowitz/Corbis/Latinstock

No alto, o arqueólogo marinho Dr. George Bass segura um vaso de cerâmica encontrado em um navio naufragado em 1025 na Turquia; à esquerda, restauração de cerâmica em Israel, 1993.

# Quem faz a História?

A História não é feita apenas pelos grandes personagens (reis, generais, presidentes), mas por todos nós, isto é, por pessoas como eu, você, sua professora, a diretora, o prefeito etc.; por grupos como o dos artesãos, dos idosos, dos soldados, dos ricos, das mulheres, das crianças etc.; e por instituições sociais como a Igreja, a Câmara dos Deputados, o Exército etc.

Assim pode-se dizer que você, eu, sua professora, seus parentes, os artistas, os políticos, a Igreja e o Exército... todos nós, portanto, somos sujeitos da História.

## Para refletir

### Manifestação de crianças

Centenas de crianças participaram junto com pais, tios e avós de sua primeira manifestação neste domingo (23), no Aterro do Flamengo, na Zona Sul do Rio. Com a ajuda dos adultos encheram cartazes de tinta, desenhos e pedidos de um país melhor no futuro e, em vez de palavras de ordem, cantaram cantigas de roda. [...]

"A gente quer que nossos filhos vivam num país melhor. Por isso, fomos construindo coletivamente esse movimento, com outros pais, pelas redes sociais. [...]", disse Marina. [...]

Já alfabetizada, Dora Dorigo, de 6 anos, pintava um coração de vermelho, num cartaz de próprio punho onde pedia mais paz e amor. A mãe de Dora, a *designer* Lícia Rubinstein, elogiou o ato infantil.

"É importante que ela comece a descobrir formas de manifestar seus sentimentos, seus desejos. Brincando, ela vai aprendendo e absorvendo esses ensinamentos", disse Lícia. [...]

O objetivo do movimento era pedir **democracia**, qualidade e segurança nos serviços de transporte e dizer não à violência policial.

[...]

**Democracia**
Regime político que se baseia na soberania popular, na liberdade eleitoral e na divisão de poderes.

MENDONÇA, Alba Valéria. Crianças fazem manifestação no Aterro, no Rio. **G1**, Rio de Janeiro, 24 jun. 2013. Disponível em: <http://g1.globo.com/rio-de-janeiro/noticia/2013/06/criancas-fazem-manifestacao-no-aterro-no-rio.html>. Acesso em: 17 nov. 2014.

Cléber Júnior/ Extra/Agência O Globo

Manifestação de crianças ocorrida no Aterro do Flamengo, Rio de Janeiro, em 2013.

a) O que o texto conta?

b) Como os manifestantes organizaram o movimento?

c) O que os manifestantes exigiam?

d) Pode-se dizer que os manifestantes (mulheres, homens e crianças) fizeram história?

e) O sujeito histórico pode ser individual ou coletivo. Você seria capaz de dar um exemplo de sujeito histórico individual e um de sujeito histórico coletivo?

# ATIVIDADES

## 1. Retomando

**1.** Observe as imagens abaixo. O que se percebe ao comparar a imagem 1 com a imagem 2?

Hulton Archive/Getty Images

Sala de aula em Londres, Inglaterra, em 1908.

Fernando Favoretto

Sala de aula em São Paulo, Brasil, em 2015.

**2.** Observe as fotografias a seguir com atenção. O que há em comum entre elas?

Bert Hardy/Getty Images

Crianças brincando, década de 1950.

Kevin Radford/Masterfile/Latinstock

Fotografia recente, crianças brincando.

**3.** Copie a ficha a seguir em seu caderno e complete-a explicando o significado de:

| | |
|---|---|
| Mudanças | |
| Permanências | |
| Historiador | MODELO |
| Fontes históricas | |
| Sujeito histórico | |

**4.** Como vimos, o historiador utiliza todos os vestígios disponíveis para produzir o conhecimento histórico. Esses vestígios são as fontes históricas, que podem ser escritas, visuais, orais e materiais. Observe as fontes históricas a seguir e classifique-as.

**1**

Gentil Barreira/Imagem Brasil

Gibão de couro.

**2**

Fabio Colombini

Cestos indígenas, Manaus (AM).

**3**

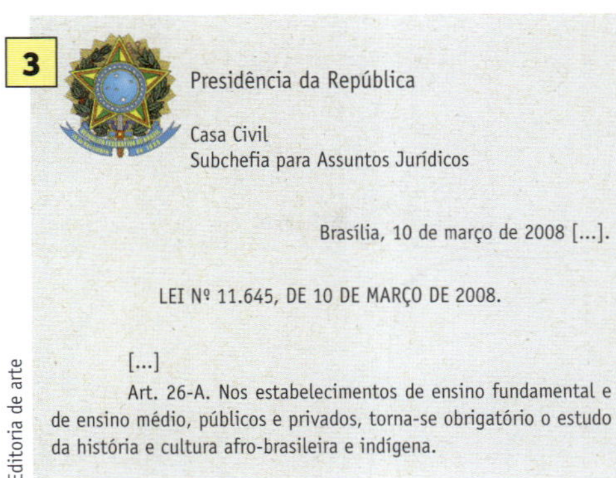

Presidência da República

Casa Civil
Subchefia para Assuntos Jurídicos

Brasília, 10 de março de 2008 [...].

LEI Nº 11.645, DE 10 DE MARÇO DE 2008.

[...]

Art. 26-A. Nos estabelecimentos de ensino fundamental e de ensino médio, públicos e privados, torna-se obrigatório o estudo da história e cultura afro-brasileira e indígena.

Editoria de arte

Lei nº 11.645/08.

**4**

Renato Soares/Pulsar

Família indígena da etnia kambeba, Manaus (AM), em 2011.

**5**

Zoonar/Photographer/Easypix

Entrevista realizada durante a Festa de São Sebastião, Tenerife, nas Ilhas Canárias.

**6**

Bullit Marquez/AP/Glow Images

Crianças muçulmanas em uma manifestação pela paz nas Filipinas, em 2009.

**5.** **Conte à turma alguns momentos importantes da sua vida. Utilize ao menos três tipos de fontes históricas entre as citadas a seguir.**

- fontes escritas (certidão de nascimento, RG);
- fontes visuais (fotos suas, de seus familiares e amigos);
- fontes materiais (brinquedos, enfeites, roupas, calçados);
- fontes orais (entrevista com um adulto que conheça a sua história).

**6.** **Os historiadores investigam o passado com base nas pistas (fontes) de que dispõem. Pode-se dizer que o trabalho do historiador é parecido com o do detetive? Justifique.**

**7.** **A entrevista é um recurso muito utilizado pelos historiadores em suas pesquisas. Entreviste um adulto com base no roteiro a seguir.**

Fernando Favoretto/Criar Imagem

Crianças entrevistando uma médica no município de São Paulo (SP), 2013.

- Quando e onde o senhor (ou a senhora) nasceu?
- Do que o senhor (ou a senhora) brincava na infância?
- Que diferenças o senhor (ou a senhora) percebe entre a sua infância e a das crianças de hoje em relação a brinquedos e brincadeiras?
- O modo de as crianças se relacionarem com os adultos era muito diferente do que é hoje?
- O lugar em que você foi criado está muito diferente dos seus tempos de infância? O que mudou e o que permaneceu como antes?
- Que conselho você daria aos adolescentes de hoje?

## II. Leitura e escrita em História

### Leitura de imagem

Observe esta imagem com atenção.

PELICANO. In: INESC. **Construindo a plataforma dos movimentos sociais para reforma do sistema político no Brasil.** Brasília: INESC/ABONG, 2009. p. 12.

1. O que se vê na imagem?
2. Que ideia o artista pretendeu passar?
3. **Em dupla:** debatam, reflitam e opinem: o Brasil depende de todos os brasileiros ou apenas dos governantes?
4. Observe a imagem, leia a fonte de onde ela foi extraída e responda: o que os movimentos sociais pretendem com esta cartilha?
5. O Brasil depende de todos e de cada um de nós. Respondam em grupo: o que podemos fazer para ajudar a "construir" um Brasil melhor? Publiquem a resposta no *blog* da turma.

Sammlung Rauch/ Interfoto/Latinstock

O poeta e dramaturgo alemão Bertold Brecht, em ilustração de Max Pechstein.

## III. Integrando com... Língua Portuguesa

Este poema foi escrito pelo dramaturgo alemão Bertold Brecht (1898-1956). Leia-o com atenção.

### Perguntas de um trabalhador que lê

Quem construiu a Tebas de sete portas?
Nos livros estão nomes de reis.
Arrastaram eles os blocos de pedra?
E a Babilônia várias vezes destruída –
Quem a reconstruiu tantas vezes? [...]
Para onde foram os pedreiros, na noite em que a Muralha da China ficou pronta?
A grande Roma está cheia de arcos do triunfo.
Quem os ergueu? [...]
O jovem Alexandre conquistou a Índia.
Sozinho?
[...]
Filipe da Espanha chorou, quando sua Armada
Naufragou. Ninguém mais chorou?
[...]
Tantas histórias.
Tantas questões.

BRECHT, Bertold. **Poemas (1913-1956)**. Seleção e tradução de Paulo César de Souza. São Paulo: Editora 34, 2000. p. 166.

**1.** Releia a seguir os versos iniciais do poema.

> Quem construiu a Tebas de sete portas?
> Nos livros estão nomes de reis.
> Arrastaram eles os blocos de pedra?

- Quem de fato arrastou blocos de pedra durante a construção de Tebas?

**2.** Releia as outras questões presentes no poema e responda: quem são as pessoas responsáveis por executar as ações relatadas?

**3.** Com base no que você estudou neste capítulo, interprete o verso "Nos livros estão nomes de reis".

**4.** O título do poema é "Perguntas de um trabalhador que lê". Nessa frase, o verbo "ler" tem o sentido de "ler um texto" ou "interpretar a realidade"?

**5.** O que essas perguntas contidas no texto nos permitem concluir?

# 2 CULTURA, PATRIMÔNIO E TEMPO

Apu Gomes/Folhapress

Criança engraxate trabalhando em aeroporto de São Paulo (SP), 2014.

Você já reparou que há situações em que percebemos o tempo passar lentamente e outras em que o sentimos passar rapidamente? O que é o tempo para você? Qual é a importância do relógio na sua vida? Você tem o hábito de consultar o calendário? Observe o menino da fotografia ao lado e as crianças fotografadas abaixo. Para qual(is) dessas crianças o tempo parece passar mais lentamente? Por quê?

Mauricio Simonetti/Pulsar Imagens

Crianças dançando quadrilha em Pirapora (MG), 2005.

**Direitos Humanos**
São os direitos e liberdades básicas de todas as pessoas, como liberdade de expressão, de pensamento e igualdade perante a lei.

Os seres humanos têm semelhanças entre si. Todos temos necessidade de comer, dormir, respirar, amar etc. Segundo a Declaração Universal dos **Direitos Humanos**, documento de 1948 assinado por países do mundo inteiro, inclusive o Brasil, somos iguais também em direitos.

Mas, se somos iguais em necessidades e direitos, quanto à cultura, nós somos diferentes.

## Cultura

O texto a seguir pode nos ajudar a compreender o que é cultura.

> Chama-se cultura tudo o que é feito pelos homens, ou resulta do trabalho deles e de seus pensamentos. [...] Uma casa qualquer [...] é claramente um produto cultural, porque é feita pelos homens. A mesma coisa se pode dizer de um prato de sopa, de um picolé ou de um diário. Mas estas são coisas da cultura material, que se podem ver, medir, pesar.
>
> Há, também, para complicar, as coisas da cultura imaterial [...]. A fala, por exemplo, que se revela quando a gente conversa, [...] é criação cultural. [...]
>
> Além da fala, temos as crenças, as artes, que são criações culturais, porque inventadas pelos homens e transmitidas uns aos outros através das gerações.

RIBEIRO, Darcy; ZIRALDO (ilustrações). **Noções de coisas**. São Paulo: FTD, 1995. p. 34.

Assim podemos definir **cultura material** como o conjunto de objetos (tecidos, instrumentos de trabalho, meios de transporte, adornos, habitações, entre outros) produzido pelos seres humanos de uma determinada sociedade.

Iasha/Shutterstock/Glow Images

Julian Rovagnati/Shutterstock/Glow Images

Bloomua/Shutterstock/Glow Images

design56/Shutterstock/Glow Images

As imagens mostram exemplos de objetos da cultura material.

Já a **cultura imaterial** é tudo aquilo que é produzido pelo ser humano, mas não é palpável, ou seja, não pode ser pego, como o modo de fazer uma comida, uma brincadeira, uma festa, um ritual etc. Observe a imagem a seguir.

Levi Bianco/Olhar Imagem

O Círio de Nazaré, festa religiosa que ocorre no segundo domingo de outubro em Belém (PA) e reúne milhares de devotos de várias partes do país, foi considerado Patrimônio Cultural Imaterial da Humanidade pela Unesco. Fotografia de 2011.

## A cultura de cada povo

Cada povo tem sua cultura, isto é, um jeito próprio de se vestir, de se alimentar, de construir moradias, de fazer festa, de agir e de pensar. Na Terra há, portanto, uma enorme variedade de culturas. Em um país como o Brasil, por exemplo, também há diversas culturas. Daí falarmos em cultura baiana, cultura paulista, cultura gaúcha, cultura sertaneja, entre outras.

As culturas são diferentes entre si; apenas isso. Cada cultura tem o seu valor e **não há uma cultura superior a outra**. Conforme a **Antropologia**, nenhum povo pode ser chamado de "selvagem" ou "primitivo" porque se veste, se enfeita, se alimenta ou pensa diferente de outro.

**Antropologia**
Ciência que estuda as culturas dos seres humanos em seus vários aspectos, englobando sua origem e seu desenvolvimento. Ela estuda, por exemplo, os costumes, as crenças, o modo de vida e outras características presentes nas diversas sociedades.

João Prudente/Pulsar

Catherine Krulik/Olhar Imagem

Juca Martins/Olhar Imagem

1. Vaqueiros no Parque Estadual Padre João Câncio, Serrita (PE), 2010.
2. Festival Folclórico de Parintins (AM), 2001.
3. Monumento ao Carreteiro, São Francisco de Paula (RS), 2008.

## Por que rimos dos outros, então?

Durante os jogos da Copa do Mundo de futebol é comum ver pessoas rindo da torcida da Escócia. Isso porque entre os torcedores daquele país há homens vestindo saias. Há também quem caçoe de um indígena porque este usa botoque nos lábios, ou de uma muçulmana porque ela anda com o rosto coberto. Ora, rir dessas pessoas é adotar uma postura **etnocêntrica**, isto é, julgar o diferente, o "outro", com base em nossos valores e princípios.

Assim, quando rimos de uma pessoa ou de um grupo que tem hábitos diferentes dos nossos, estamos na verdade ignorando a sua cultura e, com isso, estamos cometendo **etnocentrismo**. Quase sempre o que leva uma pessoa a ter atitudes etnocêntricas é a ignorância, o desconhecimento da cultura das pessoas que ela ridiculariza.

**Etnocêntrico**
Que se refere ao etnocentrismo, ou seja, a maneira de ver o mundo daqueles que consideram o seu grupo (sua etnia ou sua nação) superior aos demais ou mais importante que os demais.

**Dialogando...**

Você já riu de uma pessoa só porque tinha hábitos diferentes dos seus? Alguém já riu de você por algum hábito seu?

# Patrimônio cultural: conhecer para preservar

Hans Von Manteuffel/Opção Brasil

Toda sociedade humana possui bens que têm especial importância para ela; esses bens podem ser **materiais**, como o prédio de um museu; **imateriais**, como uma dança; ou **naturais**, como uma cachoeira. O conjunto desses bens materiais, imateriais e naturais que existem no Brasil constitui o **patrimônio cultural brasileiro**. Leia a seguir uma definição de patrimônio cultural.

> Patrimônio é tudo o que criamos, valorizamos e queremos preservar: são os monumentos e obras de arte, e também as festas, músicas e danças, os folguedos e as comidas, os saberes, fazeres e falares. Tudo enfim que produzimos com as mãos, as ideias e a fantasia.

LONDRES, Cecília. Apresentação. In: BRAYNER, Natália Guerra. **Patrimônio cultural imaterial**: para saber mais. Brasília, DF: Iphan, 2007. p. 5. Disponível em: <http://portal.iphan.gov.br/portal/baixaFcdAnexo.do?id=3172>. Acesso em: 12 jan. 2015.

**Dialogando...**

Qual desses bens é material, qual é imaterial e qual é natural?

Zig Koch/Olhar Imagem

Zig Koch/Olhar Imagem

1. Dançarina de frevo, Recife (PE), 2007.
2. Prédio do Centro Educativo Burle Marx, no Instituto Inhotim (MG), 2011.
3. Cataratas do Iguaçu, no Parque Nacional do Iguaçu, Foz do Iguaçu (PR), 2012.

O frevo, o prédio do Centro Educativo Burle Marx, no Instituto Inhotim, e as Cataratas do Iguaçu integram o patrimônio cultural brasileiro.

1

Mario Friedlander/Pulsar

## A valorização das matrizes africana e indígena

Durante muito tempo valorizaram-se apenas os bens culturais inspirados em modelos europeus e ligados à História oficial, como a estátua de D. Pedro I no Museu Paulista. Mas, nas últimas décadas, passaram-se a valorizar também os bens culturais ligados a outros grupos humanos, como os indígenas e os africanos, igualmente importantes na formação da sociedade brasileira.

Entre os exemplos de bens culturais de matriz indígena estão as **bonecas karajás**, bem como o modo de fazê-las e usá-las, e entre os exemplos de bens culturais de matriz africana está o **Tambor de Crioula** do Maranhão.

A proteção e a valorização das expressões afro-brasileiras e indígenas ajudam a fortalecer a autoestima, a identidade e a autoconfiança desses grupos humanos e garantem a eles o direito à **memória**.

**Memória**
Modo como os seres humanos se lembram (ou se esquecem) do que vivenciaram.

Christian Knepper/Opção Brasil

2

1. Bonecas karajás produzidas no Vale do Araguaia, Luciara (MT), 2008. Os saberes e as práticas associados ao modo de fazer bonecas karajás são um bem cultural de matriz indígena. A confecção dessas bonecas é, por vezes, a única fonte de renda das famílias karajás.
2. Tambor de Crioula, Maranhão, 2008. O Tambor de Crioula é uma forma de expressão de origem afro-brasileira que inclui dança, canto e percussão de tambores e está presente na maioria dos municípios do Maranhão.

## Cuidando do que é nosso

No Brasil, há um órgão encarregado de cuidar, valorizar e divulgar os bens culturais nacionais, o **Instituto do Patrimônio Histórico e Artístico Nacional** (**Iphan**). Quando um edifício de reconhecido valor cultural se encontra ameaçado de destruição, por exemplo, os técnicos do Iphan procuram protegê-lo de diversas formas, uma delas é o **tombamento**. A partir da data do tombamento, o bem estará sob os cuidados do Iphan, que se empenhará em impedir a sua destruição ou descaracterização.

**Iphan**
Órgão ligado ao Ministério da Cultura, cuja missão é preservar o patrimônio cultural brasileiro.

**Tombamento**
Ato administrativo realizado pelo poder público, nos níveis federal, estadual e municipal, visando preservar um bem cultural e impedir a sua destruição ou descaracterização.

# Tempo

Quando olhamos uma fotografia nossa de dois ou três anos atrás, percebemos que o tempo passou. Quando acompanhamos o crescimento de uma árvore, de um cachorro ou de uma pessoa, também percebemos a passagem do tempo.

Photodisc/Getty Images

Andersen Ross/Blend Images/Glow Images

Stockbyte/Getty Images

Por meio dessas três fotografias, podemos observar a passagem do tempo na vida de uma mesma pessoa.

Geralmente, uma das primeiras coisas que fazemos ao acordar é consultar o relógio para sabermos que horas são. Temos hora para tudo: hora de ir à escola, hora de comer, hora de estudar, hora de encontrar um amigo ou amiga, e assim por diante. Por isso, consultamos relógios várias vezes ao dia e nos guiamos por eles. Mas nem sempre foi assim.

Delfim Martins/Pulsar

Irmãs kalapalos abrindo pequi, Querência (MT), 2012. Os kalapalos são um exemplo de grupo humano da atualidade, que organiza suas atividades com base nos fenômenos da natureza. O tempo da colheita do pequi, por exemplo, que ocorre na estação chuvosa, é o período de confraternização entre as diversas aldeias kalapalos.

## Formas e instrumentos de medição do tempo

Os primeiros grupos humanos organizavam sua vida com base na observação dos ciclos da natureza: a sucessão dos dias e das noites, das secas e das chuvas, das cheias e das vazantes dos rios, do nascimento e da queda das folhas etc.

Mesmo hoje, há grupos humanos que organizam sua vida com base nos fenômenos naturais, daí contarem e dividirem seu tempo em "tempo da pesca", "tempo da colheita", "tempo dos festejos", entre outros.

A necessidade de calcular a duração dos fenômenos naturais levou os grupos humanos a criar instrumentos de medição do tempo. Acredita-se que o mais antigo deles tenha sido o relógio de sol, desenvolvido pelos egípcios há mais de 4 mil anos. Mais tarde foram desenvolvidos outros instrumentos de medição do tempo, como a ampulheta, o relógio mecânico e o relógio digital.

Andrey Burmakin/Shutterstock/Glow Images

Ampulheta.

James P. Blair/National Geographic Society/Corbis/Latinstock

Torre de relógio mecânico na praça da Cidade Velha, Praga, República Tcheca, 2009.

Oleksiy Maksymenko Photography/Alamy/Glow Images

*Smartphone* e relógio digital.

## Diferentes culturas, diferentes calendários

Vimos que cada povo possui uma cultura. Assim, com base em sua cultura, os povos criaram diferentes **calendários**, ou seja, diferentes modos de contar e dividir o tempo. Para dar início à contagem do tempo, cada povo escolheu uma data que é importante para ele.

Os judeus, por exemplo, começam a contar o tempo a partir da criação do mundo, que para eles se deu no ano 3760 antes do nascimento de Cristo.

Já os muçulmanos contam o tempo a partir da ida do fundador da sua **religião**, Maomé, da cidade de Meca para Medina (na atual Arábia Saudita). Esse fato ocorreu no ano 622 depois de Cristo.

Os cristãos, por sua vez, escolheram o nascimento de Cristo para dar início à contagem do tempo. Esse fato foi tomado como marco do calendário cristão. Assim, por exemplo, o ano 2016, para os cristãos, corresponde ao ano 1394 para os muçulmanos, e ao ano 5776 para os judeus.

**Religião**
É um conjunto de crenças, normas e valores partilhados por um grupo, comunidade ou povo. É importante lembrar que a religião é sempre coletiva.

**Dialogando...**
O calendário dos antigos gregos tinha como base as Olimpíadas, que ocorriam a cada quatro anos. O que isso quer dizer?

| Povos | Ano em que se encontram |
| --- | --- |
| Judeus | 5776 |
| Cristãos | 2016 |
| Muçulmanos | 1394 |

## O calendário cristão

O calendário cristão é o mais usado no Brasil. Contamos o tempo a partir do nascimento de Jesus Cristo. Para nós, portanto, há os fatos ocorridos antes e depois de Cristo nascer. No caso dos acontecimentos anteriores ao nascimento de Cristo, ao lado da data, colocamos a abreviatura **a.C.** Um exemplo: a cidade de Roma, na Itália, foi fundada em 753 a.C. (753 anos antes de Cristo). Já a penicilina foi descoberta em 1928. Isso quer dizer que, quando se realizou essa importante descoberta, tinham-se passado 1928 anos do nascimento de Cristo.

Ao escrever a data dos fatos ocorridos após o nascimento de Cristo, não é necessário colocar a abreviatura **d.C.** (depois de Cristo); coloca-se apenas o ano.

Perceba como a contagem dos anos aumenta em direções opostas a partir do ano em que Jesus nasceu.

Nesta coleção as linhas do tempo não estão em escala.

O nosso calendário divide o tempo em dia, mês, ano, década (10 anos), século (100 anos) e milênio (1 000 anos). Assim, dizer que estamos em 2016 significa que já se passaram dois milênios e 16 anos do nascimento de Cristo.

O século é uma unidade de tempo muito utilizada pelos historiadores. Geralmente é escrito em algarismo romano: século I, século III, século XX, e assim por diante. Há duas regras práticas para saber a que século pertence determinado ano:

**1)** Quando o ano terminar em 00, é só eliminar os zeros e o número que sobrar indicará o século. Exemplos:
12~~00~~ – século XII (século doze)
19~~00~~ – século XIX (século dezenove)

**2)** Quando o ano não terminar em 00, é só eliminar os dois últimos algarismos e somar 1 ao número que sobrou, e você terá o século. Exemplo:
19~~95~~
19 + 1 = 20   século XX (século vinte)

É preciso observar ainda que essas regras são válidas para calcular tanto os séculos anteriores quanto os posteriores ao nascimento de Cristo.

Para representar e ordenar os fatos numa sequência cronológica, utiliza-se a **linha de tempo**. Essa linha pode ser construída usando-se qualquer unidade de tempo: ano, década, século. Veja um exemplo:

Outro exemplo: observe a linha do tempo com os acontecimentos importantes da vida de uma pessoa que chamaremos de Kauan.

| 1999 | 2010 | 2017 |
|---|---|---|
| Nascimento de Kauan | Ingresso no 6º ano | Aniversário de 18 anos |

Peter Griffin/Alamy/Glow Images

michaeljung/Shutterstock/Glow Images

Goodluz/Shutterstock/Glow Images

Nesta coleção as linhas do tempo não estão em escala.

## O tempo histórico

Ao longo do tempo, os seres humanos dominaram técnicas para produzir o fogo, inventaram as ferramentas, a agricultura, a escrita, o comércio, a cidade, a pintura, a música e, com isso, foram fazendo a História. Esse tempo resultante da ação dos seres humanos sobre a Terra é chamado de **tempo histórico**. É, portanto, um tempo relacionado às experiências coletivas dos seres humanos, à história da humanidade.

Mas, atenção: as mudanças não ocorrem do mesmo jeito e nem no mesmo ritmo em todo lugar; isso porque cada povo tem um tempo e um ritmo que lhe são próprios. Os brasileiros que habitam cidades com muitos prédios, avenidas largas e letreiros luminosos por toda parte vivem de um jeito e num ritmo muito parecidos. Eles vivem no mesmo tempo histórico.

Mas nem todos os habitantes do Brasil vivem do mesmo jeito e nem no mesmo ritmo. Os kayabis (indígenas do Rio dos Peixes, no Norte do Mato Grosso), por exemplo, vivem em um tempo histórico diferente do dos habitantes de cidades brasileiras. Observando o calendário dos kayabis, percebe-se que eles organizam sua vida com base nos acontecimentos naturais e guiam-se pelo tempo da natureza.

David Williams/Alamy/Glow Images

Com a informática, a comunicação acontece hoje num ritmo muito mais rápido que aquele de poucas décadas atrás. Observando essa pessoa que está passando pelo caixa informatizado de um supermercado, é possível concluir que mesmo as pessoas que não têm computador em casa são influenciadas pela informática. Fotografia de 2005.

## Calendário kayabi

Ilustrações: Mozart Couto

Cheia dos rios, desova dos peixes.

Frutas silvestres, colheita de arroz.

Roçada de mato bruto, colheita de arroz.

Festa indígena, colheita de arroz.

Baixada do rio, Primavera, Dia das Mães.

Pescaria de linhada, Festa Junina, colheita.

Os habitantes de cidades brasileiras e o povo kayabi vivem no mesmo tempo cronológico (século XXI), mas não no mesmo tempo histórico, pois têm um jeito e um ritmo que lhes são próprios.

7

Época de caça de aves e animais, frutas caseiras.

8

Praia, pescaria com timbó, queimadas, frutas silvestres.

9

Primeira chuva, coivara, plantação.

10

Mês das crianças, colheita do mel.

11

Desbroto das roças, coleta de castanha, frutas silvestres.

12

Milho verde, melancia, castanha.

Fonte: TREIN, Hans (Org.). **Território e tempo na afirmação da identidade kayabi**. São Leopoldo: Oikos, 2008. p. 12-13. Caderno para a Semana dos povos indígenas 2006. Disponível em: <http://comin.org.br/static/arquivos-publicacao/semana-dos-povos-2006-1207077020.pdf>. Acesso em: 12 jan. 2015.

# Divisão tradicional da História

Nesta coleção as linhas do tempo não estão em escala.

Tradicionalmente, divide-se a História em cinco grandes períodos:

**Pré-História** — c. 2 milhões

Vai do surgimento do gênero *Homo* (do qual fazemos parte), há c. 2 milhões de anos, até a invenção da escrita, ocorrida por volta de 3000 a.C.

**Idade Antiga** — 3000 a.C

Vai de 3000 a.C. até a queda do Império Romano do Ocidente, em 476.

**Idade Média** — 476

Vai de 476 até a invasão da cidade de Constantinopla (atual Istambul) pelos turcos em 1453.

Nigel Hicks/National Geographic Society/Corbis/Latinstock

Pintura rupestre em caverna da Patagônia.

Werner Forman Archive/Museu Britânico/Glow Images

Vaso grego, c. 480 a.C.

Photos Stock/Glow Images

Tapeçaria norueguesa em que se vê um cavaleiro normando montado em seu cavalo, século XII.

**Idade Moderna** — 1453

Vai de 1453 até o início da Revolução Francesa, em 1789.

**Idade Contemporânea** — 1789

Vai de 1789 até os dias atuais.

Hyacinthe Rigaud. 1701. Óleo sobre tela. Museu do Louvre, Paris

Retrato de Luís XIV, rei da França. Óleo sobre tela de Hyacinthe Rigaud, 1701.

Delfim Martins/Tyba

Vista aérea da cidade de Campo Grande (MS), 2008.

Muitos estudiosos criticam essa divisão tradicional da História por diversos motivos. Primeiro, porque essa divisão valoriza os fatos importantes para os povos da Europa e desconsidera o que se passava, por exemplo, na África ou na Ásia. Segundo, porque ainda há povos que não utilizam a escrita, o que não quer dizer que não possuam uma história.

Nós apresentamos essa divisão porque ela aparece em muitos livros e revistas de História. Conhecê-la facilita a compreensão e a produção de textos históricos.

# ATIVIDADES

## I. Retomando

**1. Releia o texto de Darcy Ribeiro e Ziraldo, na página 28, e responda.**

a) Segundo os autores do texto, o que é cultura?

b) Escreva em seu caderno os conceitos de:

- Cultura material.
- Cultura imaterial.

c) Elabore uma frase historicamente correta diferenciando um conceito do outro.

**2. Responda no caderno. Dos bens culturais representados a seguir, quais integram a cultura material e quais fazem parte da cultura imaterial? Justifique.**

a)

Rubens Chaves/Pulsar

Apresentação de quadrilha durante Festa Junina em Campina Grande (PB). Fotografia de 2007.

b)

Gerson Gerloff/Pulsar

Apresentação de dança durante a Semana Farroupilha, Santa Maria (RS). Fotografia de 2012.

c)

robootb/Shutterstock/Glow Images

irin-k/Shutterstock/Glow Images

Mackey Creations/Shutterstock/Glow Images

Da esquerda para direita: tênis, bola e boné.

d)

Kucher Serhii/Shutterstock/Glow Images

Oleksiy Mark/Shutterstock/Glow Images

Karkas/Shutterstock/Glow Images

Da esquerda para direita: urso de pelúcia, *smartphone* e bijuterias variadas.

e)

| Processo de fabricação do queijo Minas artesanal | |
|---|---|
| **Obtenção do leite** | Ordenha manual ou mecânica das vacas. Coagem do leite em tecido sintético. Acondicionamento do leite em vasilhame apropriado. (metal ou plástico). |
| **Elaboração do queijo** | Adição do coalho industrial. |
| | Adição do "pingo" (fermento láctico natural) ao leite. |
| | Corte da massa, após atingir o ponto. |
| | Mexedura. |
| | Retirada do soro e da massa. |
| | A massa é colocada em formas plásticas com 130 a 150 mm de diâmetro. |
| | Após 48 horas, o queijo é retirado da forma e colocado na prateleira. |
| | Maturação do queijo – 5 a 10 dias, com variações regionais. |

IPHAN. **Modo artesanal de fazer queijo Minas.** Disponível em: <http://portal.iphan.gov.br/portal/baixaFcdAnexo.do?id=944>. Acesso em: 12 jan. 2015.

f)

Fabio Colombini

Escultura representando Cristo a caminho do calvário. Detalhe do conjunto **Passos da Paixão**, de Aleijadinho. Santuário do Senhor Bom Jesus de Matosinhos. Congonhas do Campo (MG), 2011.

3. **Copie no caderno as afirmativas corretas.**

a) O futebol-arte, o forró e o chorinho fazem parte da cultura brasileira.

b) A cultura estadunidense é superior à cultura brasileira.

c) Os povos indígenas do Brasil são selvagens, e nós somos civilizados.

d) As culturas são diferentes entre si, e nenhuma cultura pode ser considerada superior a outra.

4. **As fotografias a seguir mostram hábitos culturais de indivíduos de três diferentes povos.**

Raffaele Meucci/Age Fotostock/Keystock

Mulher da etnia kayan, em Mianmar (antiga Birmânia), com argolas de bronze em volta do pescoço.

Fabio Colombini

Raoni, líder indígena do povo kaiapó, Rio de Janeiro (RJ), 2012.

Universal Images Group Limited/Alamy/Glow Images

Jovem trajando *kilt*, vestimenta tradicional dos escoceses, Edimburgo, Escócia.

a) As pessoas mostradas nas fotografias têm hábitos culturais diferentes dos nossos. Que nome se dá ao comportamento daquele que ri de uma pessoa que tem um hábito cultural diferente do seu?

b) Cite exemplos desse comportamento.

**5.** **Leia o texto a seguir e responda às questões.**

> O patrimônio cultural de um povo é formado pelo conjunto dos saberes, fazeres, expressões, práticas [...], que remetem à história, à memória e à identidade desse povo. A preservação do patrimônio cultural significa, principalmente, cuidar dos bens aos quais esses valores são associados [...]. Trata-se de cuidar da conservação de edifícios, monumentos, objetos e obras de arte (esculturas, quadros), e de cuidar também dos usos, costumes e manifestações culturais que fazem parte da vida das pessoas e que se transformam ao longo do tempo. O objetivo principal da preservação do patrimônio cultural é fortalecer a noção de pertencimento de indivíduos a uma sociedade, a um grupo, ou a um lugar, contribuindo para a ampliação do exercício da cidadania [...].

BRAYNER, Natália Guerra. **Patrimônio cultural imaterial**: para saber mais. Brasília, DF: Iphan, 2007. p. 12. Disponível em: <http://portal.iphan.gov.br/portal/baixaFcdAnexo.do?id=3172>. Acesso em: 12 jan. 2015.

Cesar Diniz/Pulsar

Roda de capoeira no município de Ruy Barbosa (BA), 2014.

**a)** De que é formado o patrimônio cultural de um povo?

**b)** De acordo com o texto, qual é o principal objetivo da preservação do patrimônio cultural de um povo?

**c)** Você já parou para pensar no patrimônio cultural de sua região? Converse com seus colegas e indique três elementos considerados patrimônio cultural da região em que você vive.

**d)** **Em grupo**. Converse com seus colegas sobre um bem que integra o patrimônio cultural da região em que vocês vivem. A seguir, elaborem uma proposta para preservação e divulgação desse bem.

**6.** **Sobre o calendário cristão, responda:**

a) Qual evento é usado para dar início à contagem do tempo?

b) Como registramos os fatos ocorridos antes de Cristo? E os ocorridos depois de Cristo?

c) A que século pertence o ano em que estamos?

d) A que séculos pertencem os seguintes anos:

- 2016
- 1453
- 476
- 27 a.C.
- 507 a.C.
- 1347
- 1789
- 1914

e) Organize as datas do item anterior em ordem cronológica.

**7.** **Para situar os fatos históricos no tempo e registrar sua duração, sucessão e simultaneidade, usamos anos, décadas, séculos, milênios etc. Retome as explicações sobre as formas de contar e dividir o tempo e responda:**

a) Há quantos anos se deu o nascimento de Cristo?

b) Há quantas décadas se deu esse fato?

c) Há quantos séculos?

d) Há quantos milênios?

**8.** **Usando uma cartolina, construa duas linhas do tempo: uma com fatos da sua vida e outra com fatos da vida de um adulto importante para você (mãe, pai, avó, avô etc.). Ilustre suas linhas do tempo com fotografias e desenhos.**

**Dicas para elaborar linhas do tempo**

- Faça duas linhas ocupando toda a largura da cartolina.
- Divida essas linhas em partes iguais; em uma delas comece a contagem do tempo no ano de seu nascimento, e na outra inicie com a idade que o adulto tinha quando você nasceu.
- Pesquise e assinale os fatos mais importantes ocorridos na sua vida e na dele.
- Compare as linhas do tempo feitas por você com aquelas feitas por um colega e aponte pelo menos uma semelhança e uma diferença entre elas.

Editoria de arte

# II. Leitura e escrita em História

## Leitura e escrita de textos

### VOZES DO PRESENTE

**Em dezembro de 2012, a Unesco incluiu o frevo na lista de bens que integram o Patrimônio Cultural Imaterial da Humanidade. Leia o texto a seguir.**

> [...]
>
> O frevo é uma expressão artística brasileira ímpar. Ele representa a riqueza da criatividade e da cultura que surge da combinação de música, dança, capoeira e artesanato, entre outros, demonstrando o talento criativo de seus praticantes. Seu ritmo vivo [...] surge da fusão de vários gêneros musicais, como a marcha, a quadrilha, a polca e peças do repertório clássico. Os passos que acompanham o ritmo têm suas origens no talento e na agilidade dos lutadores de capoeira que improvisavam saltos e outros movimentos ao som das bandas de metal e orquestras. [...]
>
> Música e dança são executadas, principalmente, durante o carnaval em Pernambuco, mas as comunidades praticantes do frevo e do passo se dedicam durante todo o ano ao desenvolvimento, à preservação e à transmissão de seus conhecimentos e práticas.
>
> [...] As comunidades identificaram e definiram o seu patrimônio, e o frevo foi [...] reconhecido como patrimônio cultural do Brasil em 2007 pelo Instituto do Patrimônio Histórico e Artístico Nacional (Iphan).

Leo Caldas/Pulsar

Passista de frevo, passo tesoura. Recife (PE), 2011.

UNESCO. **Frevo entra para a lista de Patrimônio Cultural Imaterial da Humanidade da Unesco**, 5 dez. 2012. Disponível em: <http://www.unesco.org/new/pt/brasilia/about-this-office/single-view/news/brazilian_frevo_dance_is_inscribed_in_the_representative_list_of_the_intangible_cultural_heritage_of_humanity/#.VHjHaDHF-Ck>. Acesso em: 12 jan. 2015.

a) Como o autor do texto define o frevo?

b) O que permite classificar o frevo como Patrimônio Imaterial da Humanidade?

c) Onde e quando o frevo é praticado?

## III. Integrando com... Geografia

**Leia o texto a seguir com atenção.**

**Tempo histórico e espaço**

Os historiadores, além de se preocuparem em situar as ações humanas no tempo, têm a tarefa de situá-las no espaço. Não se pode conceber um "fazer humano" separado do lugar onde esse fazer ocorre. O ambiente natural ou urbano, as paisagens, [...] as trajetórias, os caminhos por terra e por mar são necessariamente parte do conhecimento histórico.

BITTENCOURT, Circe M. F. **Ensino de história**: fundamentos e métodos. São Paulo: Cortez, 2004. p. 208.

**Segundo o texto, os historiadores se preocupam em localizar as ações humanas:**

a) somente no tempo, pois o fazer humano não depende do lugar em que esse fazer ocorre;
b) somente no espaço, pois o fazer humano só depende do lugar em que ele ocorre;
c) no tempo e no espaço, pois esses termos são sinônimos;
d) no tempo e no espaço, pois ambos são importantes no estudo da História.

## IV. Você cidadão!

A Constituição brasileira estabelece que o **poder público** [...], com a cooperação da comunidade, deve promover e proteger o patrimônio cultural brasileiro, constituído pelos bens materiais e imateriais [...] dos diferentes grupos formadores da sociedade brasileira como: [...]; os modos de criar, fazer, viver; as criações científicas, artísticas e tecnológicas; as obras, objetos, documentos, edificações e demais espaços destinados às manifestações artístico-culturais; os conjuntos urbanos e sítios de valor histórico, paisagístico, artístico, arqueológico [...].

**Poder público**
Governo.

Patrimônio [...] significa "herança paterna" – na verdade, a riqueza comum que nós herdamos como cidadãos, e que se vai transmitindo de geração a geração.

CULTURA.PE. **O canal**. Patrimônio cultural. Disponível em: <http://www.cultura.pe.gov.br/pagina/patrimonio-cultural sobre/o-canal/>. Acesso em: 12 jan. 2015.

**1. As expressões a seguir fazem parte do patrimônio imaterial do Brasil:**

- Frevo;
- Samba de Roda do Recôncavo Baiano;
- Círio de Nossa Senhora de Nazaré;
- Tambor de Crioula do Maranhão;
- Samba do Rio de Janeiro;
- Modo de fazer renda irlandesa – Sergipe.

**Em grupo, pesquisem sobre uma dessas manifestações, com base no seguinte roteiro.**

a) lugar onde a manifestação ocorre; b) características; c) importância.

**2. Elaborem uma proposta para divulgar e preservar esse patrimônio imaterial brasileiro. Postem a proposta no *blog* da turma.**

**Indicação de *site* para a pesquisa:**

- UNESCO. Disponível em: <http://ftd.li/7id9mc>. Acesso em: 12 jan. 2015.

UNIDADE 2

# O LEGADO DOS NOSSOS ANTEPASSADOS

Andre Dib/Pulsar

Pintura rupestre no Parque Nacional Serra da Capivara. São Raimundo Nonato (PI), 2013.

## Caverna

Houve um dia,
no começo do mundo
em que o homem
ainda não sabia
construir sua casa.
Então disputava
a caverna com bichos
e era aí sua morada.
Deixou para nós seus sinais,
desenhos desse mundo
muito antigo
Animais, caçadas, danças,
misteriosos rituais
Que sinais
deixaremos nós
para o homem do futuro?

MURRAY, Roseana. Caverna.
In: ______. **Casas**. Belo Horizonte:
Formato Editorial, 1994. p. 23.

As imagens que você vê nessa dupla de páginas são de pinturas rupestres, isto é, pinturas feitas em rochas. Qual o significado da palavra "sinais" no poema? Dê exemplos de alguns sinais que nós deixaremos para as gerações futuras. Elabore um desenho comparando os sinais deixados por nossos antepassados distantes aos que nós deixaremos sobre a Terra.

Robert Harding Images /Masterfile/Latinstock

Pintura rupestre. Caverna de Lascaux, França, 2004.

Paule Seux/Hemis/Corbis/Latinstock

Pinturas de pessoas e animais na Caverna de Bandiagara, Mali. África Ocidental, 2007.

# 3 OS PRIMEIROS POVOADORES DA TERRA

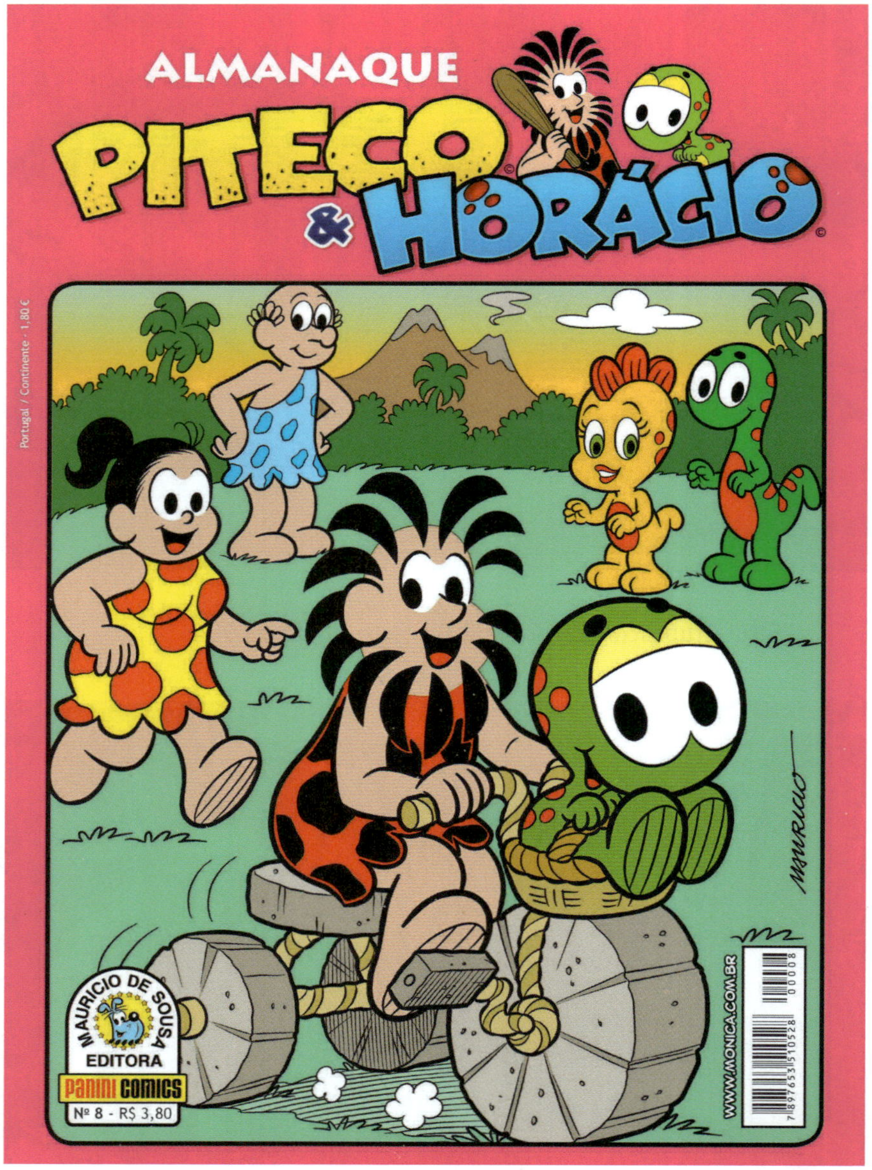


Mauricio de Sousa

Os personagens mostrados nessa imagem foram criados pelo artista brasileiro Mauricio de Sousa. Você os conhece? Sabe o nome completo do Piteco? E sobre o Horácio, o que você sabe? O que eles estão fazendo? Se Piteco e Horácio fossem de carne e osso, a cena que você vê na imagem poderia ter acontecido? O que você sabe sobre a época em que se passam as aventuras desses dois personagens?

# Sobre a origem do ser humano

A origem dos seres humanos é um tema fascinante. Descobrir de onde viemos, como viemos e o que somos provocou e continua provocando a curiosidade das pessoas. Sobre esse assunto, as duas explicações mais conhecidas são o **criacionismo** e o **evolucionismo**.

## O criacionismo

O criacionismo defende que a vida e toda matéria existente são resultados da ação direta de um Criador. A perspectiva criacionista está presente em várias culturas e religiões, como o judaísmo, o islamismo e o cristianismo.

A versão cristã do criacionismo está no primeiro livro da **Bíblia**, o Gênesis, palavra que significa "origens". Veja um trecho deste relato.

> Também disse Deus: Façamos o homem à nossa imagem, conforme a nossa semelhança, tenha ele domínio sobre os peixes do mar, sobre as aves dos céus, sobre os animais domésticos, sobre toda a terra e sobre todos os répteis que rastejam pela terra.
>
> Criou Deus, pois, o homem à sua imagem, à imagem de Deus o criou; homem e mulher os criou.
>
> E Deus os abençoou e lhes disse: Sede fecundos, multiplicai-vos, enchei a terra e sujeitai-a; dominai sobre os peixes do mar, sobre as aves dos céus e sobre todo animal que rasteja pela terra. [...]
>
> Viu Deus tudo quanto fizera, e eis que era muito bom. Houve tarde e manhã, o sexto dia.

A BÍBLIA Sagrada. 2. ed. São Paulo: Sociedade Bíblica do Brasil. p. 3-4.

Vista do Museu Criacionista na cidade de Petersburg, Kentucky (EUA), 2007. Maquetes e vídeos deste museu apresentam a criação da Terra e da vida tal como relatada no Gênesis.

Melanie Stetson Freeman/Getty Images

Atualmente, o número de seguidores do criacionismo é grande. Há, inclusive, grupos de estudiosos, os **criacionistas bíblicos modernos**, que têm se esforçado para demonstrar, com base na ciência, a existência de um Criador do Universo e da vida. No Brasil, há também um número grande de escolas e organizações criacionistas, por exemplo, a Sociedade Criacionista Brasileira.

Acervo Colégio Batista Brasileiro

Fachada do Colégio Batista Brasileiro, São Paulo (SP), 2014.

## Os criacionistas bíblicos modernos

Mas quais são, basicamente, os princípios que esses criacionistas defendem?

1. Deus criou toda matéria existente no Universo e chamou à existência os ancestrais dos seres vivos, inclusive os seres humanos.

2. Deus realizou sua obra criadora em seis dias de 24 horas. Essa criação teria ocorrido entre 6 e 10 mil anos atrás.

3. As formas de vida se modificam por meio de mutações que contribuem para a adaptação. Essas transformações não levam a um aumento do grau de complexidade dos seres vivos.

4. A superfície da Terra foi drasticamente alterada por meio de uma catástrofe global, conhecida como **dilúvio**. Muitas espécies de plantas e animais (incluindo os dinossauros) foram extintas durante os eventos ocorridos naquela ocasião. Alguns exemplares de seres vivos foram preservados miraculosamente em um grande navio, a Arca de Noé.

5. Após o término da grande catástrofe, os seres vivos espalharam-se por toda a Terra. Dependendo das regiões para onde se dirigiram, as gerações sucessivas foram sofrendo adaptações às novas condições de vida. Isso ocorreu também com os seres humanos.

6. Enquanto alguns grupos humanos viviam de forma nômade, outros foram se fixando, constituindo assim as primeiras civilizações registradas pelos arqueólogos.

Nos últimos anos, tem crescido o número de pessoas que adotam esses princípios.

## O evolucionismo

A teoria mais aceita atualmente para a explicação da origem dos seres humanos é o evolucionismo.

O principal teórico do evolucionismo, o cientista inglês Charles Darwin, afirmou, no século XIX, que o ser humano e todos os seres vivos são resultado de um longo processo de evolução. Para ele, os seres vivos originaram-se de formas mais simples de vida e estão em permanente mudança (evolução).

Ao longo do tempo, ocorreram mudanças no meio ambiente. Assim, indivíduos que apresentavam características favoráveis à sobrevivência nesses ambientes se reproduziam, transmitindo seus genes aos seus descendentes. Já os indivíduos que não apresentavam adaptações que favoreciam a sobrevivência nesses ambientes morriam antes da reprodução. Esse processo recebe o nome de **seleção natural**.

Kevin Webb/Natural History Museum, Londres/SPL/Latinstock

Estátua em mármore representando o naturalista britânico Charles Darwin (1809-1882). Obra de Joseph Edgar Boehm, 1885. Museu de História Natural de Londres, Reino Unido. Darwin nunca afirmou que o homem descende do macaco. O que ele disse foi que os seres humanos e os macacos possuem um ancestral comum.

Para você entender melhor a seleção natural, vamos tomar como exemplo o urso-polar. Essa espécie de urso teria conseguido sobreviver em seu ambiente por apresentar características como pele espessa e pelagem branca. A espessura da pele permitiu que esses animais suportassem as baixas temperaturas do Ártico; já a cor clara da pelagem, que se confunde com a cor da neve, permitiu que esses animais quase não fossem notados no ambiente, possibilitando a eles atacar suas presas com mais facilidade.

Ursos-polares.

Cordier Sylvain/Hemis/Corbis/Latinstock

Natural History Museum, London/SPL/Latinstock

Outras espécies animais não apresentavam características para enfrentar as mudanças que, de tempos em tempos, ocorriam no ambiente. E, como não conseguiam chegar à fase de reprodução, foram desaparecendo. Esse pode ter sido o caso, por exemplo, dos mamutes e das preguiças-gigantes.

Ao lado, o esqueleto de uma preguiça-gigante exposto em um museu. Abaixo, ilustração de preguiça-gigante. Esse animal chegava a ter 6 metros de altura.

Mozart Couto

# Os primeiros hominídeos

Segundo o evolucionismo, os seres humanos pertencem à ordem dos **primatas**, isto é, mamíferos com capacidade de agarrar e de perceber visualmente a distância em que um objeto se encontra. Acredita-se que um grupo de primatas deu origem aos primeiros hominídeos, indivíduos com algumas características humanas.

Os mais antigos fósseis de hominídeos são os de *Australopithecus*. Esses hominídeos viveram na África, ao sul do deserto do Saara, há cerca de 5,5 milhões de anos e andavam eretos sobre os dois pés. Com o tempo, algumas espécies sobreviveram e outras se extinguiram. Cerca de 2 milhões de anos atrás surgiu o **gênero *Homo***; a esse gênero pertence a espécie humana.

## Para saber mais

### O que são fósseis?

**Fósseis** são vestígios ou restos petrificados de seres vivos, tanto animais quanto vegetais, que viveram há muito tempo. Um dente, um osso, um pedaço de crânio de um indivíduo que viveu há milhares ou milhões de anos podem fornecer importantes informações sobre ele e seu grupo.

1

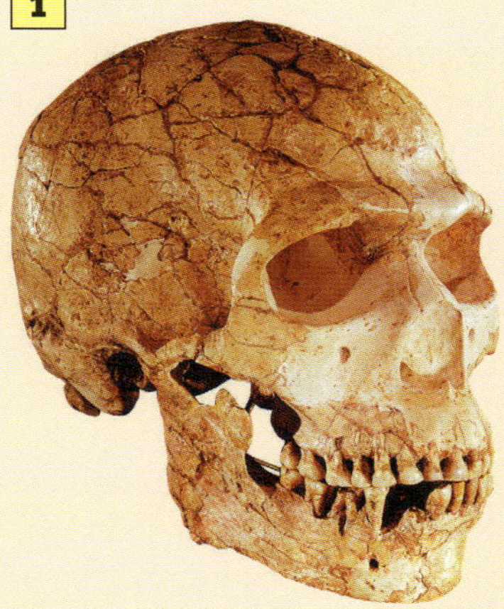

Prehistoric/Getty Images

2

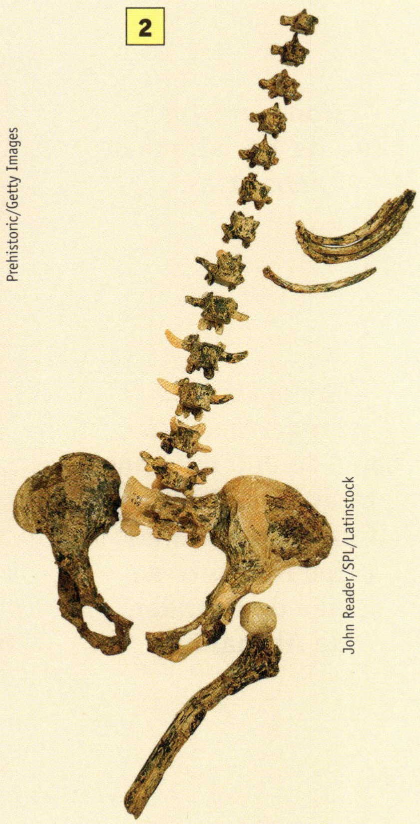

John Reader/SPL/Latinstock

3

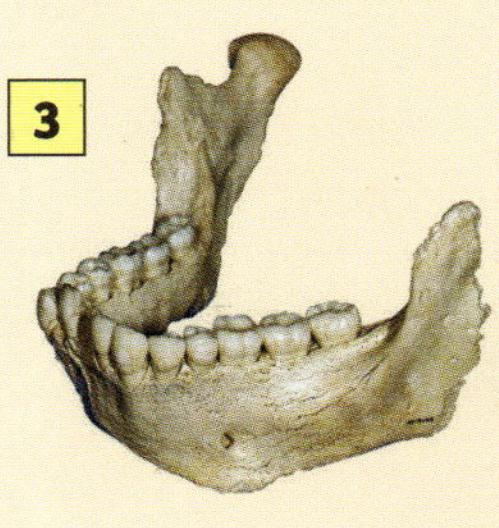

Javier Trueba/MSF/SPL/Latinstock

4

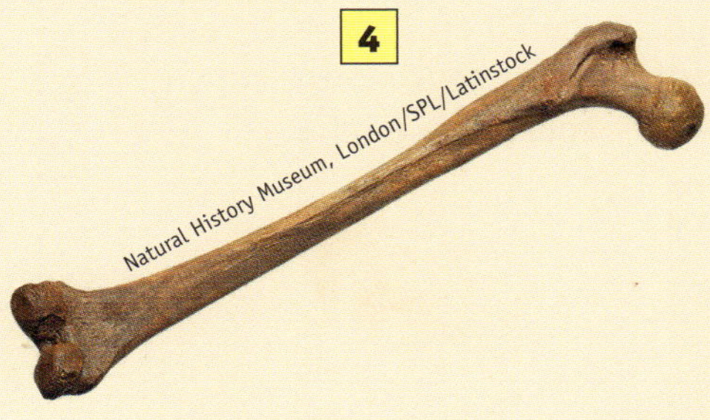

Natural History Museum, London/SPL/Latinstock

1. O tamanho do crânio pode informar a espécie do gênero *Homo*.
2. A pélvis ajuda a identificar o sexo. A pélvis masculina costuma ser mais pesada e mais estreita que a da mulher. A pélvis feminina é larga e achatada para permitir o parto.
3. Um dente pode indicar se o indivíduo alimentava-se de carne ou somente de vegetais; dentes de leite e definitivos ajudam a estimar a idade em esqueletos de criança.
4. O tamanho de um osso pode nos dizer se o esqueleto era de um adulto ou de uma criança.

Na tabela a seguir apresentamos espécies de hominídeos do gênero *Homo* e algumas de suas características.

| Espécie de hominídeos do gênero *Homo* | Modo de vida | Volume do crânio |
|---|---|---|
| ***Homo habilis*** **Cerca de 2,2 milhões de anos atrás.** | É considerado o primeiro representante do gênero *Homo*; sabia fazer utensílios de pedra, com os quais caçava pequenos animais, o que lhe permitiu incluir a carne em sua dieta. Daí o seu nome que, em latim, significa "homem hábil", no sentido de habilidoso, de engenhoso. | 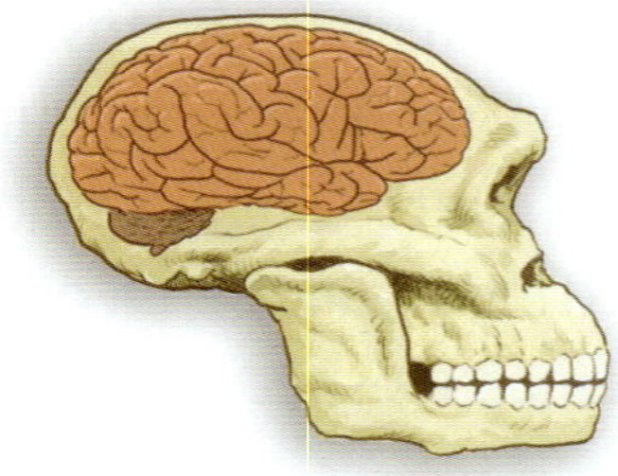 Ilustrações: Rmatias *Homo habilis* |
| ***Homo erectus*** **Cerca de 1,5 milhão de anos atrás.** | É descendente direto do *Homo habilis*. Aperfeiçoou instrumentos de pedra, com os quais caçava animais grandes. Foi o primeiro a aprender a usar o fogo, conseguindo com isso se adaptar a regiões frias da Europa e da Ásia. | 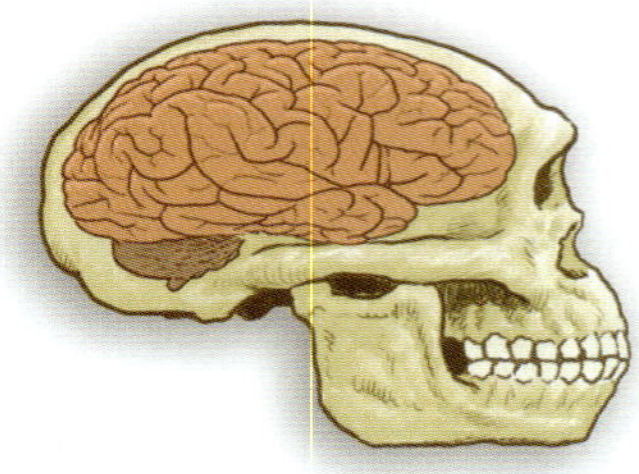 *Homo erectus* |
| ***Homo sapiens neanderthalensis*** **Cerca de 200 mil anos atrás. Seus fósseis foram encontrados primeiramente na região de Neander, na Alemanha.** | Muitos dos restos do homem de Neandertal foram encontrados em cavernas, daí a expressão "homem das cavernas". Acredita-se ter evoluído ao mesmo tempo que o ser humano moderno. Seu desaparecimento ainda é objeto de debates. Praticava a coleta e a caça em grupos de 20 ou 30 pessoas e fazia sepulturas para seus mortos cobertas com pedra e terra. | 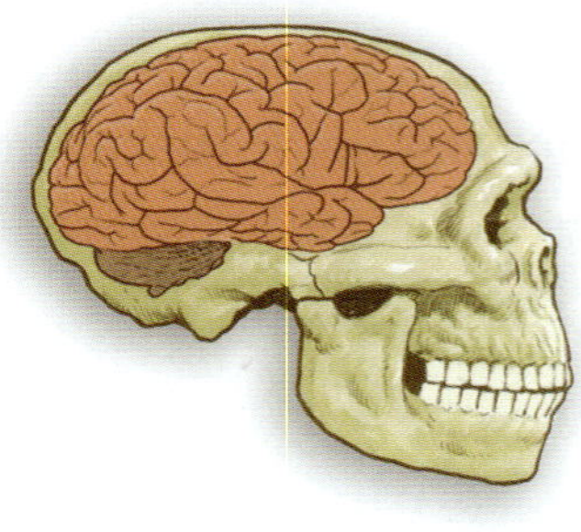 *Homo sapiens neanderthalensis* |
| ***Homo sapiens sapiens*** **Cerca de 100 mil anos.** | É a espécie da qual fazemos parte. Originou-se na África e depois se espalhou por todos os continentes, adaptando-se a diferentes ambientes. | 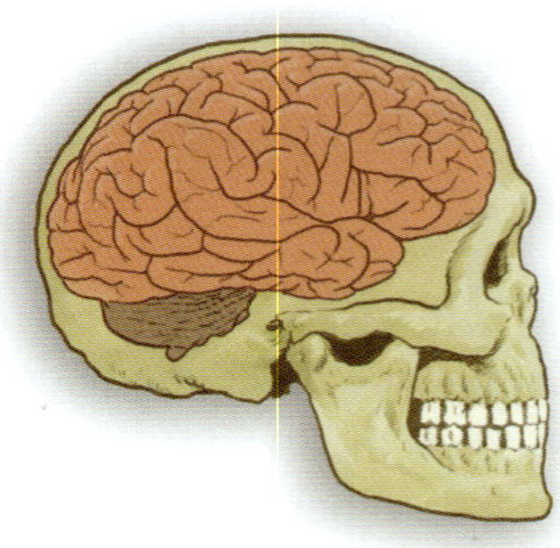 *Homo sapiens sapiens* |

Fonte: UNESP. Faculdade de Ciências e Letras. **Charles Darwin**: 1809-2009. Etapas evolutivas – O gênero *Homo*. Assis, SP. Disponível em: <http://www2.assis.unesp.br/darwinnobrasil/humanev2b.htm>. Acesso em: 8 jan. 2015.

Os cientistas acreditam que, por ter um cérebro maior que o das outras espécies de *Homo*, o *Homo sapiens sapiens* era também mais inteligente. Foi graças à sua inteligência que desenvolveu a fala, além de outras habilidades, como costurar, dedilhar, esculpir e desenhar. Assim, conseguiu sobreviver.

À direita, artesã produzindo blusa de crochê em Jericoacoara, Ceará, 2013.

Daniel Cymbalista/Pulsar Imagens

sarra22/Shutterstock/Glow Images

À esquerda, adolescente tocando violão, 2013.

Muitos livros apresentam esquemas que dão a impressão de que a evolução do ser humano teria ocorrido de forma linear. Não foi isso, porém, o que aconteceu; cada espécie de hominídeo tem sua história. Não há indícios de que uma espécie tenha gerado a outra. O *Homo sapiens sapiens*, por exemplo, surgiu há cerca de 100 mil anos e chegou a conviver com o homem de Neandertal que, por sua vez, desapareceu há cerca de 40 mil anos. Por isso, a maneira exata como teria ocorrido a evolução continua sendo um mistério. Os cientistas ainda não conseguiram fazer a árvore genealógica completa da nossa espécie.

Com base nas técnicas e nos materiais utilizados pelos nossos ancestrais, os cientistas dividem a chamada Pré-História em dois períodos: o Paleolítico, pedra antiga ou pedra lascada, e o Neolítico, pedra nova ou pedra polida.

Observe a linha do tempo.

| Surgimento do gênero *Homo* | Desenvolvimento da agricultura | Descoberta de metais | Invenção da escrita |
|---|---|---|---|
| c. 2 milhões de anos | c. 10 mil a.C. | 5 mil a.C. | 3 mil a.C. |

Paleolítico | Neolítico | Idade dos Metais

Nesta coleção as linhas do tempo não estão em escala.

Fonte: GIARDINA, Andrea. **Tempi, società, culture**. Roma: Laterza, 1993. v. 1. p. 17-18.

# Caçadores e coletores

**Arpão**
Instrumento preso a um cabo e com a ponta em forma de flecha, usado para pescar.

O Paleolítico foi um período muito longo da história da humanidade, no qual os homens sobreviveram da caça, da pesca e da coleta de frutas, sementes, raízes e folhas; por isso ficaram conhecidos como caçadores e coletores. Para fazer seus instrumentos de trabalho, os homens do Paleolítico batiam pedras duras em pedras menos resistentes até conseguir os objetos desejados: pontas de projétil (lanças, por exemplo), machados, pedras cortantes e **arpões**. Com essas ferramentas, eles abatiam animais, coletavam frutos e raízes, pescavam e faziam suas roupas. Caçavam animais grandes, como o mamute, e perigosos, como o tigre-dentes-de-sabre.

Os homens do Paleolítico eram **nômades**, isto é, não tinham moradia fixa; sempre que a caça, os peixes e os frutos de uma região começavam a rarear, eles se mudavam para outra área em busca de alimentos.

Mozart Couto

O uso do arco e flecha (conquista do Paleolítico) permitia ao caçador acertar o animal de longe, como nesse desenho, em que um caçador enfrenta um tigre-dentes-de-sabre.

## O domínio do fogo

Desde muito tempo, o homem obtinha o fogo mergulhando galhos em incêndios florestais causados por raios. Há cerca de 500 mil anos, descobriu como produzir o fogo. Veja, a seguir, uma ilustração representando técnicas para se obter fogo desenvolvidas naquele período.

Uma das técnicas (veja à esquerda) consistia em girar bem depressa um bastão de madeira dura e seca dentro de uma cavidade de madeira. O atrito gerava calor, que com um punhado de gravetos ou palha já deixados por perto, produzia fogo. Outra técnica (veja à direita) era bater uma pedra contra a outra para gerar a faísca e produzir o fogo.

Ilustrações: Rmatias

Com o domínio do fogo, a vida dos seres humanos mudou muito: tornou-se possível sobreviver em regiões geladas, ter luz à noite, afugentar animais e cozinhar os alimentos. Cozida, a carne tornava-se mais saborosa e de fácil digestão.

# Agricultores e pastores

No período Neolítico, os humanos passaram a polir a pedra, aumentando com isso a eficiência e a durabilidade de suas ferramentas e armas. Entre as grandes conquistas desse período estão a agricultura e a domesticação de animais; por isso os grupos humanos daqueles tempos ficaram conhecidos como agricultores e pastores.

No início do Neolítico (10 000 a.C.), a Terra passou por uma grande mudança climática. Nas regiões de clima temperado, as temperaturas se elevaram e as camadas de gelo que cobriam parte da superfície terrestre recuaram. Os animais acostumados a climas frios como os bisões e os mamutes desapareceram, e a carne tornou-se menos abundante; intensificou-se, então, a busca por outras fontes de alimentos. Nessa busca, os seres humanos desenvolveram a **agricultura**, e, ao mesmo tempo, começaram a domesticar e a criar animais como cabras, ovelhas e bois.

## Agricultura e domesticação de animais

Allmaps

Fonte: ATLAS da História do mundo. São Paulo: Folha de S.Paulo/Times Books, 1995. p. 38-39.

**Dialogando...**

Cite um exemplo atual da participação das mulheres na História.

Acredita-se que a agricultura foi desenvolvida pelas mulheres. Por meio da observação, provavelmente, elas perceberam que as sementes transportadas pelos pássaros germinavam e davam origem a uma nova planta. Assim, tiveram a ideia de elas próprias semearem e regarem a terra para depois colherem os frutos.

Ilustração representando o cultivo de trigo e o pastoreio no Neolítico.

Mozart Couto

Pesquisas recentes indicam que o desenvolvimento da agricultura se deu em vários pontos da Terra ao mesmo tempo. No Oriente, há evidências de que os seres humanos já cultivavam o trigo e a cevada há cerca de 8 mil anos a.C. A prática da agricultura revolucionou a vida humana, favorecendo uma série de mudanças como:

DEA / A. DAGLI ORTI/De Agostini/Getty Images

Pontas de lança e de dardo feitas de sílex polido.

a) **a sedentarização**: sobrevivendo do cultivo e do pastoreio, os seres humanos passaram a produzir seu próprio alimento e não precisavam mais mudar constantemente de lugar. Então, aos poucos, foram se tornando sedentários, isto é, passaram a se fixar num determinado território;

b) **a descoberta de novos instrumentos de trabalho**: o machado de pedra para derrubar árvores, a enxada para limpar o terreno e a foice para cortar o mato;

c) **a difusão da cerâmica (barro modelado e cozido)**: com a prática da agricultura, os grupos humanos passaram a necessitar de recipientes nos quais pudessem cozinhar, armazenar e transportar cereais. A cerâmica veio atender a essa necessidade, sendo usada para fazer panelas, vasos, jarros, entre outros. No Japão, foram encontradas as peças de cerâmica mais antigas produzidas pelos seres humanos;

The Bridgeman Art Library/Keystone

Vasos pintados de cerâmica, c. 2500 a.C. Coleção do Museu Lowe Art, Universidade de Miami.

d) **crescimento da população**: com o aumento e a diversificação da produção e a melhoria na conservação dos alimentos, a população aumentou e as pessoas passaram a viver mais tempo.

É importante lembrar, porém, que a agropecuária não substituiu a caça e a coleta. Muitos grupos humanos continuaram sobrevivendo da caça, da pesca e da coleta. Outros desenvolveram a agropecuária, mas continuaram a praticar a caça e a coleta.

João Prudente/Pulsar Imagens

Artesã pertencente à Associação das Paneleiras de Goiabeiras fabricando uma panela de barro em Vitória (ES), 2011. O saber envolvido na produção de panelas de barro foi tombado como patrimônio imaterial do Brasil, em 2002, pelo Instituto do Patrimônio Histórico e Artístico Nacional (Iphan).

# Da aldeia à cidade

Nas aldeias neolíticas, o trabalho era dividido de acordo com o sexo e a idade. As mulheres dedicavam-se à agricultura, ao preparo dos alimentos e cuidavam dos filhos. Já os homens caçavam, cuidavam dos rebanhos e da segurança do grupo.

## Especialização do trabalho e comércio

Ann Ronan Pictures/Heritage Images/Glow Images

Escultura em pedra, c. 2500 a.C., representando um oleiro – artesão que faz objetos de cerâmica – moldando o barro com o qual faz vasos. Repare os três vasos já prontos em primeiro plano.

Com o aumento da oferta de alimentos, a invenção do arado e de novas técnicas de irrigação passou a ocorrer a produção de **excedentes**, ou seja, as aldeias passaram a produzir mais alimentos do que consumiam. Consequentemente, seus membros puderam se dedicar a outras atividades como a carpintaria e a tecelagem. Ocorreu, assim, uma crescente **divisão do trabalho**: uns construíam casas, outros faziam tecidos, outros produziam armas, outros modelavam potes e panelas de cerâmica, e havia ainda os que caçavam e pescavam.

Quem produzia trigo ou azeite, por exemplo, passou a trocar seus produtos por um vaso, um tecido ou uma arma. Nascia, assim, o **comércio**. Com o tempo, essas trocas deixaram de ser feitas pelos próprios produtores e passaram a ser efetuadas por um personagem novo naquela época: o **comerciante**.

De Agostini Picture Library/G. Dagli Orti/The Bridgeman Art Library/Keystone

Fernando Favoretto/Criar Imagem

À esquerda, cena de comércio em um mercado romano, em relevo de c. século II. À direita, feira livre em São Caetano do Sul (SP), 2010. Desde a Antiguidade, o comércio em grandes espaços ao ar livre é bastante praticado.

## A centralização do poder

Com o aumento do comércio e da divisão do trabalho, algumas aldeias prosperaram. A população cresceu, criando a necessidade de se obterem mais terras cultiváveis; as aldeias passaram, então, a disputá-las. O chefe da aldeia que vencia a disputa passava a ter mais terras e mais pessoas sob o seu controle, recebendo, consequentemente, mais **impostos** e assumindo um papel de liderança e de defesa da população e seus bens.

Aquele chefe que controlava várias aldeias passou a ser denominado rei. Ele governava a partir de sua grande residência, o **palácio**, com a ajuda de funcionários encarregados de cobrar impostos, aplicar a justiça e defender o reino. Com isso, o rei foi ganhando poder e impondo sua autoridade. Esse processo é chamado centralização do poder ou formação do **Estado**. O rei e seus funcionários eram os representantes dos Estados antigos; o palácio era o local onde se reuniam para dialogar e tomar decisões.

**Imposto**
Contribuição que, naquela época, era paga em produtos.

Estandarte de Ur, c. 2600-2400 a.C., caixa decorada encontrada no Real Cemitério de Ur, onde hoje se localiza o Iraque. Na faixa superior, observe o rei usando saia de pele e bebendo em companhia de sua família ou de pessoas da Corte; nas faixas inferiores, os súditos pagam impostos ao rei. Note que, na época, os impostos eram pagos em produtos.

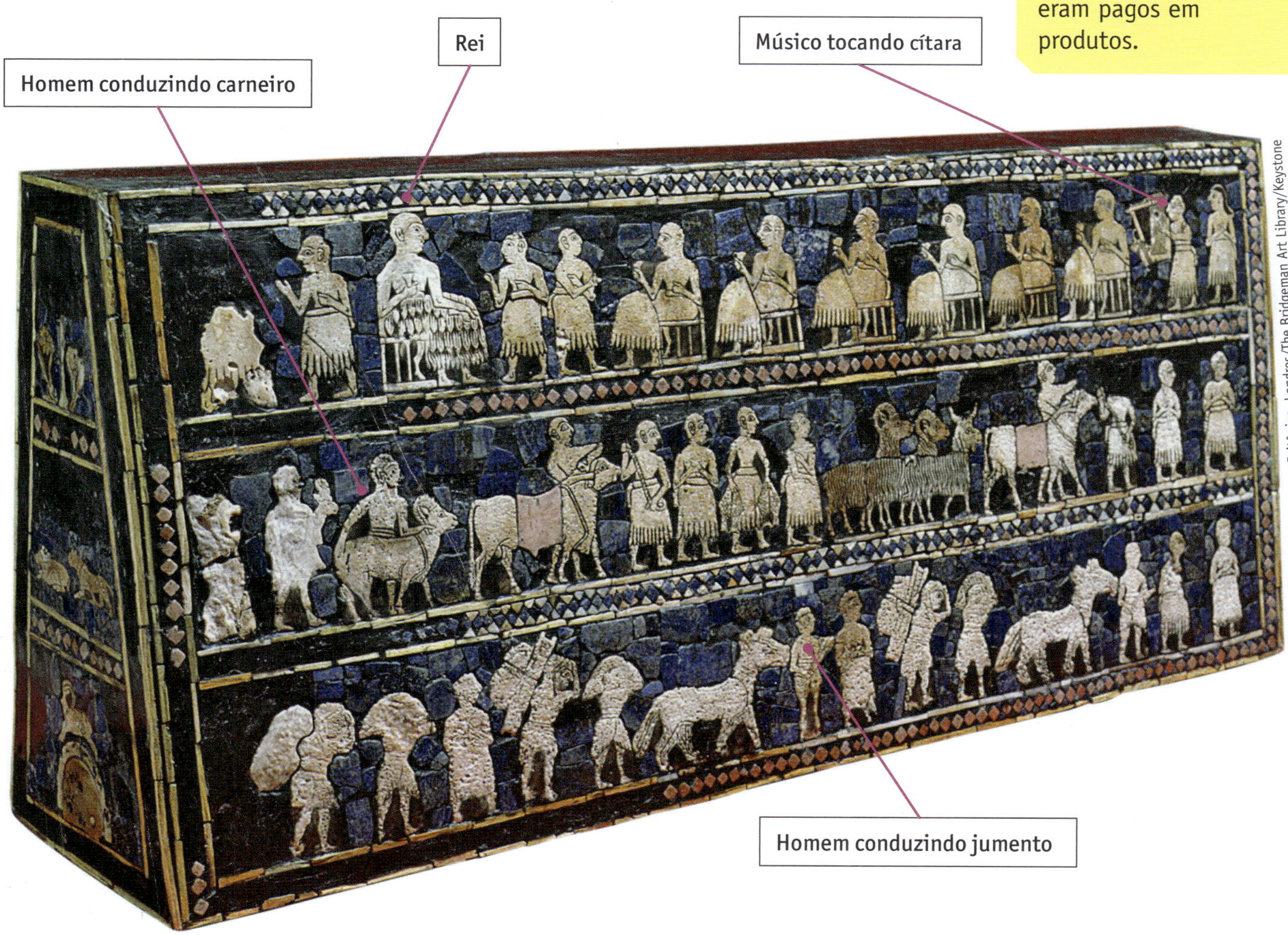


Museu Britânico, Londres/The Bridgeman Art Library/Keystone

Assim, pouco a pouco, as aldeias neolíticas foram se transformando em cidades. A cidade se distingue da aldeia por três características básicas: maior divisão do trabalho, comércio feito com regularidade e centralização do poder.

As primeiras cidades formaram-se perto das margens de grandes rios por causa da importância da água para as pessoas e para a agricultura e porque facilitava o transporte de pessoas e produtos. Em torno de grandes rios, como o Tigre e o Eufrates, na Mesopotâmia; o Nilo, no Egito; e o Azul e o Amarelo, na China, surgiram também as primeiras civilizações. Observe o mapa.

**As primeiras civilizações**

Allmaps

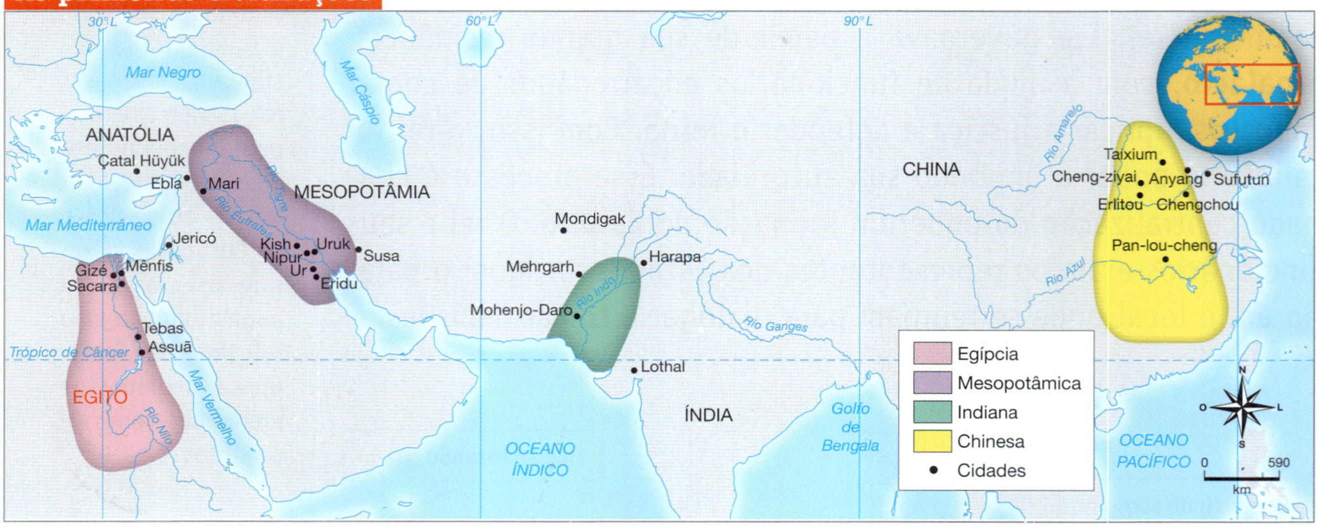


Fonte: A AURORA da humanidade. Rio de Janeiro: Time-Life, 1993. (Coleção História em revista).

Como as primeiras civilizações localizavam-se nas proximidades dos grandes rios, tornaram-se conhecidas como civilizações fluviais.

## A Idade dos Metais

Por volta de 5000 a.C., os seres humanos desenvolveram a metalurgia, isto é, o trabalho com metais. O primeiro metal trabalhado foi o **cobre**, usado sobretudo para fazer utensílios e enfeites. O cobre é maleável e trabalhado a frio.

The Bridgeman Art Library/Keystone

The Bridgeman Art Library/Keystone Museu Ashmolean de Arte e Arquitetura da Universidade de Oxford

Pontas de machados de cobre, c. 2000 a.C.

Mas, por ser um metal mole, o cobre era pouco usado na feitura de armas e instrumentos agrícolas, como a lança e a enxada. Por volta de 3000 a.C., os seres humanos desenvolveram a técnica de fabricação do **bronze**, um metal mais duro e resistente que o cobre. O bronze resulta da mistura do cobre com o estanho. Foi nessa época também que os humanos aprenderam a aquecer, derreter e modelar um metal de acordo com aquilo que desejavam.

Por volta de 1300 a.C., os humanos aprenderam a fundir o ferro que, por sua vez, é mais resistente que o bronze. A produção do ferro exigia um forno com temperatura alta e constante para o derretimento do minério.

Os povos que primeiro aprenderam a fundir e trabalhar esses metais, principalmente o ferro, aperfeiçoaram seus instrumentos de guerra, como espadas e escudos, e seus instrumentos agrícolas, como pás, enxadas e arados. Ao aumentar sua capacidade de produzir alimentos e de se defender, garantiram sua sobrevivência e a integridade do território em que viviam.

The Bridgeman Art Library/Keystone

Akg-Images/Latinstock

Acima, objetos de bronze, c. 3000 a.C. À direita, espada e pontas de lança de ferro encontradas no Vale do Marne, França, século V a.C.

# ATIVIDADES

## I. Retomando

**1.** **No caderno:**

a) Dê o significado de:

- Criacionismo.
- Evolucionismo.

b) Elabore frases aplicando cada um desses conceitos.

**2.** **Muitas espécies animais já desapareceram; outras correm sérios riscos de extinção. Na sua região também há animais ameaçados de extinção? Escolha um deles e explique os motivos que põem em risco sua sobrevivência.**

**3.** **O estudo de um dente, um osso ou um pedaço de crânio pode nos fornecer informações importantes sobre um indivíduo e seu grupo.**

a) O que pode indicar o tamanho do crânio de um indivíduo?

b) O que o estudo de um dente pode nos ajudar a descobrir?

c) O que o tamanho de um osso pode indicar?

**4.** **Observe a imagem e, com base no que você estudou, responda ao que se pede.**

Mozart Couto

Fonte: MCINTOSH, Jane. **Handbook of Life in Prehistoric Europe**. Nova York: Oxford University Press, 2009. p. 39-45.

**a)** Que atividades as pessoas estão fazendo em cada uma das cenas?

**b)** Com base na imagem, é possível saber em que período da Pré-História essas pessoas viviam? Justifique.

**c)** Imagine que você é um adulto e vive em uma aldeia neolítica. Escreva no caderno um pequeno texto sobre o seu dia a dia com o título: "Um dia em uma aldeia neolítica".

**5.** **Monte uma ficha no caderno comparando o modo de vida do Paleolítico ao do Neolítico.**

| | Paleolítico | Neolítico |
|---|---|---|
| a) Quais ferramentas eram confeccionadas? | | |
| b) Quais materiais eram usados para a confecção dessas ferramentas? | | |
| c) Quais alimentos eram consumidos? | | |
| d) Como era o estilo de vida dos seres humanos? | | |

MODELO

**6.** **Leia o texto com atenção e responda.**

### Da aldeia à cidade

Durante a maior parte da Pré-História, as populações eram nômades, isto é, mudavam constantemente de uma região para outra em busca de condições favoráveis para sobreviver. [...]. As mudanças eram frequentes e apenas os bens mais necessários eram transportados. Mas, no Período Neolítico, começou um processo de sedentarização (ou seja, a fixação do homem em um território). A agricultura, a domesticação dos animais e as técnicas de controle do meio ambiente permitiram ao homem permanecer num mesmo lugar por mais tempo. [...] A ocupação mais duradoura permitiu [...] uma nova forma de organização da sociedade e do espaço [...]: iniciou-se a urbanização, ou seja, o surgimento das cidades.

REDE, Marcelo. **A Mesopotâmia**. São Paulo: Saraiva, 1997. p. 12-13. (Que história é esta?).

**a)** O que significa processo de sedentarização?

**b)** Segundo o texto, que fatores contribuíram para a sedentarização dos seres humanos?

**c)** Com base no que você estudou neste capítulo, responda: que mudanças foram ocasionadas pela prática da agricultura?

**d)** Qual a importância da agricultura no mundo atual?

**Indicação de *site* para a pesquisa:**

- EMBRAPA. Disponível em: <http://ftd.li/kujcgf>. Acesso em: 9 jan. 2015.

**7.** Os fenômenos listados a seguir referem-se às mudanças decorrentes do desenvolvimento da agricultura e da domesticação de animais e foram apresentados propositalmente de forma desordenada. Coloque-os na ordem em que eles devem ter ocorrido.

CIDADES · COMÉRCIO · AGRICULTURA · ESTADO · ESPECIALIZAÇÃO DO TRABALHO · EXCEDENTES AGRÍCOLAS

**8.** Observe novamente o mapa **As primeiras civilizações**, na página 64, e responda ao que se pede.

a) O que há em comum na história do surgimento das primeiras civilizações?

b) Nomeie os rios às margens dos quais surgiram as primeiras civilizações.

c) Explique as razões de as primeiras civilizações terem surgido próximas a rios.

## II. Leitura e escrita em História

### a. Leitura de imagem

Vimos que no Neolítico os seres humanos aprenderam a técnica de trabalhar metais como o cobre, o bronze e o ferro. Observe as imagens a seguir.

Ashmolean Museum, Universidade de Oxford/The Bridgeman Art Library/Keystone

Ashmolean Museum, Universidade de Oxford/The Bridgeman Art Library/Keystone

Ashmolean Museum, Universidade de Oxford/The Bridgeman Art Library/Keystone

Ashmolean Museum, Universidade de Oxford/The Bridgeman Art Library/Keystone

**1.** Que objetos são esses?

**2.** Levante uma hipótese: para que servia cada objeto?

**3.** Em que período da Pré-História viveram os homens que desenvolveram esses objetos? Justifique.

**4.** Que vantagem tiveram os povos que primeiro desenvolveram esses objetos?

## b. Leitura e escrita de textos

### VOZES DO PRESENTE

**O texto a seguir é uma notícia; leia-o com atenção.**

**Filhote de mamute da Sibéria é uma fêmea**

O filhote de mamute encontrado quase intacto em maio na Sibéria é uma fêmea, revelaram nesta quinta-feira (5) especialistas de vários países [...].

A mamute recebeu o nome de Liuba, em homenagem à mulher de Yuri Khudi, o pastor russo que descobriu o corpo do animal congelado na região siberiana de Yamal [...].

Tkachev Andrei/ITAR-TASS/Corbis/Latinstock

Liuba, carcaça de um filhote de mamute encontrada na Rússia em 2007.

Segundo os cientistas, quando Liuba morreu no pântano, há mais de 10 mil anos, tinha apenas um ano, media 130 centímetros de altura e pesava cerca de 50 quilos.

Liuba, o segundo filhote de mamute encontrado em Yamal, tem uma especial importância para os cientistas porque foi totalmente conservado pelo gelo. Até os olhos e a tromba estão intactos.

"É uma descoberta excepcional, pois é o filhote de mamute mais bem conservado de todos os encontrados no mundo todo", disse Natalia Fiodorova, diretora-adjunta do museu paleontológico [...], onde Liuba é conservada em uma câmara especial. [...]

FILHOTE de mamute da Sibéria é uma fêmea. **G1**, 5 jul. 2007. Disponível em: <http://g1.globo.com/Noticias/Ciencia/0,,MUL64637-5603,00-FILHOTE+DE+MAMUTE+DA+SIBERIA+E+UMA+FEMEA.html>. Acesso em: 9 jan. 2015.

**1.** Qual é o título da reportagem?

**2.** Qual é o assunto principal da reportagem? (Use suas palavras.)

**3.** De onde a notícia foi extraída?

**4.** Os estudiosos que concluíram que o filhote de mamute é uma fêmea são paleontólogos. O que a paleontologia estuda?

## c. Cruzando fontes

**A seguir, você conhecerá os argumentos de dois autores: um defende o criacionismo e outro, o evolucionismo. Após a leitura atenta dos dois textos, responda às questões em seu caderno.**

**Fonte 1**

### Em defesa do criacionismo

É difícil acreditar no evolucionismo. Ou seja, na série fantástica de transformações que somos forçados a imaginar que teriam ocorrido em um passado distante.

Mas o que mais preocupa é que, habituadas a consumir as "verdades" ditadas pela TV e por outros meios de comunicação, as pessoas não duvidam das informações que recebem. E nem imaginam as dificuldades científicas para provar que as mudanças de que falam os evolucionistas de fato ocorreram. O mesmo acontece com os cientistas que aceitam a teoria evolucionista sem questionamento...

A razão disso é que os evolucionistas acreditam ter respostas definitivas para três importantes perguntas: Quem somos? De onde viemos? Para onde vamos?

Com isso, a teoria da evolução passou a ser considerada a única explicação racional, e a crença em um Criador inteligente, que planejou tudo nos mínimos detalhes, foi sendo deixada de lado.

Por que abandonar a hipótese da existência de um Criador? Não seria irracional eliminar a única alternativa para se responder aquelas três importantes perguntas?

Felizmente, à medida que fazem novas descobertas, os cientistas vêm mudando sua postura em relação ao surgimento da vida, fenômeno até hoje inexplicável. Com os avanços da Biologia Molecular, por exemplo, vem se constatando a perfeição no planejamento de todos os níveis da vida.

Assim, essas descobertas recentes da ciência só têm aumentado a nossa convicção na existência de um Deus criador "dos céus, da terra, e de tudo que neles há".

Ruy Carlos de Camargo Vieira (presidente da Sociedade Criacionista Brasileira).

**Fonte 2**

### Em defesa do evolucionismo

A vida na Terra é um rio que começou a correr há 3,5 bilhões de anos e chegou até você e mim, no meio de urna diversidade espetacular: leões, mosquitos, coqueiros, bactérias, algas marinhas e dezenas de milhões de outras espécies.

Veja o caso dos dinossauros. Dominaram o planeta por mais de 200 milhões de anos e sumiram num piscar de olhos, varridos por um meteoro que abriu uma cratera de dez quilômetros no México. [...]

Indiferente à tragédia dos desaparecidos, o rio da vida seguiu seu destino impiedoso de formar novas espécies e abandoná-las à própria sorte. Estima-se que as 30 milhões de espécies que existem hoje correspondam a apenas 1% das 3 bilhões que já existiram. O resto foi extinto.

Há uma fração de minuto evolucionário, na África, surgiu um primata diferente dos macacos comuns: era grande e não tinha rabo. Esse ancestral teve [vários] descendentes [...].

O orangotango é o mais velho, apareceu há 12 milhões de anos. Depois nasceu o gorila (8 milhões), seguido pelo homem (5 milhões). [...]

[...] Com os chimpanzés, por exemplo, **compartilhamos mais de 98% dos genes**. A explicação para serem eles quem são e nós o que somos fica por conta de menos de 2% dos 100 mil genes que constituem nosso patrimônio genético.

[...]

VARELLA, Drauzio. Introdução. In: **Macacos**. São Paulo: Publifolha, 2000. (Coleção Folha explica). Disponível em: <http://www1.folha.uol.com.br/folha/publifolha/ult10037u351811.shtml>. Acesso em: 9 jan. 2014.

1. Quem é o autor do primeiro texto?
2. O que ele defende?
3. E o autor do texto 2, quem é?
4. O que ele defende?
5. Qual dos dois textos você considera mais convincente? Justifique.
6. **Em grupo.** Respondam à seguinte questão: com base na leitura dos textos 1 e 2, é possível conciliar criacionismo e evolucionismo? Justifiquem.

## III. Você cidadão!

**Leia com atenção o texto abaixo.**

### Declaração Universal dos Direitos dos Animais

Art. 1º – Todos os animais nascem iguais diante da vida, e têm o mesmo direito à existência.

[...]

Art. 3º

a) Nenhum animal será submetido a maus-tratos e a atos cruéis;

[...].

Art. 4º

a) Cada animal que pertence a uma espécie selvagem tem o direito de viver livre no seu ambiente natural terrestre, aéreo e aquático, e tem o direito de reproduzir-se;

[...].

Art. 6º

a) Cada animal que o homem escolher para companheiro tem o direito a uma duração de vida conforme sua **longevidade natural**;

b) O abandono de um animal é um ato cruel e degradante.

**Longevidade natural** Tempo médio de vida.

CONSELHO Federal de Medicina Veterinária. **Declaração Universal dos Direitos dos Animais**. Brasília, 2013. Disponível em: <http://www.cfmv.org.br/portal/direitos_animais.php>. Acesso em: 9 jan. 2015.

**1.** **Copie no caderno o artigo que regulamenta a proteção dos animais domésticos.**

**2.** **Você, provavelmente, já viu alguém maltratando ou abandonando um animal. Escreva um pequeno texto contando essa história. Inclua os artigos da declaração que tratam do assunto.**

**3.** **Reunidos em grupo, debatam o assunto e elaborem sugestões para inibir os maus-tratos e/ou o abandono de animais.**

gabczi/Shutterstock.com

# 4 A "PRÉ-HISTÓRIA" BRASILEIRA

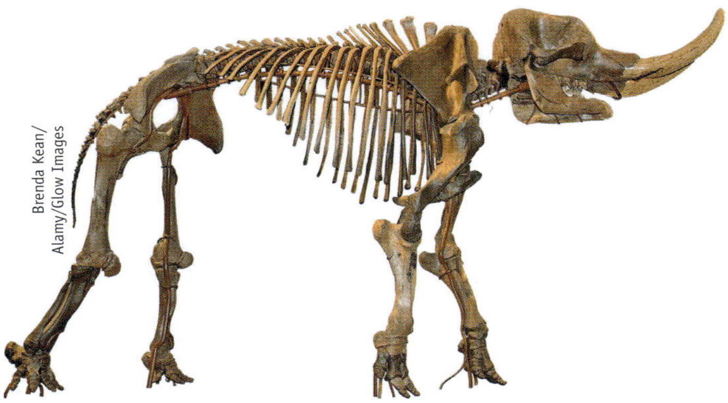

Brenda Kean/ Alamy/Glow Images

Mastodonte.

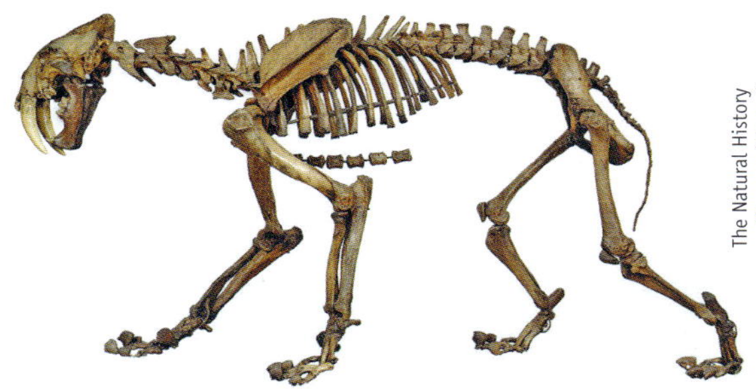

The Natural History Museum/Alamy/ Glow Images

Tigre-dentes-de-sabre.

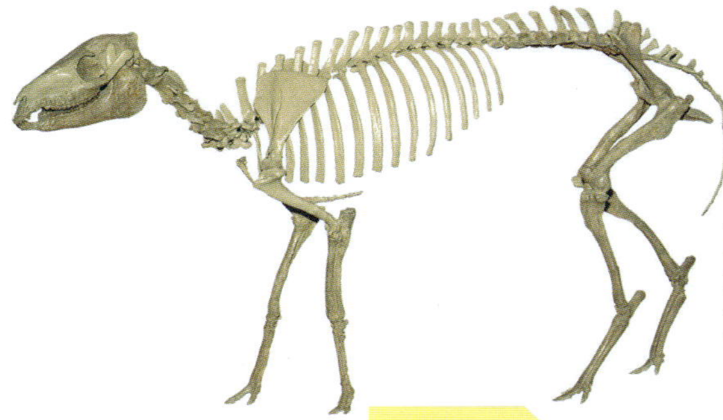

Kevin Schafer/ Corbis/Latinstock

Cavalo.

Você sabia que os mamíferos representados nesta página viveram na América há muito tempo? Parte deles é da América do Norte, outra parte, da América do Sul. Sabia que houve uma migração desses mamíferos do Norte para o Sul e vice-versa? Faça uma pesquisa rápida para saber quais deles são nativos da América do Norte e quais são da América do Sul.

DEA PICTURE LIBRARY/Easypix

Tatu gigante.

National Geographic Image Collection/Alamy/Latintock

Toxodonte.

Mozart Couto

Preguiça-gigante.

# Da África para outros continentes

A maioria dos estudiosos concorda que o local de origem do ser humano é a África. Eles se baseiam em descobertas como as dos cientistas estadunidenses Donald Johanson e Tom Gray. Em 1974, esses estudiosos descobriram, na Etiópia, um dos mais antigos esqueletos já conhecidos. O fóssil de um indivíduo do sexo feminino, que tinha cerca de 3,2 milhões de anos.

Para comemorar a descoberta, houve festa no acampamento da expedição. Uma das músicas mais tocadas naquela noite foi *Lucy In The Sky With Diamonds*, do grupo musical The Beatles. Por isso os cientistas decidiram batizar o esqueleto de Lucy.

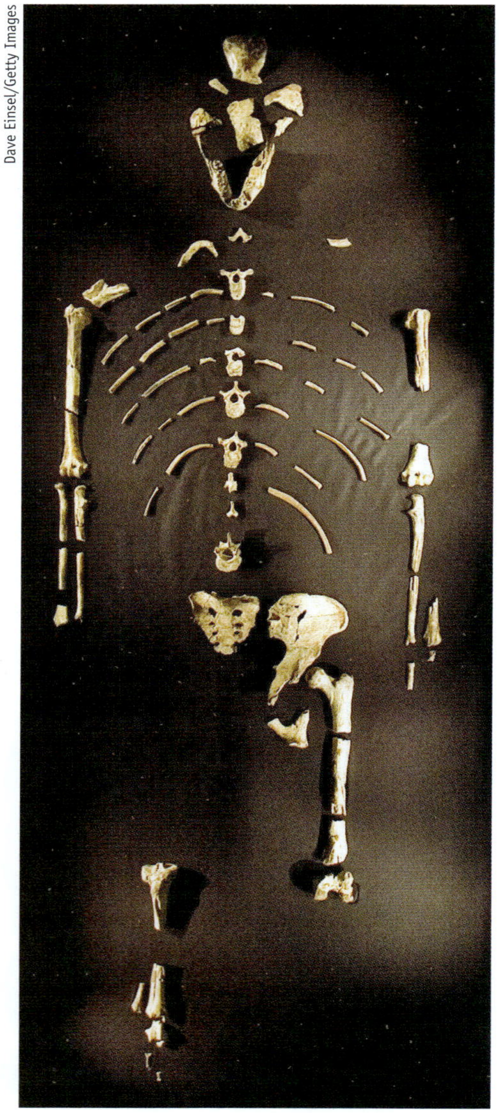

Dave Einsel/Getty Images

Ossada de Lucy.

Bettmann/Corbis/Latinstock

Apresentação do grupo musical inglês The Beatles, 1966.

A partir da África, os primeiros humanos espalharam-se pela Europa e pela Ásia e finalmente chegaram à América, em um processo que durou milhares de anos. Mas saber **como** ocorreu o povoamento da América continua sendo um dos maiores desafios da Arqueologia.

## Como chegaram?

Há duas hipóteses principais para explicar o caminho percorrido pelos povoadores da América:

**Hipótese nº 1**: chegaram à América por terra, depois de atravessar o Estreito de Bering, situado entre a Sibéria (Rússia) e o Alasca (Estados Unidos). Essa travessia teria ocorrido em uma das vezes em que o nível do mar baixou muito, levando à formação de um caminho de terra e gelo que ligava a América à Ásia, pelo norte.

**Hipótese nº 2**: chegaram à América por mar, vindos da Oceania. E, depois de atravessar o Oceano Pacífico navegando de ilha em ilha em pequenas embarcações, desembarcaram no continente americano.

Outra possibilidade ainda é a de que parte deles veio a pé, pelo Estreito de Bering, e a outra parte, navegando pelo Pacífico.

Prováveis caminhos dos povoadores da América

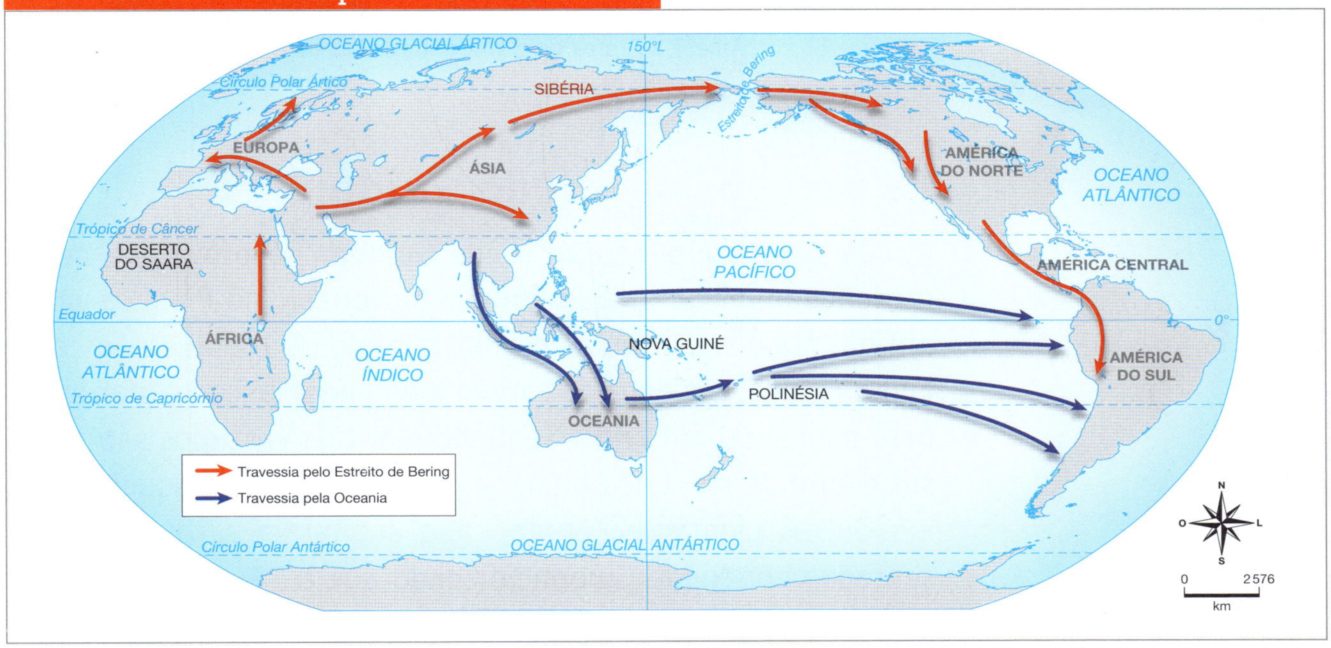


Fonte: NAQUET-VIDAL, Pierre; BERTIN, Jacques. **Atlas histórico**: da Pré-História a nossos dias. Lisboa: Círculo de Leitores, 1987. p. 18.

# Descobertas sobre a presença humana na América

Em 1999, o arqueólogo brasileiro Walter Neves revelou ao mundo o fóssil mais antigo de toda a América: o crânio de uma mulher que viveu há cerca de 11 500 anos. O cientista brasileiro batizou-a de **Luzia** (em homenagem à Lucy). Em seguida, cientistas ingleses reconstituíram a fisionomia de Luzia e, surpresos, descobriram que suas feições se assemelhavam às dos nativos da África e da Austrália: olhos arredondados, nariz largo e lábios volumosos. Observe a imagem da página seguinte.

Gregg Newton/Reuters/Latinstock

Recentemente, com base em materiais inéditos de Lagoa Santa (MG), Walter Neves descobriu também que as características cranianas do povo de Luzia eram semelhantes às dos africanos e australianos. Para ele, então, o povo de Luzia entrou na América antes dos grupos com feições asiáticas que deram origem aos indígenas atuais.

À esquerda em primeiro plano, crânio de Luzia. Pesquisadores acreditam que o crânio é o fóssil humano mais antigo encontrado nas Américas. O modelo em segundo plano é a reconstituição das feições de Luzia, produzida a partir de imagens de computador. Segundo alguns pesquisadores, Luzia pertenceu a um grupo que viveu nas Américas cerca de 3 mil anos antes da população indígena.

## Os estudos de Niède Guidon

Já para a arqueóloga Niède Guidon, há provas de que a presença humana em São Raimundo Nonato, no Piauí, é muito antiga. Ela e sua equipe descobriram, no sítio arqueológico de Pedra Furada, pedaços de carvão e de pedra lascada que teriam pelo menos 50 mil anos. Segundo ela, tais vestígios são prova suficiente da presença humana na América desde aquela data.

Outros cientistas, porém, não aceitaram as provas apresentadas por Niède Guidon, dizendo que o carvão encontrado por ela pode ter sido produzido por incêndios florestais e que as lascas de pedra podem ser resultado do esfacelamento das rochas; ou seja, esses materiais seriam resultado de fenômenos naturais, e não da ação humana.

Em 2006, porém, o cientista francês **Eric Boeda** comprovou que os artefatos de pedra encontrados pela arqueóloga brasileira foram feitos por seres humanos que viveram onde hoje é o Brasil entre 33 e 58 mil anos atrás. Ganhou força, assim, a tese de Guidon de que a presença do homem na América é muito mais antiga do que se pensa. Parte da comunidade científica aceitou sua tese; outra parte, no entanto, continua se opondo a ela.

Xavier Rossi/Gamma-Rapho via Getty Images

**Eric Boeda**

Pesquisador responsável pela análise do material coletado no Piauí por Niède Guidon. Ele comprovou que esse material tinha sido deixado por seres humanos que aqui viveram há mais de 33 milênios.

# Para saber mais

## Niède Guidon e sua luta

Niède Guidon nasceu em Jaú (São Paulo), doutorou-se em Arqueologia na França e pesquisa sítios situados no Piauí desde 1973. Sua luta e determinação levaram à criação do **Parque Nacional Serra da Capivara**, em 1979, no município de São Raimundo Nonato, no Piauí. Anos depois, para administrar o parque foi criada a Fundação Museu do Homem Americano (FUMDHAM), onde se encontram milhares de pinturas rupestres, restos de fogueiras, **urnas funerárias** e ossadas de animais "pré-históricos".

Atualmente, Niède Guidon luta para transformar o Parque Nacional Serra da Capivara em um grande centro turístico.

Gustavo Moreno/CB/D.A Press

Arqueóloga Niède Guidon.

**Urna funerária**
Vaso grande onde eram enterrados os restos mortais de um indivíduo.

Palê Zuppani/Pulsar

Museu do Homem Americano, em São Raimundo Nonato (PI), 2010.

### A área arqueológica de São Raimundo Nonato

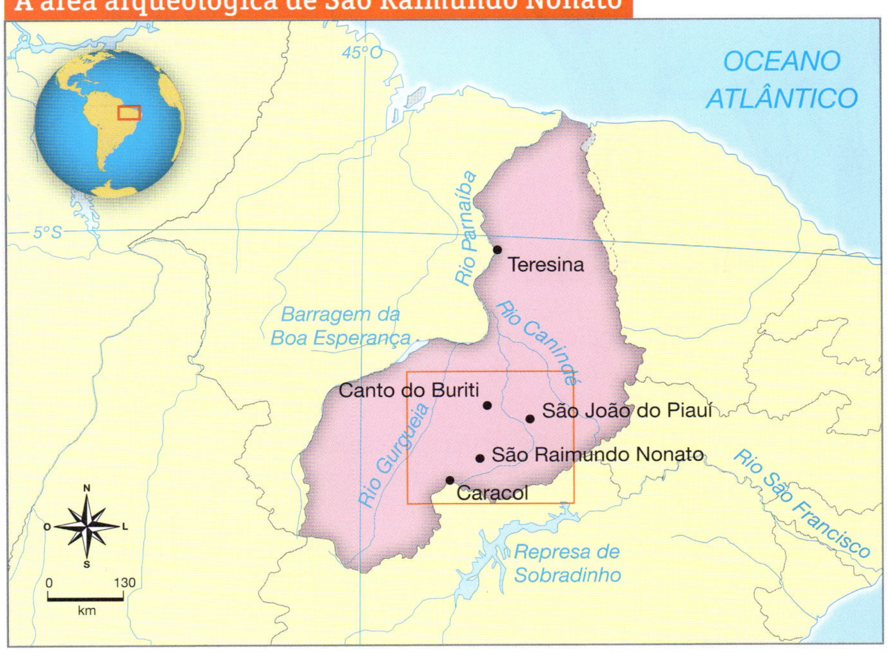


Maps World

Fonte: IBGE. **Atlas geográfico escolar**. 6. ed. Rio de Janeiro: IBGE, 2012. p. 163.

**Dialogando...**

A transformação do Parque Nacional Serra da Capivara em um centro turístico pode ajudar as pessoas que vivem na região? Como?

Em 1991, o Parque Nacional Serra da Capivara – um verdadeiro tesouro arqueológico – foi declarado Patrimônio Cultural da Humanidade pela Organização das Nações Unidas para a Educação, a Ciência e a Cultura (Unesco).

# Os habitantes das terras americanas

1

Quando os primeiros seres humanos aqui chegaram, as características das terras onde é hoje o Brasil eram muito diferentes das atuais: predominavam campos de vegetação baixa, clima seco e frio com invernos rigorosos. Esses humanos davam muita importância ao fogo; e faziam grandes fogueiras para aquecer seus corpos, cozinhar e afugentar animais perigosos.

Nessas terras viviam também mamíferos enormes, como a **preguiça-gigante**, o **mastodonte**, a **macrauquênia** e o **tigre-dentes-de-sabre**. Por volta de 9500 a.C., alguns desses grandes mamíferos, como o mastodonte e a macrauquênia, desapareceram sem deixar parentes. Já a preguiça-gigante tem parentesco com os bichos-preguiça da nossa fauna atual.

2

**Dialogando...**

**Ao longo da história, a caça desenfreada colaborou para o desaparecimento de animais? Dê um exemplo dos dias atuais de um animal ameaçado de extinção.**

3

Ilustrações: Mozart Couto

4

1. **Preguiça-gigante**: animal que chegava a ter 6 metros de altura, conseguia coletar alimentos em árvores mais altas.
2. **Mastodonte**: animal de muitas toneladas que vivia em manadas, possuía tromba e presas de até um metro e meio.
3. **Macrauquênia**: animal que possuía uma tromba curvada e o corpo semelhante ao de um camelo.
4. **Tigre-dentes-de-sabre**: tinha o tamanho de um tigre avantajado e caçava animais de grande porte.

Fonte: FUNDAÇÃO Museu do Homem Americano, 2012. Disponível em: <http://www.fumdham.org.br/fauna_extinta.html>. Acesso em: 8 dez. 2014.

## Caçadores e coletores

Os primeiros habitantes do Brasil eram caçadores e coletores: viviam da caça de animais pequenos, como os veados e as emas, e da coleta de frutos, como a castanha e o pinhão. Entre eles estavam o povo de Lagoa Santa, o povo de Umbu (também conhecido como povo da flecha) e os povos dos **sambaquis**.

**Sambaqui**
Palavra originária do tupi *tãba'ki* (de *tã'ba* = ostra e *ki* = amontoado).

### O povo de Lagoa Santa

O primeiro cientista a estudar vestígios arqueológicos no Brasil, o dinamarquês Peter Lund, encontrou, em 1843, ossadas humanas e de animais extintos na região de Lagoa Santa, em Minas Gerais. Nos anos de 1970, nessa mesma região, outros cientistas descobriram a maior coleção de esqueletos disponíveis para o estudo dos primeiros habitantes da América, incluindo o de Luzia.

Os esqueletos encontrados permitem dizer que o povo de Lagoa Santa viveu entre 8 mil e 4 mil a.C.; que era baixo e magro e comia pequenos animais, frutos, peixes e caramujos grandes que viviam nos rios. Sua expectativa de vida era baixa: muitas crianças morriam cedo e pouquíssimos adultos atingiam 30 anos de idade. Observe ao longo da página algumas ilustrações que representam objetos deixados pelo povo de Lagoa Santa.

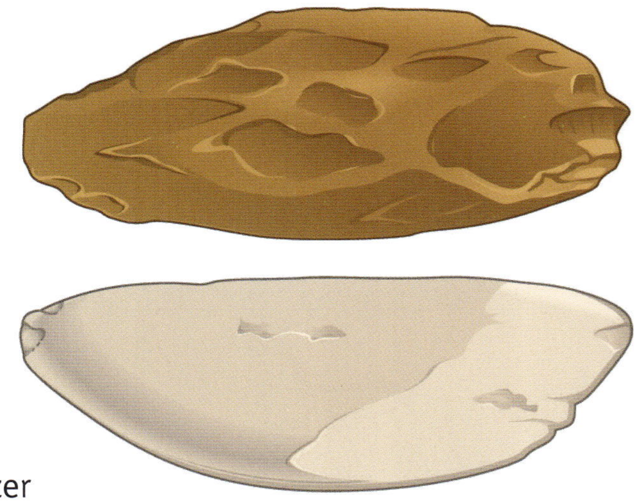

Ilustrações: Marcelo Camacho/Conexão

Machados de pedra.

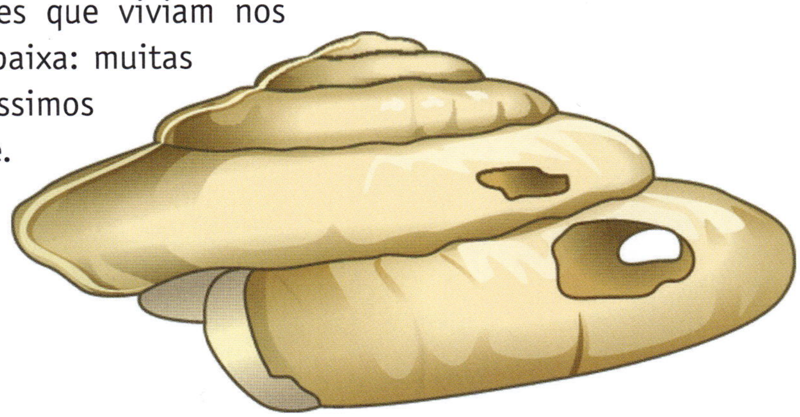

Conchas de caramujos perfuradas.

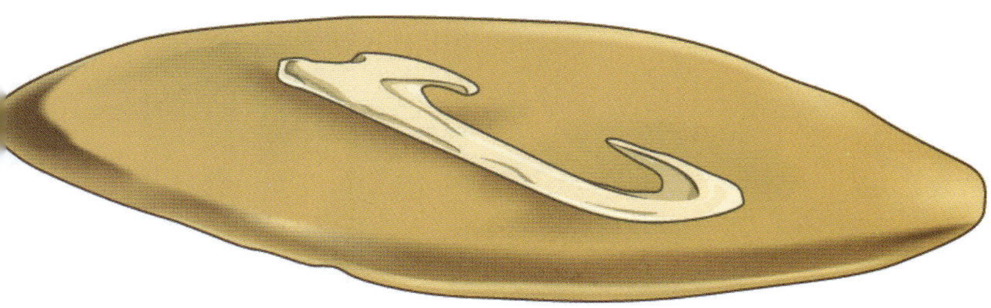

Anzol de osso.

Fonte das ilustrações: GUARINELLO, Norberto. **Os primeiros habitantes do Brasil**. São Paulo: Atual, 1994. p. 14.

Ilustrações: Mozart Couto

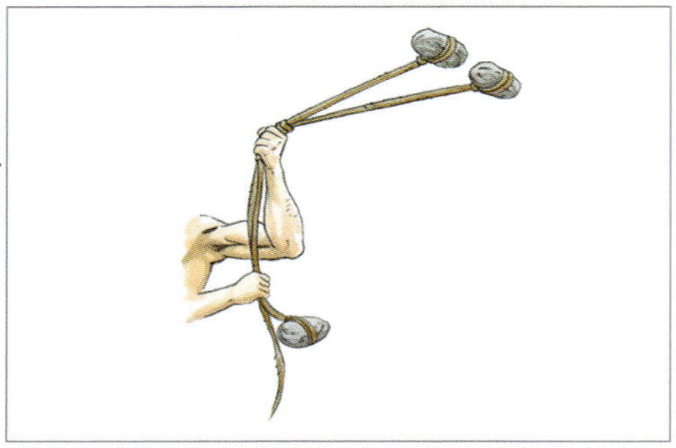

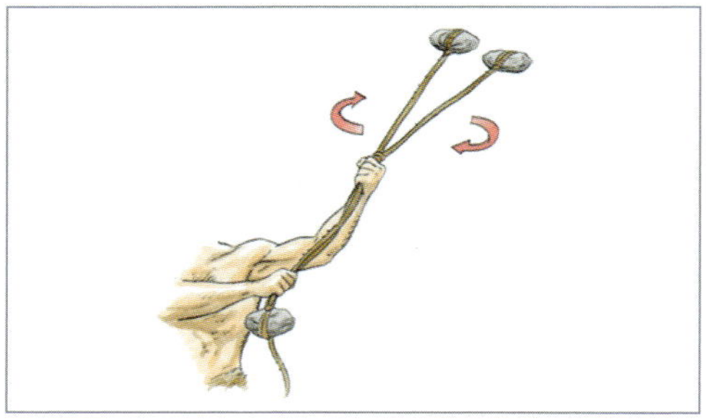

## O povo de Umbu

Nas florestas do Sul e do Sudeste do Brasil viviam grupos humanos muito habilidosos no trabalho com pedra. Com esse material, eles faziam uma grande variedade de objetos, como facas de corte afiado, anzóis e, especialmente, pontas de flechas. O povo de Umbu, como ficou conhecido, foi responsável pela difusão, entre os primeiros habitantes do território brasileiro, de duas grandes inovações daqueles tempos: o uso do **arco e flecha** e da **boleadeira** (arma composta de três bolas de pedra ligadas entre si por cordas de couro). Tais armas tornaram possível a caça de animais velozes, veados e emas, por exemplo, e de pássaros em pleno voo.

Aqueles que hoje usam a boleadeira na região dos pampas gaúchos provavelmente não imaginam que este artefato foi inventado por homens que viveram há muito tempo. Lançadas com habilidade, as boleadeiras prendem as pernas dos animais, imobilizando-os.

Eduardo Amorim

Daniel Conzi/Tempo Editorial

Sambaqui em Garopaba do Sul (SC), 2004.

## Os povos dos sambaquis

Leia o que o arqueólogo Norberto Guarinello conta sobre os povos dos sambaquis.

> Há cerca de seis mil anos, o mar começou a subir, até o nível em que está hoje. Desde essa época o litoral do Brasil atual, entre o Espírito Santo e o Rio Grande do Sul, começou a ser ocupado por povos que viviam dos recursos que o mar oferecia; são chamados de homens das conchas ou povos dos sambaquis.
>
> Embora também caçassem pequenos animais e coletassem alimentos vegetais como coquinhos, a dieta principal desses habitantes era constituída por peixes e [...] por vários tipos de **moluscos**. [...]
>
> O alimento era tão abundante que esses povos não precisavam, como os do interior, mudar constantemente de local. Escolhiam um lugar elevado perto da praia, em especial se havia água doce por perto, e aí se estabeleciam [...]
>
> Para o lugar fixado levavam conchas que recolhiam à beira-mar, abriam-nas no fogo e comiam os moluscos. As conchas vazias eram deixadas no chão e iam se acumulando. Com o passar dos anos, foram se formando verdadeiras montanhas de conchas, sobre as quais as pessoas construíam suas cabanas e dentro das quais enterravam seus mortos. Chamamos essas montanhas de **sambaquis**. [...]
>
> Havia centenas desses sambaquis no litoral sul do Brasil, mas a maior parte foi destruída pelas indústrias de cimento e muitos são ainda usados para produzir cal.

**Molusco**
Animal de corpo mole e sem ossos, quase sempre coberto por uma concha.

Museu do Sambaqui, Joinville. Foto: Antonio Gusmão/Tyba

Esqueleto encontrado no sambaqui do Morro do Ouro (SC), 2008.

Conhecemos várias sepulturas e esqueletos desses povos. Eram, em geral, de estatura baixa, mas bastante fortes e com uma cabeça volumosa. Enterravam seus mortos na própria montanha de conchas, pintando-os de vermelho e deixando, ao seu lado, alguns presentes para utilizarem no outro mundo.

A imagem mostra uma dessas sepulturas, encontrada no sambaqui do Morro do Ouro.

GUARINELLO, Norberto L. **Os primeiros habitantes do Brasil.** São Paulo: Atual, 1994. p. 21-24.

Há cerca de 2 mil anos os povos dos sambaquis desapareceram, provavelmente porque foram vencidos pelos grupos tupis, que na época se expandiam pelo litoral.

## Agricultores e ceramistas da Amazônia

Segundo a arqueóloga Anna Roosevelt, os povos da região amazônica começaram a praticar a agricultura há cerca de 7 mil anos. Eles desenvolveram cultivos próprios, como plantas medicinais e corantes; mas a descoberta mais importante desses grupos foi o cultivo da **mandioca**, raiz de alto valor nutritivo que possui algumas variedades venenosas.

Os agricultores da Amazônia descobriram que ralando, prensando e torrando essas espécies de mandioca conseguiam extrair o veneno que elas continham. Eles produziam alimentos como a farinha, o beiju e a tapioca.

**Tipiti**
Espremedor de palha trançada usado para escorrer raízes, principalmente a mandioca.

**Cumatá**
Espécie de peneira.

1

Karl Newedel/StockFood/Latinstock

2

Renato Soares/Pulsar

3

Gentil Barreira/Imagem Brasil

**1.** Raízes e a farinha de mandioca; **2.** Beiju sendo assado no Parque Indígena do Xingu (MT), 2011; **3.** Tapioca com carne de sol. Por meio de instrumentos como o ralador, o **tipiti** e o **cumatá**, os agricultores amazonenses transformaram uma planta venenosa em produto comestível.

Mais ou menos na época em que começaram a cultivar plantas, os agricultores amazônicos desenvolveram também a produção de **cerâmica** (argila cozida em forno). Suas cerâmicas estão entre as mais antigas da América e são de diversos tipos e formas: vasos, urnas funerárias, estatuetas, pratos, tangas, jarros, entre outras. Por meio da análise desses objetos, é possível conhecer o modo como os amazônicos decoravam suas moradias, armazenavam e transportavam alimentos, o que consideravam bonito ou feio etc.

Foi na ilha de Marajó, na foz do Rio Amazonas, entre os séculos IV e XIV, que se desenvolveu a mais notável cultura ceramista amazônica: a **cultura marajoara**. Os marajoaras parecem ter tido uma organização social complexa. Até o presente, a nossa principal fonte para conhecimento desse povo são os objetos de cerâmica que produziram.

A cerâmica marajoara era decorada com desenhos sugestivos e variados e com pinturas policromáticas. As cores mais usadas por eles eram o vermelho, o branco e o preto. Muitas de suas urnas funerárias eram representações do corpo feminino, o que, para alguns pesquisadores, demonstra a importância que as mulheres tinham na sociedade marajoara.

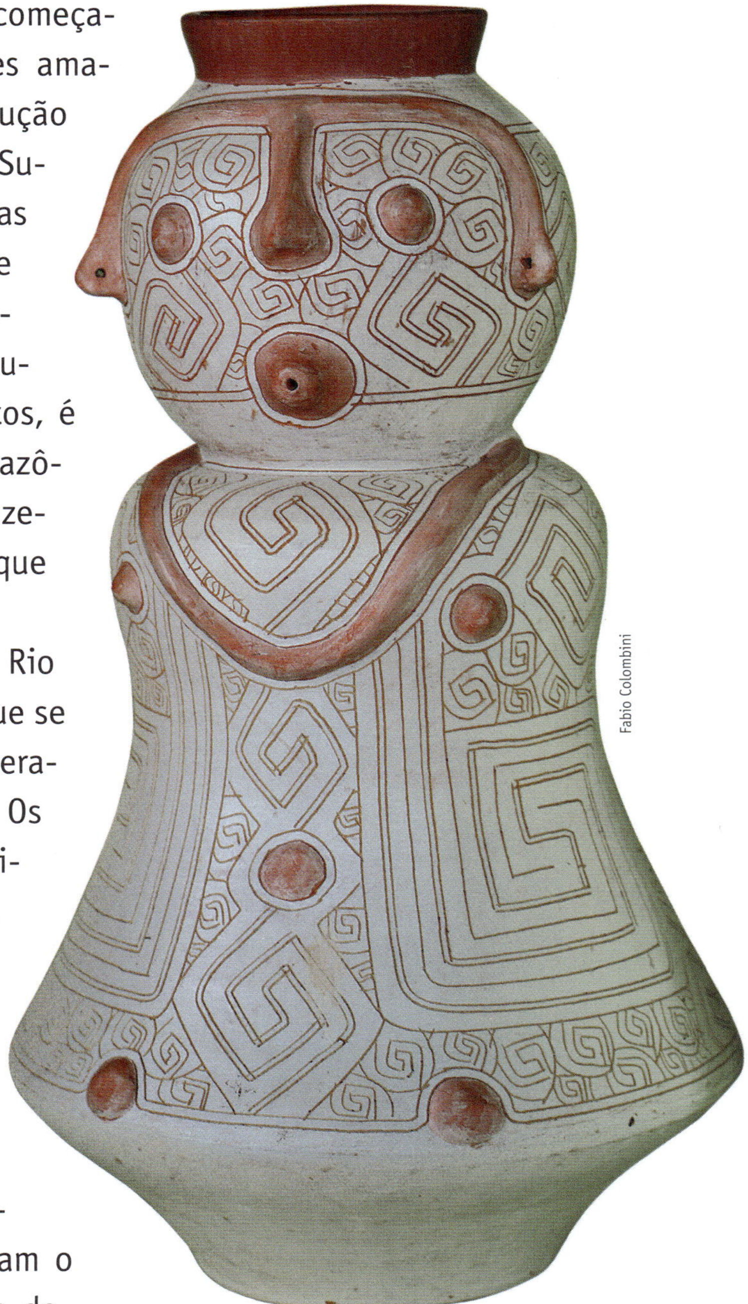

Fabio Colombini

Vaso marajoara de cerâmica. Os marajoaras usavam símbolos geométricos e grafismos para decorar suas peças. Esta obra pertence ao acervo do Museu de História Natural de Nova York, nos Estados Unidos.

Por sua qualidade e beleza, as peças de cerâmica marajoara são bastante cobiçadas e estão hoje entre os objetos arqueológicos mais contrabandeados para fora do Brasil.

**Dialogando...**

Que consequências o contrabando de objetos arqueológicos traz para o Brasil?

Outra tradição cerâmica tão rica e variada quanto a marajoara foi a que se desenvolveu por volta do ano 1000, ao longo dos rios Tapajós e Konduri. Os povos que a produziram viviam em aldeias grandes e numerosas, como indicam os sítios em que essas cerâmicas se encontram.

Possivelmente, o centro dessa tradição cerâmica ficava onde hoje é a cidade de Santarém, no Pará; por isso, ela é conhecida como cerâmica de Santarém. Essa cerâmica chama a atenção pela representação original e realista de pessoas e animais. Em algumas estatuetas desses povos, as pessoas aparecem com joias e diferentes tipos de penteados. Observe estas imagens.

Ilustrações: Mozart Couto

Ilustração de estatueta antropomorfa encontrada em Santarém. O objeto representa um homem com os braços cruzados, brincos nas orelhas e uma espécie de cocar, o que sugere que ele ocupava uma posição social de prestígio.

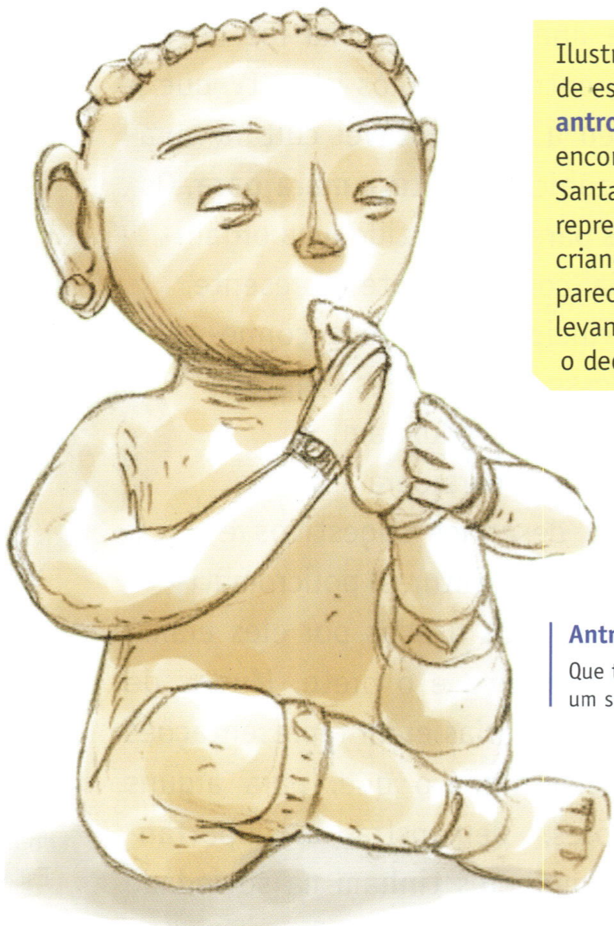

Ilustração de estatueta **antropomorfa** encontrada em Santarém. Ela representa uma criança que parece estar levando à boca o dedão do pé.

**Antropomorfo**
Que tem a forma de um ser humano.

Fonte das ilustrações: GUARINELLO, Norberto. **Os primeiros habitantes do Brasil**. São Paulo: Atual, 1994. p. 28.

A produção da cerâmica de Santarém se prolongou até a primeira metade do século XVII, quando, então, foi desaparecendo.

# ATIVIDADES

## I. Retomando

**1. Reveja o mapa da página 75 e responda.**

a) Qual é o assunto principal do mapa?

b) Em que continente surgiram os primeiros seres humanos?

c) Como os cientistas chegaram a essa conclusão?

d) O que as setas vermelhas indicam?

e) O que as setas azuis indicam?

f) Explique com suas palavras as principais hipóteses sobre o(s) caminho(s) percorrido(s) pelo(s) povoador(es) da América.

**2. Leia a frase a seguir com atenção: "Provavelmente, os povoadores da América chegaram ao nosso continente depois de atravessar o Estreito de Bering, da Sibéria para o Alasca".**

a) Qual é o significado da palavra "estreito" na frase acima?

> **Estreito: 1**. com pouco espaço; **2**. apertado, de pouca folga; **4**. próximo, chegado; **8**. canal natural de pequena largura que estabelece a comunicação entre dois mares ou duas seções do mesmo mar.

INSTITUTO ANTÔNIO HOUAISS. Estreito. In:______. **Dicionário eletrônico Houaiss da Língua Portuguesa.** Rio de Janeiro: Objetiva, 2011. Não paginado: Versão multiusuário 2009.5.

b) Indique a localização do Estreito de Bering.

**3. Elabore no caderno um diagrama com a palavra ARQUEOLOGIA, seguindo o roteiro.**

a. Locais que guardam vestígios da presença humana, tais como restos de moradia, ossos de animais, plantas etc.

b. Nome do Parque Nacional fundado em São Raimundo Nonato, no Piauí.

c. Montes de conchas, sobre os quais as pessoas construíram suas cabanas e dentro das quais enterravam seus mortos.

d. Um dos mais antigos esqueletos já conhecidos, pertencente a uma mulher que viveu há cerca de 3,2 milhões de anos.

e. Arqueóloga brasileira que lutou pela criação do Parque Nacional Serra da Capivara e da Fundação Museu do Homem Americano.

f. Povo que vivia nas florestas do Sul e do Sudeste do Brasil e era habilidoso no trabalho com pedra.

g. Arma composta de três bolas de pedra ligadas entre si por cordas de couro.

h. Ferramenta usada para abater animais, cortar árvores e também como arma de defesa pessoal.

i. Povo que viveu entre 8 mil e 4 mil a.C., de estatura baixa, magro e que comia pequenos animais, frutos, peixes e caramujos que viviam nos rios.

j. Técnica que revolucionou a produção e a oferta de alimentos, contribuindo para um grande aumento da população.

k. Argila modelada e cozida no fogo.

**4. O texto a seguir, do arqueólogo Norberto Guarinello, fala sobre os primeiros habitantes das terras onde é hoje o Brasil. Leia-o com atenção.**

Na verdade, sabemos muito pouco sobre esses desbravadores. Viviam preferencialmente em cavernas, que talvez já decorassem com pinturas, e faziam instrumentos empregando blocos de pedras, que iam lascando até tomarem a forma de machados.

O fogo era muito importante para esses primeiros habitantes, e em suas habitações sempre encontramos grandes fogueiras, que serviam para protegê-los do frio, para afastar os animais selvagens, para tostar a carne da caça e, também, para fabricar instrumentos. Algumas pedras grandes e duras, por exemplo, eram quebradas no fogo, antes de serem transformadas em instrumentos.

GUARINELLO, Norberto Luiz. **Os primeiros habitantes do Brasil**. São Paulo: Atual, 1994. p. 14. (A vida no tempo do índio).

Mozart Couto

Ilustração de ser humano pré-histórico fazendo uma pintura no interior de uma caverna.

a) Onde viviam?

b) Como produziam seus instrumentos?

c) Liste as utilidades que o fogo tinha para eles.

d) Caracterize o modo de vida desses seres humanos.

## II. Leitura e escrita em História

### a. Leitura de imagem

A imagem da esquerda é uma ilustração e a da direita está dividida em duas cenas. Observe o conjunto com atenção e a seguir responda.

Getulio Delphin

Fotografia de 2005. João Prudente

**a)** Na cena 1, vê-se a réplica de um iguanodonte, dinossauro que habitou a região da bacia de Sousa, na Paraíba. Faça uma pesquisa rápida e escreva algumas informações básicas sobre esse animal.

**b)** O que se vê na cena 2?

**c)** E a cena 3, o que mostra?

**d)** Que relação há entre a imagem da esquerda e a da direita?

**e)** **Em grupo**, criem uma campanha publicitária que estimule as pessoas a visitar o Vale dos Dinossauros, na Paraíba.

- Elaborem um mapa localizando o município de Sousa.
- Produzam uma apresentação de *slides* sobre o Vale dos Dinossauros.
- Inventem uma música para a campanha.
- Criem um lema para a campanha. Exemplos de lemas: “Valorize o nosso patrimônio!”; “Faça uma viagem ao tempo dos dinossauros sem sair do Brasil!”; “Conheça os gigantes do passado brasileiro viajando à Paraíba”.

## b. Leitura e escrita de textos

### VOZES DO PRESENTE

**Leia o texto a seguir com atenção.**

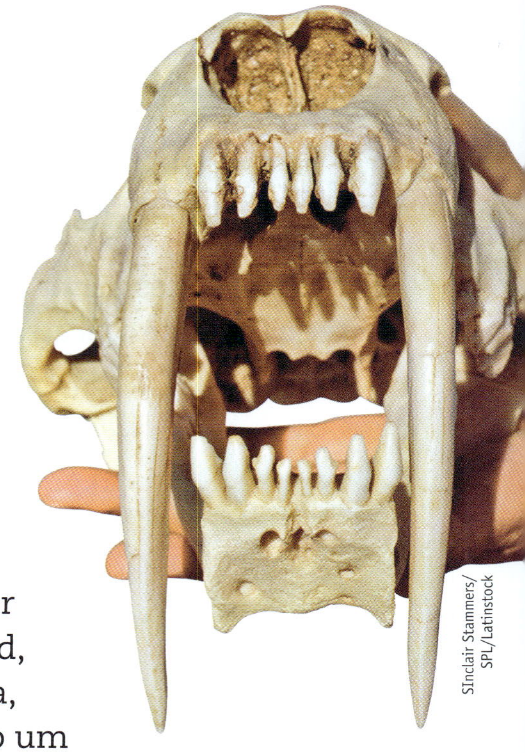


Crânio de tigre-dentes-de-sabre.

Se você gosta de Pré-história, com certeza adora **Os Flintstones**. Então, diga lá: além do Dino, qual o outro bicho de estimação dessa família da idade da pedra? Isso mesmo: um tigre-dentes-de-sabre, que Fred trata como um gatinho!

Pois bem! Até alguns meses atrás, ao assistir a esse desenho, um cientista poderia achar a maior graça ao ver um homem da Pré-História, como Fred, andando de carro, morando em uma casa de pedra, e, acima de tudo, tendo como animal de estimação um tigre-dentes-de-sabre. Afinal, esse bicho era muito feroz!

Contudo, sabe-se que esse animal viveu no mesmo período que o homem pré-histórico em algumas regiões do mundo – na América do Norte e no Velho Mundo, por exemplo – e agora um pesquisador acaba de descobrir que o mesmo aconteceu no Brasil! O autor da descoberta é Walter Neves, da Universidade de São Paulo. O cientista concluiu que o animal conviveu com o ser humano em território brasileiro ao analisar fósseis de um bicho desse tipo encontrado há 160 anos, em Lagoa Santa, Minas Gerais. [...]

Comparando a idade dos ossos do tigre e de Luzia, Walter Neves constatou que os humanos e esses animais da megafauna – como são chamados os animais pré-históricos de grande porte – conviveram por pelo menos 2.000 anos. [...] Já pensou viver naquela época, sair de seu abrigo e dar de cara com um desses? Haja pernas para correr!

ABREU, Cathia. Lado a lado com o tigre-dentes-de-sabre. **Ciência hoje das crianças** [Rio de Janeiro], 30 dez. 2004. Disponível em: <http://chc.cienciahoje.uol.com.br/lado-a-lado-com-o-tigre-dentes-de-sabre/>. Acesso em: 5 dez. 2014.

a) Quais são os animais de estimação da família Flintstone?

b) O tigre-dentes-de-sabre pode ter sido um animal de estimação no passado?

c) O que o cientista Walter Neves descobriu?

d) Imagine que você tenha convivido com os animais da megafauna brasileira, como a macrauquênia, a preguiça-gigante, o tigre-dentes-de-sabre, entre outros. Escreva um pequeno texto sobre a sua convivência com eles.

## c. Cruzando fontes

**Fonte 1**

### Quem matou os animais gigantes?

No continente americano, viviam animais gigantescos, conhecidos como megafauna, como é o caso das preguiças-gigantes [...] no território brasileiro.

Por que eles desapareceram? Alguns estudiosos atribuem a sua extinção à **mudança climática** [...]. Outros pesquisadores [...] mencionam a possibilidade de doenças terem ocasionado grandes mortandades entre os grandes animais. [...] Um terceiro fator pode ter sido a caça predadora que teria levado à extinção desses animais de dimensões descomunais.

FUNARI, Pedro Paulo; NOELLI, Francisco Silva. **Pré-história do Brasil**. São Paulo: Contexto, 2002. p. 56.

**Mudança climática**
Entre 6 mil e 8 mil anos atrás houve uma elevação das temperaturas médias e os animais de grande porte (megafauna) não resistiram.

**Fonte 2**

Ilustração atual feita com base em pesquisa. O mamute caçado era bem aproveitado. Sua carne servia como alimento, seus ossos serviam como arma e sua pele era usada para a confecção de roupas e para cobrir as cabanas.

1. Que pergunta os autores do texto buscam responder?
2. Como os autores do texto respondem à pergunta que está no título?
3. Qual o significado de caça predadora?
4. O que a fonte 2 mostra?
5. Que relação pode se estabelecer entre a fonte 1 e a fonte 2?

## III. Você cidadão!

### Destruidores da História

**Vândalos agem sem controle nos sítios arqueológicos brasileiros e ameaçam fazer desaparecer sob pichações e cartazes um precioso conjunto de pinturas rupestres.**

Marcelo Leite/Folhapress

Pintura rupestre danificada por vândalos em São Raimundo Nonato (PI), 2000.

O Brasil é dono de um dos mais extensos e diversificados conjuntos de arte rupestre do mundo. Dele, conhece-se apenas uma pequena parte. [...] Esses registros gravados em rochas [...] constituem um patrimônio precioso e frágil por natureza, exposto que é à ação do tempo e das mudanças climáticas. No Brasil, [...] o grande inimigo da conservação é o vandalismo. Pinturas milenares têm sido depredadas por pichações, fogueiras, gado – e até por cartazes de propaganda eleitoral. Em janeiro deste ano, no Parque Nacional do Catimbau, em Pernambuco, inscrições rupestres feitas há 6000 anos foram destruídas depois de uma disputa entre guias que trabalhavam informalmente na região. Um deles sentiu-se lesado pelos colegas e jogou um balde de tinta [...] sobre os desenhos. Até hoje ninguém foi indiciado. [...]

BORTOLOTI, Marcelo. Destruidores da História. **Abril.com**. São Paulo: 5 ago. 2009. Edição 2124. Disponível em: <http://veja.abril.com.br/050809/destruidores-historia-p-072.shtml>. Acesso em: 24 nov. 2014.

**1.** Segundo o texto, qual a importância do conjunto de arte rupestre brasileiro?

**2.** Que relação há entre a imagem e o texto?

**3.** **Em grupo**, debatam a importância do patrimônio rupestre brasileiro e a necessidade de ações de conservação. Por fim, elaborem um cartaz ou uma apresentação de *slides* com propostas para resolver o problema apontado no texto. Postem o trabalho no *blog* da turma.

# 5 OS INDÍGENAS: DIFERENÇAS E SEMELHANÇAS

Renato Soares/Pulsar

Acervo Memorial da América Latina, São Paulo. Foto: Renato Soares/Pulsar

O cocar yawalapiti, acima e à esquerda, é feito com penas curtas e suportes flexíveis; fotografia de 2008. Acervo Memorial da América Latina, SP. Já o cocar bororo, acima e à direita, caracteriza-se pelo uso de penas longas de aves de grande porte associadas a um suporte rígido; fotografia de 2008.

Os indígenas enfeitam seus corpos com cocares, braceletes, colares etc. Mas cada povo o faz de um jeito próprio, como se pode ver nas imagens desta página. Você já tinha parado para observar os enfeites e adereços indígenas? Será que eles servem apenas para enfeitar o corpo? Será que variam com o sexo, a idade, a posição social de quem os utiliza? Qual dos cocares você achou mais bonito, o dos bororos ou o dos yawalapitis?

# Povos indígenas na América

Povos das Américas no início do século XVI

Allmaps

Fonte: HISTÓRIA das civilizações. São Paulo: Abril, 2001. v. 3. p. 111.

Estima-se que no ano da chegada de Colombo, em 1492, a América era habitada por 57,3 milhões de indígenas, agrupados em milhares de povos. O mapa ao lado ajuda-nos a visualizar essa diversidade.

**Dialogando...**

Indique, com base no mapa, dois povos indígenas da América do Norte, um da América Central e dois da América do Sul.

## Para saber mais

### A palavra "índio"

Sabemos que a palavra "índio" nasceu de um erro histórico. Ao chegar à América, Cristóvão Colombo pensou ter chegado às Índias e, por isso, chamou de índios os nativos do continente. Hoje em dia, muitas pessoas continuam vendo os índios como se fossem todos iguais. Ocorre, porém, que o "índio" genérico não existe. Existem os tupiniquins, os caetés, os kaiapós, os yanomamis e muitos outros. Cada grupo se vê como um todo e diferente de outros grupos.

# Povos indígenas no Brasil

Quando o primeiro navio português chegou às terras brasileiras, os indígenas eram muitos; suas aldeias eram grandes se comparadas às da Amazônia atual e suas moradias eram ruidosas e movimentadas. A população indígena que aqui vivia era de 3 a 5 milhões de pessoas. Segundo o IBGE (2010), viviam no Brasil 817 mil indígenas, agrupados em 231 povos.

**Dialogando...**
Os indígenas continuam a viver exatamente como viviam no passado?

José Cruz/ABr

2

1

Renato Soares/Pulsar

## Conhecendo os povos indígenas

Cada povo possui uma cultura própria, isto é, língua, crenças e um jeito próprio de trabalhar, pensar, relacionar-se com a natureza e com os outros povos. As histórias e as culturas indígenas marcaram profundamente nosso modo de ser, nossos hábitos e nossa língua. Apesar disso, sabemos pouco sobre sua contribuição para a história e a cultura brasileiras.

Comparando os povos indígenas entre si, percebemos que há diferenças e semelhanças entre eles.

Parte dos indígenas vive em áreas indígenas (fig. 1); outra parte vive em cidades (fig. 2). Além disso, há 53 povos indígenas vivendo isolados na floresta sem contato com outras pessoas.

Edson Sato/Pulsar

Mario Friedlander/Pulsar

# Diferenças entre os indígenas

As diferenças entre os indígenas podem ser percebidas, por exemplo, nos traços físicos e nas línguas que eles falam.

## Os traços físicos

Observe o desenho do rosto e os adereços usados por esses indígenas da atualidade.

**1.** Indígena yanomami em Santa Isabel do Rio Negro (AM), 2011.
**2.** Líder indígena paresi durante a 12ª edição dos Jogos dos Povos Indígenas (MT), 2013.

**Dialogando...**

O que se pode dizer desses indígenas observando os traços físicos e os enfeites que eles usam?

## As línguas

Os povos indígenas falam línguas diferentes umas das outras. Há, pelo menos, 180 línguas indígenas faladas no Brasil de hoje. Os estudiosos da linguagem agrupam as línguas em famílias, e estas, em troncos.

No Brasil, há dois troncos linguísticos principais: o **Tupi** (o mais conhecido) e o **Macro-Jê**. O tronco Tupi tem cerca de 10 famílias, e o Macro-Jê, aproximadamente, 12. Há ainda famílias constituídas de apenas uma língua.

| Tronco Tupi | | | | |
|---|---|---|---|---|
| **Família** | • Tupi-guarani | • Rikém | • Juruna | • Mondé |
| **Língua** | • Akwáwa<br>• Amanayé<br>• Anambé<br>• Apiaká | • Karitiana | • Juruna<br>• Xipáya | • Aruá<br>• Cinta-larga<br>• Gavião<br>• Mekén |

| Tronco Macro-Jê | | | | |
|---|---|---|---|---|
| **Família** | • Bororo | • Botocudo | • Maxacalí | • Jê |
| **Língua** | • Bororo<br>• Umutína | • Krenák | • Maxacali<br>• Pataxó<br>• Pataxó Hãhãhãe | • Akwen (Xavante Xerente)<br>• Apinajé<br>• Kayapó |

TEIXEIRA, Raquel F. A. As línguas indígenas no Brasil. In: GRUPIONI, Luís Donizete Benzi; SILVA, Aracy Lopes da. **A temática indígena na escola**: novos subsídios para professores de1º e 2º graus. 2. ed. São Paulo: Global; Brasília: MEC/Mari/Unesco, 1998. p. 300 e 302.

## As semelhanças entre os indígenas

Se, por um lado, há diferenças entre os povos indígenas, por outro, há também semelhanças, isto é, um conjunto de características comuns que os diferencia dos não indígenas. Vamos destacar duas delas.

### A terra, para os indígenas, é de quem trabalha nela

Entre os indígenas, a terra é do conjunto de pessoas que vivem em cada aldeia. Enquanto um grupo estiver trabalhando em uma área, essa área e seus frutos lhe pertencem. Em outras palavras, a posse da terra é coletiva. Já na sociedade capitalista, a terra é uma mercadoria – algo que se compra, vende ou aluga, quase sempre para acumular riqueza. Uma pessoa pode ser dona de terras nas quais nunca pôs os pés ou só conheceu no ato da compra.

### A divisão do trabalho é feita por sexo e idade

Entre os indígenas, algumas tarefas são feitas pelos homens e outras pelas mulheres; crianças e idosos ajudam conforme sua força e capacidade.

Fabio Colombini

#### Tarefas femininas

- plantar, acompanhar o crescimento da lavoura e colher;
- coletar frutos, como a castanha e o pinhão;
- transportar produtos;
- produzir farinha;
- tecer redes, fazer cestos, vasos e objetos usados em rituais e festas;
- preparar alimentos e cuidar das crianças.

#### Tarefas masculinas

- derrubar a mata e preparar a terra para o plantio;
- construir armas de guerra, canoas e moradias;
- cuidar da segurança do grupo;
- caçar e pescar.

Renato Soares/Pulsar

1. Indígena sateré-mawé tecendo cestos. Aldeia Inhaã-Bé, Igarapé do Tiú. Manaus (AM), 2010.
2. Indígena idoso conta histórias para crianças guaranis da aldeia Pindo-Te. Pariquera-Açu (SP), 2010.

# A infância entre os indígenas

**Família extensa**
Família constituída não apenas por pai, mãe e filhos, mas também por avós, avôs, primos, sobrinhos, netos e outros parentes.

Apesar de cada povo indígena ter hábitos e costumes próprios, em todos eles as crianças têm um jeito bem parecido de viver. Geralmente, as crianças moram não apenas com o pai e a mãe, mas com a **família extensa**. Veja o que uma estudiosa diz sobre a infância, a adolescência e a fase adulta de um(a) indígena.

Edson Sato/Pulsar

Crianças yanomamis da comunidade Tootototobí (AM) brincando com um mutum de estimação, 2010.

[...] Qualquer que seja a sociedade indígena onde você tenha nascido, [...] você foi tratado com extremo carinho e recebeu dos velhos uma atenção especial. Suas irmãs mais velhas carregaram você para todo lado. E, antes, quando bem pequenino (ou será "pequenina"?), você não desgrudava de sua mãe. [...] Ela tinha um jeito de carregar você para onde ela fosse. Lugar de criança pequena, nas aldeias indígenas, é sempre perto da mãe. Mas agora, com 4 ou 5 anos, você já pode se arriscar um bocadinho. Já começa a formar grupinhos, com o pessoal do seu tamanho. [...]. Por enquanto, as brincadeiras são ali mesmo, aos olhos da mãe, da avó, das tias, do pai, do avô, dos tios. [...] Ainda não dá para se arriscar a grandes distâncias. Lá pelos seus 7, 8 anos, aí sim! Haja mato e arquinho, peixinho e caça de bicho pequenino; passarinho e árvore para subir e rio para nadar e o mundo para conhecer! Principalmente se você for menino, com menos atribuições domésticas que suas irmãzinhas...

A vida das crianças acontece num cenário "de verdade". [...] De verdade e não de "mentirinha". Cozinham mesmo, caçam mesmo, coletam mesmo, transportam mesmo os produtos colhidos na roça. [...].

SILVA, Aracy Lopes da. **Índios**. São Paulo: Ática, 1998. p. 23-24.

# A adolescência

Do ponto de vista individual, é o tempo de vivenciar grandes transformações no corpo, ampliar [...] seus relacionamentos com outras pessoas, começar a conhecer a sabedoria do seu povo, ter os primeiros amores, começar a participar [...] da vida social. [...]

Se você for um rapaz e tiver nascido numa aldeia xavante, prepare-se! Você terá um longo período de isolamento [...]. Você viverá, por quase cinco anos, numa casa especialmente construída para você e seus iguais. Ou seja, num período, seu convívio maior será com os outros rapazes da sua idade e com os adultos que os ensinarão a caçar, a correr, a serem fortes, corajosos, conhecedores dos mitos e da história de seu povo. Ao fim deste período, passará com seus companheiros por provas de coragem e resistência: corridas cerimoniais, cantos e danças nas madrugadas [...]. Seu corpo será muitas vezes pintado com urucum e carvão e ornamentado com testeiras, cintos e penas características desta etapa de sua vida. Tudo isso irá culminar numa grande festa: a festa em que você terá os lóbulos de suas orelhas furados, simbolizando a sua capacidade de procriação, a sua virilidade, a sua condição de xavante adulto. Em outras sociedades, tudo pode ser (e certamente o é) diferente! [...]

Renato Soares/Pulsar

Jovem xavante com seu pássaro de estimação: um colhereiro. General Carneiro (MT), 2010.

## Ser adulto

Em algumas sociedades, e principalmente para a mulher, a vida adulta começa muito cedo. Para ambos os sexos significa ter a própria família, através do casamento e dos filhos que então nascerão. Significa trabalhar, [...] para prover o sustento do grupo e poder participar plenamente da vida social. Significa ter algum tipo de laço com praticamente todos os membros de sua aldeia. E significa, ainda, ter um acesso aos conhecimentos relativos à vida espiritual [...] relatos míticos, que falam da origem do universo e dos seres humanos, dos animais e das plantas; que contam como o mundo se formou e como a ordem que hoje existe foi instituída. [...]

Ser adulto significa também poder ter cargos e funções especiais. Podem estar ligados aos rituais: o cantador (aquele que "puxa" os cantos), o tocador de algum instrumento, o "mestre de cerimônia", a pessoa encarregada de representar um personagem determinado numa cerimônia. [...].

SILVA, Aracy Lopes da. **Índios**. São Paulo: Ática, 1998. p. 23-27.

Palê Zuppani/Pulsar

Cacique Tafukumã preparado para o ritual do Kuarup. Aldeia indígena kalapalo, Parque Indígena Xingu, Querência (MT), 2009.

# ATIVIDADES

## I. Retomando

**1.** **O que se pode dizer a respeito dos povos indígenas observando suas moradias?**

Fabio Colombini

Zig Koch/Opção Brasil

Vista aérea da aldeia indígena kalapalo, Parque Indígena do Xingu (MT), 2011.

Aldeia wai wai, às margens do Rio Mapuera (AM), 2001.

**2.** **Vimos que no modo de construir moradias, de pintar e enfeitar o corpo, os indígenas são diferentes entre si. Se, por um lado, há diferenças, por outro há também semelhanças. Quais são elas?**

**3.** **Vimos que nas sociedades indígenas algumas tarefas são feitas pelos homens e outras pelas mulheres. No caderno, monte um quadro; na coluna da esquerda, liste as tarefas feitas pelas mulheres e, na da direita, as tarefas feitas pelos homens.**

**4.** **Leia o texto a seguir sobre a Cachoeira de Iauaretê, bem natural reconhecido como Patrimônio Cultural pelo Instituto do Patrimônio Histórico e Artístico Nacional (Iphan) em 2006.**

[...] Localizada na região do Alto Rio Negro, distrito de Iauaretê, município de São Gabriel da Cachoeira, ela corresponde a um lugar de referência fundamental para os povos indígenas que habitam a região banhada pelos rios Uaupés e Papuri.

Várias das pedras, lajes, ilhas [...] da Cachoeira simbolizam episódios de guerras, perseguições, mortes e alianças descritos [...] nas narrativas históricas destes povos. Locais onde ocorreram fatos marcantes relacionados [...] ao surgimento de suas respectivas etnias. Esses lugares remetem à criação das plantas, dos animais e de tudo o que seria necessário à vida no local e à sobrevivência [...].

IPHAN. **Cachoeira de Iauaretê**: lugar sagrado dos povos indígenas dos rios Uaupés e Papuri. Brasília, DF. Disponível em: <http://portal.iphan.gov.br/montarDetalheConteudo.do?id=17753&sigla=Institucional&retorno=detalheInstitucional>. Acesso em: 2 dez. 2014.

Roberto Setton/Getty Images

Vista de um aspecto do município da cidade de São Gabriel da Cachoeira (AM).

a) Qual é o significado da Cachoeira de Iauaretê para os indígenas que habitam a região banhada pelos rios Uaupés e Papuri?

b) De que forma o reconhecimento da Cachoeira de Iauaretê como Patrimônio Cultural Natural pode beneficiar os indígenas que lá vivem?

**5.** **Pesquise sobre povos indígenas na atualidade. Use como fonte de pesquisa os dados publicados pelo Censo (IBGE) 2010.**

**Indicação de *site* para a pesquisa:**

- Gráficos e tabelas. IBGE. Rio de janeiro, 2010. Indígenas. Disponível em: <http://ftd.li/rbgnfx>. Acesso em: 3 dez. 2014.

| | |
|---|---|
| Quantos são? | |
| Número de povos | |
| Onde vivem | |
| Número de línguas indígenas no Brasil | MODELO |
| Região do Brasil com o maior número de indígenas | |
| Maior problema enfrentado pelos indígenas atualmente | |

**6.** **O texto a seguir é uma reportagem sobre o ritual de passagem da infância para a vida adulta praticado pelos indígenas sateré-mawés, que habitam no interior do Amazonas.**

### Ritual da tucandeira permanece vivo no interior do Amazonas

O ritual consiste em vestir uma luva cheia de formigas tucandeiras e resistir por ao menos 15 minutos. A cerimônia é considerada pelos indígenas como um ato de força, coragem e resistência à dor. Além da representatividade da bravura masculina, o ritual também simboliza uma proteção para o corpo. Segundo a crença dos sateré-mawés, a ferroada da formiga tucandeira funciona como uma espécie de vacina.

Durante o ritual, o jovem indígena deve se deixar ferrar no mínimo 20 vezes. [...]

No dia da cerimônia, pela manhã, as tucandeiras são colocadas em uma bacia com tintura de folha de cajueiro, que tem efeito anestesiante. Quando estão "adormecidas", as formigas são postas na luva, com a cabeça para fora e o ferrão para dentro [...]. Depois, para voltarem a ficar agitadas, elas recebem uma baforada de tabaco. É quando ficam prontas para atacar.

PORTAL Amazônia.com. **Ritual da tucandeira permanece vivo no interior do Amazonas**. Disponível em: <www.portalamazonia.com.br/editoria/amazonia/ritual-da-tucandeira-heranca-cultural-permanece-viva-no-interior-do-amazonas/>. Acesso em: 3 dez. 2014.

Fabio Colombini

Formigas-saúva. Aldeia Inhaã-Bé, grupo indígena sateré-mawés, Igarapé do Tiú, Manaus (AM), 2010.

Fabio Colombini

a) O que é o ritual da tucandeira?

b) Qual é o significado desse ritual para os sateré-mawés?

c) Em nossa sociedade existe alguma cerimônia que marca a passagem da infância para a vida adulta?

d) **Em dupla**. Reflitam e opinem sobre o ritual da tucandeira.

Indígena sateré-mawé com sari (e luva feita de arumã) para o ritual da tucandeira. Aldeia Inhaã-Bé, Igarapé do Tiú, Manaus (AM), 2010.

## II - Leitura e escrita em história

### a. Leitura e escrita de textos

#### VOZES DO PRESENTE

**O pajé (líder religioso) Davi Kopenawa Yanomami é um dos principais líderes indígenas da atualidade. Veja o que ele diz:**

##### Uma voz indígena

Na nossa terra temos muitas serras. Dentro das serras moram os xaporis, hekuras, os espíritos da natureza. As serras são lugares sagrados [...] onde os espíritos dos mortos retornam para viver. Os nossos velhos deixaram seus espíritos nesses lugares. Nós, yanomamis, queremos que as serras sejam respeitadas, não queremos que sejam destruídas. Queremos que esses lugares sejam preservados para não acabar com a nossa história e com nossos espíritos.

ZENUN, Katsue H.; ADISSI, Valeria Maria A. **Ser índio hoje**. São Paulo: Loyola, 1998. p. 83.

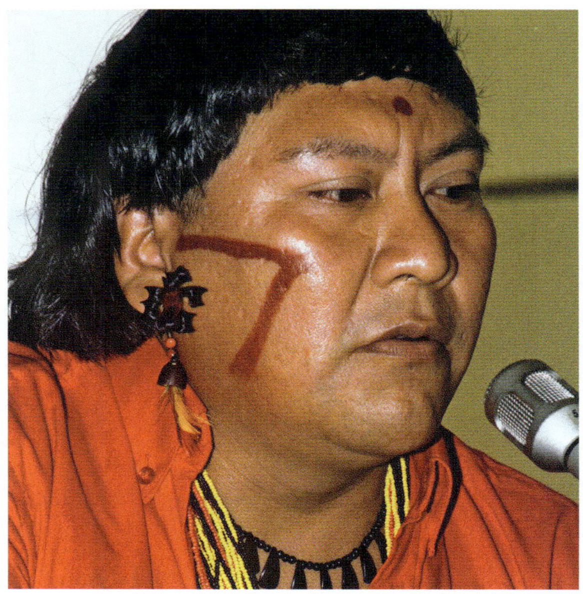

EC Photography/Alamy/Glow Images

Davi Yanomami enquanto participava de um evento sobre meio ambiente e desenvolvimento, no Rio de Janeiro.

a) O modo de o pajé ver as serras é diferente do que predomina em nossa sociedade?

b) **Em dupla**. Reflitam e comentem sobre o modo como esse líder indígena vê a natureza.

## b. Cruzando fontes

Observe as imagens a seguir.

**Fonte 1**

Fernando Favoretto/Criar Imagem

Crianças brincando de cabo de guerra. São Paulo (SP), 2007.

**Fonte 2**

Mozart Couto

Ilustração de crianças indígenas brincando de cabo de guerra.

a) Qual é a semelhança entre as duas imagens?

b) Que diferenças se podem notar entre as crianças da fonte 1 e da fonte 2?

c) Pesquise e produza um pequeno texto sobre a origem do cabo de guerra.

**Indicação de *site* para a pesquisa:**

- História e regras do cabo de guerra. Disponível em: <http://ftd.li/8gepf3>. Acesso em: 12 jan. 2015.

## III. Integrando com... Língua Portuguesa

O autor César Obeid escreveu poemas curtos que utilizam palavras de origem tupi e deu a eles o nome de "tupiliques". Leia a seguir um trecho desse trabalho.

Um dia encontrei o caipora,
Que disse: – Peguei catapora!
[...]
Mais tarde encontrei a Iara
Tomando sol em Piraquara;
E na samambaia
Fiquei de tocaia
Só para contemplar Iara.

OBEID, César. **Tupiliques**: heranças indígenas no português do Brasil. São Paulo: Moderna, 2013. p. 15-16.

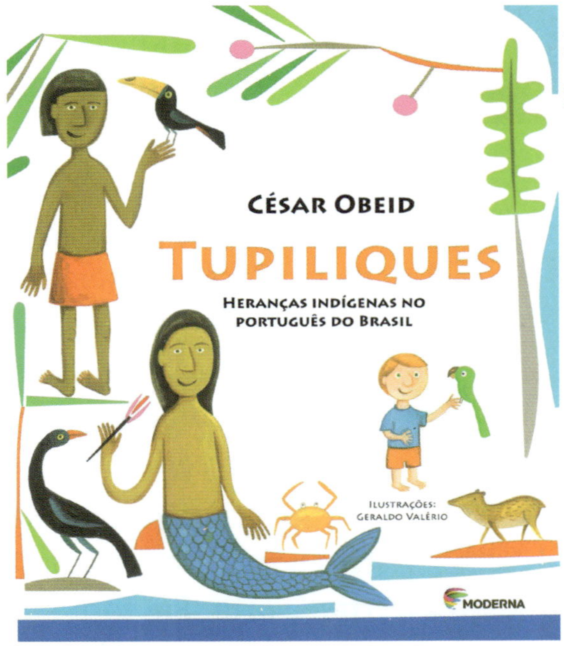

Editora Moderna

**1.** Localize as palavras de origem tupi utilizadas no poema.

**2.** Pesquise seus significados.

Indicação de *site* para a pesquisa:

- Dicionário de tupi-guarani. Disponível em: <http://ftd.li/ahy7vb>. Acesso em: 12 jan. 2015.

**3.** Pesquise uma lenda indígena que apresente outros termos de origem tupi. A seguir, troque de texto com os colegas e conheça um pouco mais da cultura indígena.

## IV. Você cidadão!

**Em dupla.** Você já deve ter ouvido a expressão "programa de índio", frequentemente usada para dizer que determinado passeio ou divertimento é péssimo. Debata o assunto com um colega e dê a sua opinião por escrito. A seguir, poste o seu texto no ***blog*** da turma.

Indicações de *sites* para a pesquisa:

- GALILEU. Disponível em: <http://ftd.li/k87nie>. Acesso em: 8 abr. 2015.
- CIÊNCIA hoje. Disponível em: <http://ftd.li/kyqob9>. Acesso em: 8 abr. 2015.

UNIDADE 3

# VIDA URBANA: ORIENTE E ÁFRICA

Hoje boa parte dos 7,5 bilhões de habitantes da Terra vive em cidades. Mas nem sempre foi assim. O processo de formação das cidades durou milhares de anos e foi cheio de idas e vindas. Entre as cidades mais antigas do mundo estão Ur e Uruk construídas pelos sumérios, nas terras do atual Iraque, por volta de 4 mil a.C. Quase na mesma época, em outros pontos da Terra, se formaram outras cidades e civilizações.

As primeiras cidades se formaram perto das margens de grandes rios por causa da importância da água para a agricultura e como via de transporte. Em torno de rios como o Tigre e o Eufrates, na Mesopotâmia; o Nilo, no Egito; e o Azul e o Amarelo, na China, surgiram também as primeiras civilizações.

**Civilização**
Literalmente significa a vida em cidades e supõe a existência de uma separação entre cidade e campo, trabalho agrícola e artesanal.

**Cidades e civilizações antigas**

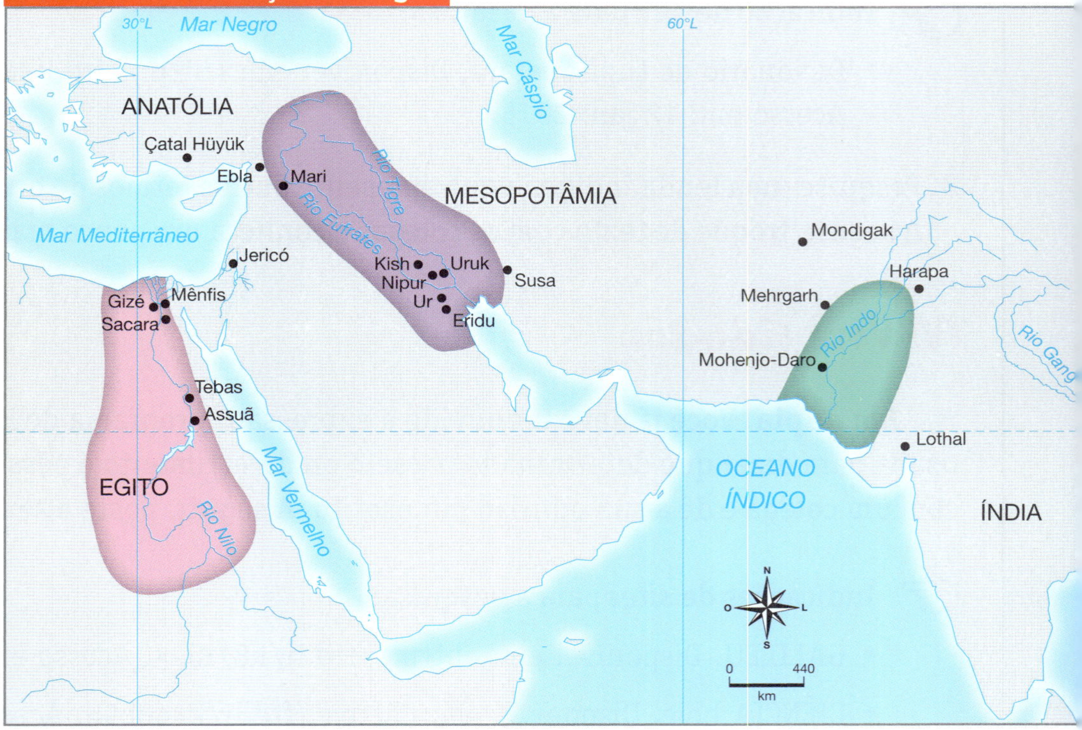


As primeiras civilizações se localizavam nas proximidades dos grandes rios sendo chamadas por isso de civilizações fluviais.

Fonte: A AURORA da humanidade. Rio de Janeiro: Time-Life Livros, 1993. (História em Revista).

As imagens dessa página são de objetos da cultura material de civilizações que vamos estudar nessa unidade. Você saberia dizer a que civilização pertence cada um desses objetos?

1

Museu do Louvre, Paris. Foto: DEA/G. DAGLI ORTI/Getty Images

2

The Bridgeman Art Library/Keystone

3

Zhang Peng/LightRocket via Getty Images

4

Sandro Vannini/Corbis/Latinstock

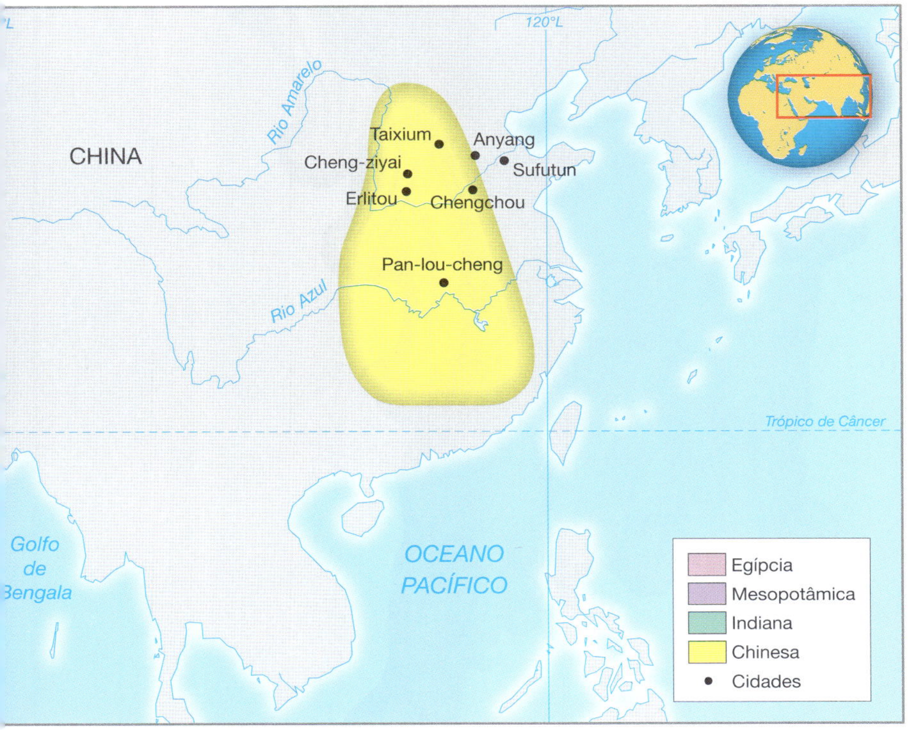



Allmaps

1. Detalhe do Portão de Ishtar com leão feito de tijolos esmaltados, construído na Babilônia. Século. VI a.C. França, Museu do Louvre.
2. Perfil do busto da Rainha Nefertiti, em calcário pintado. A peça possui 50 cm e está em um museu de Berlim, na Alemanha.
3. Estátua em terracota representando um arqueiro. Século III a.C. Mausoléu de Qin.
4. Brinco de ouro decorado com o símbolo do Rei Seti II. Vale dos Reis, 19ª Dinastia.

# 6 MESOPOTÂMIA

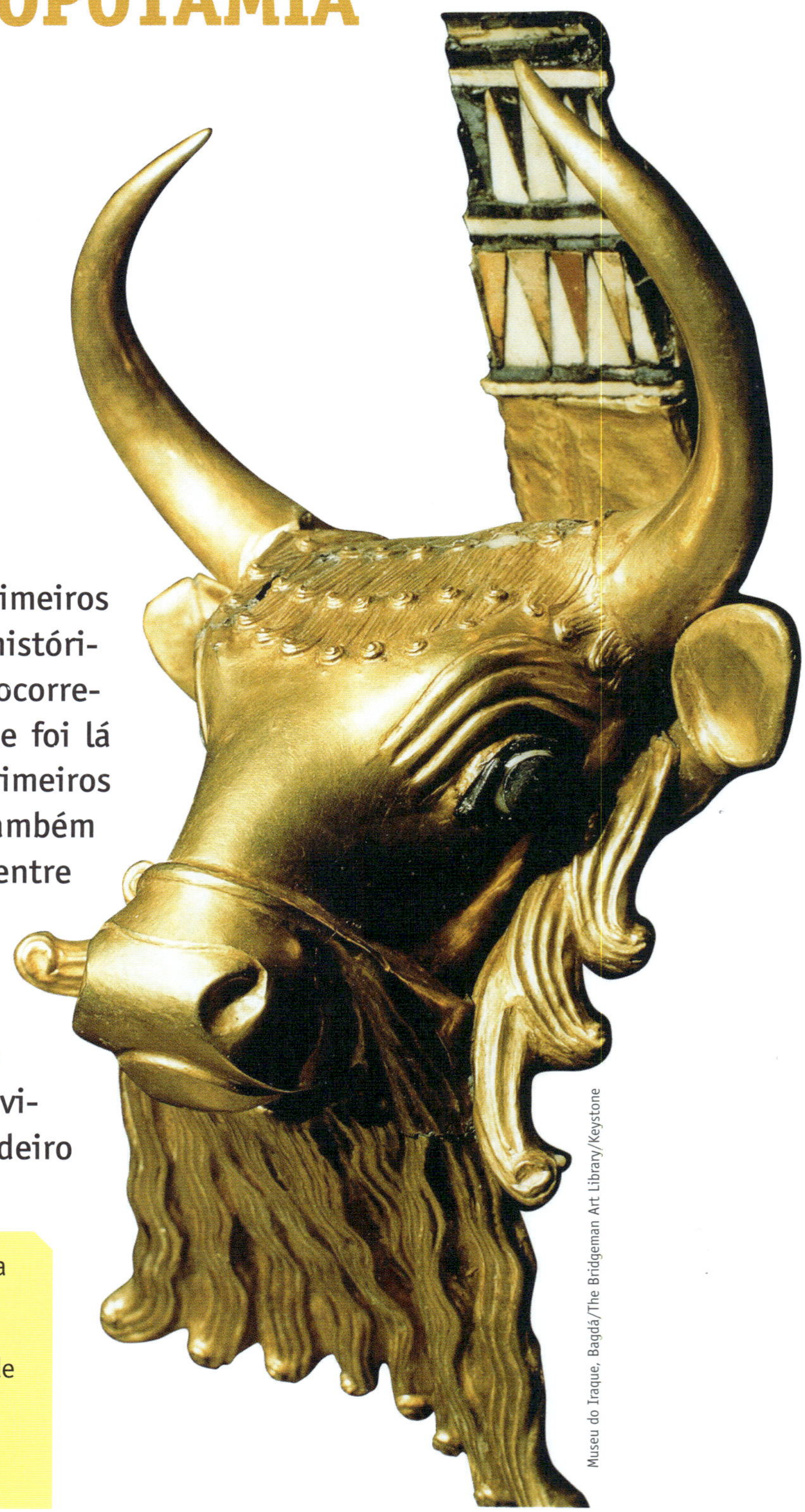

Museu do Iraque, Bagdá/The Bridgeman Art Library/Keystone

Você sabia que alguns dos primeiros e mais importantes processos históricos vividos pela humanidade ocorreram na Mesopotâmia? Sabia que foi lá que se desenvolveu um dos primeiros sistemas de escrita? Sabia também que as cidades da região estão entre as mais antigas do mundo? Isso por si só já justificaria as necessidade de estudarmos a Mesopotâmia; mas é preciso dizer ainda que os povos que lá viveram nos deixaram um verdadeiro tesouro arqueológico.

Detalhe de lira suméria ornada com uma cabeça de touro em ouro. Essa peça foi encontrada nas tumbas reais da cidade de Ur e estava sob a guarda do Museu de Bagdá. Acredita-se que ela tenha sido roubada durante a guerra dos Estados Unidos contra o Iraque, em 2003.

# A Mesopotâmia

A palavra Mesopotâmia vem do grego e significa "entre rios". Mesopotâmia é o nome dado a uma comprida faixa de terra cortada por dois grandes rios: o Tigre e o Eufrates, que deságuam no Golfo Pérsico. Situada entre a Europa, a Ásia e a África, a Mesopotâmia atraiu muitos povos, que ali se estabeleceram e criaram cidades prósperas.

**Mesopotâmia e divisão política atual**

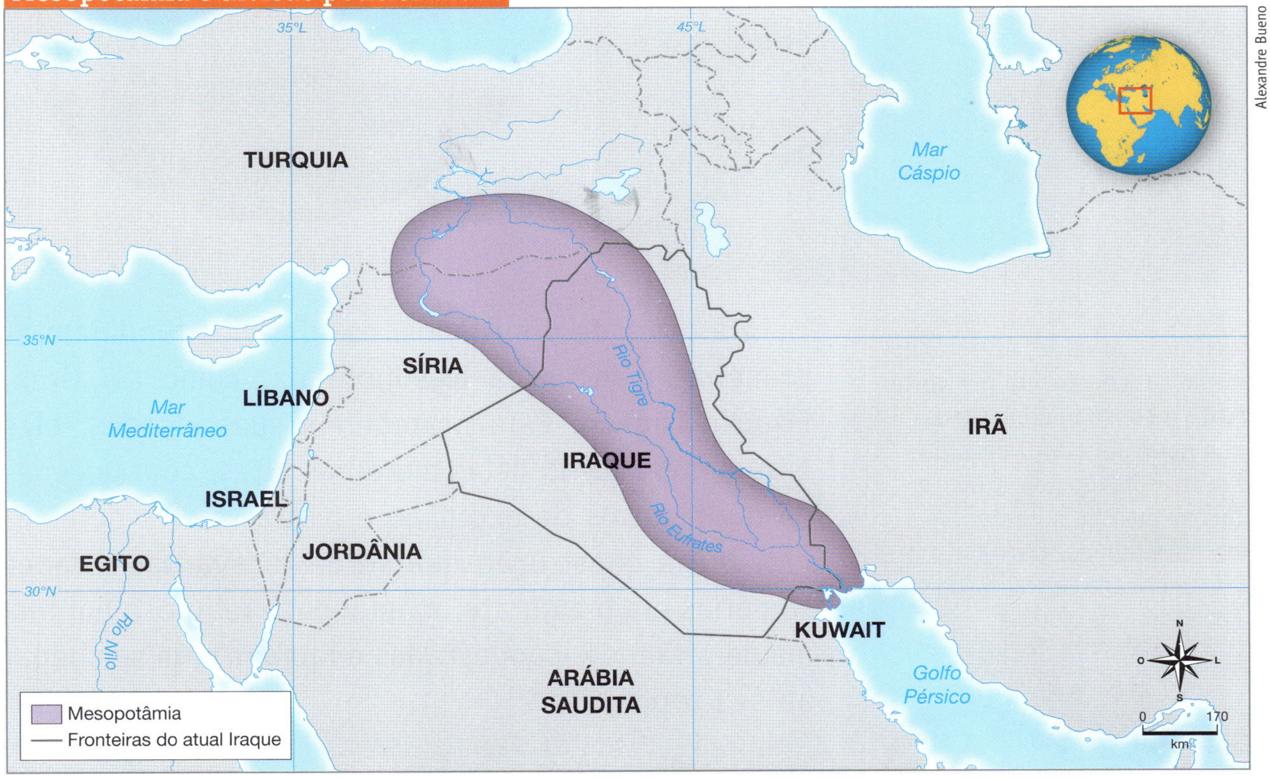


Fonte: DUBY, Georges. **Atlas historique mondial**. Paris: Larousse, 2011. p. 5.

Repare que o Iraque é o país atual que ocupa a maior parte do território da Mesopotâmia.

O clima da Mesopotâmia é quente e seco durante a maior parte do ano, e sua vegetação é pobre. Apesar disso, os povos da região souberam aproveitar as águas do Tigre e do Eufrates para irrigar a terra, praticar a agricultura e evitar os longos períodos de fome tão comuns naqueles tempos. Com isso, construíram cidades, **reinos** e **impérios**, deixando contribuições importantes para a humanidade. Entre esses povos estavam os **sumérios**, os **acádios**, os **amoritas**, os **assírios** e os **caldeus**.

**Reino**
Unidade política governada por um rei.

**Império**
Na Antiguidade, era geralmente um conjunto de cidades ou regiões subordinadas ao governante da cidade mais poderosa.

# Os sumérios e os acádios

De Agostini Picture Library/De Agostini/Getty Images

Pier Paolo Cito/AP/Glow Images

Acima, ilustração atual representando o Zigurate de Ur, construído por volta de 2100 a.C. e consagrado ao deus Nanna, que equivale a Sin, deus da Lua. À direita, soldados do exército estadunidense em um zigurate construído há milênios, próximo à base aérea americana de Tallil, no Iraque. Fotografia de 2003.

Há cerca de 6 mil anos, os sumérios fundaram as primeiras cidades da Mesopotâmia, como Ur, Uruk, Eridu e Lagash. Para protegerem suas cidades, eles erguiam em torno delas muralhas altas, com dezenas de quilômetros de extensão e muitas torres defensivas. Outra construção que se destacava nas cidades sumérias era o zigurate, monumento religioso em forma de pirâmide, com escadas e rampas para se chegar ao seu topo.

## A escrita e as leis

Durante muito tempo, acreditou-se que a escrita surgiu primeiramente na Mesopotâmia, por volta de 3000 a.C. Novos achados arqueológicos, no entanto, indicam que a escrita se desenvolveu, ao mesmo tempo, em diferentes partes do planeta. Ela pode ter sido inventada na Suméria, no Egito, na Índia ou, então, na China, como indicam os vestígios lá encontrados.

Album/DEA/G. Dagli Orti/Latinstock

A escrita possibilitou à humanidade armazenar ideias e experiências e transmiti-las às novas gerações. Na fotografia acima, podemos ver uma placa de argila suméria de 2350 a.C., aproximadamente, com caracteres cuneiformes registrando a existência de bodes e carneiros. Acredita-se que a escrita surgiu da necessidade de se resolverem problemas práticos, como controlar a arrecadação e os gastos dos templos e palácios.

Na Suméria, o desenvolvimento da escrita não ocorreu de uma hora para outra; resultou de um longo processo com diversos estágios. Os sumérios escreviam em tabletes feitos de argila úmida, que depois eram colocados ao sol para secar. Para escrever, usavam uma espécie de palito afiado de extremidade triangular, com o qual faziam sinais em forma de **cunha**. Por isso, essa escrita recebeu o nome de escrita **cuneiforme**.

**Dialogando...**

**O que o conhecimento da escrita te ajuda a fazer no dia a dia? Dê exemplos.**

Envolvidas em conflitos permanentes, as cidades sumérias foram perdendo sua força, o que facilitou a invasão e a conquista da região pelos acádios (assim chamados em razão do nome de sua principal cidade, Acad). Os acádios expandiram-se em direção ao norte e, assim, constituíram o Império Acádio, o primeiro governo centralizado da região; as cidades conquistadas passaram a obedecer a uma única autoridade. Esse império, entretanto, durou pouco tempo. Enfraquecido por rebeliões internas, foi invadido por guerreiros nômades e se desintegrou.

Museu do Iraque, Bagdá/The Bridgeman Art Library/Keystone

Cabeça de cobre representando o rei acádio Sargão, o Grande (c. 2334-2279 a.C.), fundador do Império Acádio.

## Os amoritas

Por volta de 1900 a.C., os amoritas, um povo **semita** vindo do deserto da Arábia, se estabeleceram no centro-sul da Mesopotâmia. E, à semelhança dos acádios, construíram um poderoso império, que abrangia quase toda a Mesopotâmia: o **Primeiro Império Babilônico**.

Hamurabi (1792-1750 a.C.), o principal imperador babilônico, ocupou-se pessoalmente da administração de seu império, chegando a coordenar a construção de numerosos edifícios públicos, canais de irrigação e **açudes**. Sua obra mais célebre, porém, foi um código de leis que influenciou e ainda influencia o mundo atual: o **Código de Hamurabi**.

Após o governo de Hamurabi, uma série de povos, entre os quais os hititas, conquistou a Babilônia, causando a desintegração do império. Enquanto isso, no norte da Mesopotâmia, despontava outro povo, os assírios.

**Cunha**

Peça de ferro ou madeira cortada em ângulo agudo, usada para rachar lenha, pedras etc.

**Semita**

Grupo que se considera descendente de Sem, filho de Noé. Entre os povos semitas estão os hebreus e os árabes.

**Açude**

Construção feita para reter a água de um rio ou da chuva, usada em regiões atingidas pela seca.

## Para refletir

### O código de Hamurabi

O poderoso rei babilônico Hamurabi, que viveu há mais de 4 milênios, ficou conhecido por suas inúmeras realizações. Sua obra mais célebre foi um código de leis que marcou a história da humanidade: o Código de Hamurabi. Embora este não seja o primeiro conjunto de leis escritas, é dos mais conhecidos. Ele define vários tipos de crimes e a penalidade correspondente a cada um deles. Eis algumas de suas leis:

> [...]
> 8. Se um médico tratou, com faca de metal, a ferida grave de um homem e lhe causou a morte ou lhe inutilizou o olho, as suas mãos serão cortadas.
> 9. Se um médico tratou, com faca de metal, a ferida grave de um escravo e lhe causou a morte, ele dará escravo por escravo.
> 10. Se um construtor fizer uma casa e esta não for sólida e caindo matar o dono, este construtor será morto.

SÃO PAULO. Secretaria de Estado da Educação. **Coletânea de documentos históricos para o 1º grau – 5ª a 8ª séries**. São Paulo: SE/MEC/DEF, 1978. p. 53.

Museu do Louvre, Paris/BibleLandPictures/Alamy/Latinstock

**1.** Aponte a ideia que está por trás de várias dessas leis.

**2.** Pelo Código de Hamurabi, todas as pessoas tinham direitos iguais? Justifique.

**3.** Muitas pessoas hoje defendem a aplicação da ideia "olho por olho, dente por dente" e a justiça com as próprias mãos. Você concorda com isso?

Detalhe da famosa Estela de Hamurabi. Na parte superior, vemos Hamurabi, rei da Babilônia, recebendo as leis das mãos de Shamash, o deus Sol. A estela foi descoberta em 1901 e está no Museu do Louvre, em Paris.

## Os assírios

A Assíria tinha solos pobres, mas era cobiçada por vários povos que, através dela, entravam e saíam do Vale Mesopotâmico. Na luta para garantir seu território, os assírios desenvolveram táticas e armas de guerra eficientes e organizaram um exército poderoso, com arqueiros, lanceiros e carros de combate. Com isso, formaram um grande império, abrangendo a Mesopotâmia, a Síria, a Fenícia, a Palestina e o Egito.

Os assírios justificavam a conquista de terras e a escravização de povos dizendo que faziam isso para contentar Assur, seu principal deus. Mas o que tornou os assírios mais conhecidos foi o uso de crueldade contra os adversários. Era comum, por exemplo, cortarem dedos, mãos e orelhas dos prisioneiros. O uso da crueldade visava desencorajar a resistência e abalar o moral do inimigo.

Apesar disso, os povos dominados pelos assírios se rebelavam com frequência. Mas o Império Assírio só desmoronou em 612 a.C., quando os caldeus (habitantes da Babilônia), aliados aos **medos** (originários do planalto do Irã), conseguiram ocupar e destruir Nínive, a capital assíria.

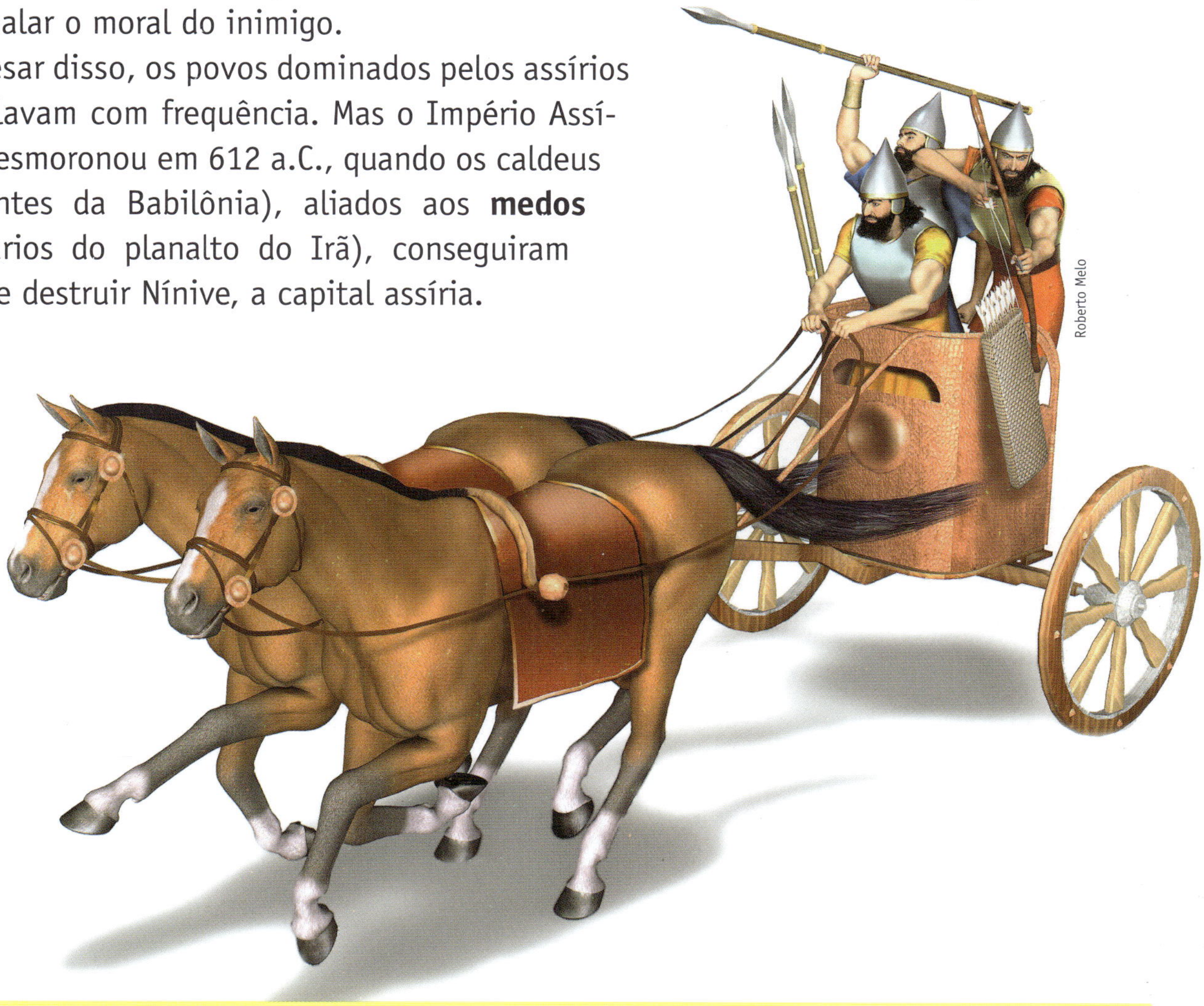


Ilustração atual representando um carro de guerra assírio (veículo de duas rodas puxado por dois cavalos e ocupado por três soldados). O carro de guerra foi a principal arma de combate usada pelos assírios nas suas campanhas militares. Os sumérios usavam carros puxados por burros para transportar seus soldados; os assírios reforçaram esses carros com peças de ferro e substituíram os burros por cavalos. Com isso, ganharam mobilidade, transformando um carro usado como meio de transporte em uma arma de combate. A entrada do carro de combate assírio na guerra apavorava o inimigo, facilitando a vitória assíria.

# Os caldeus

Os caldeus (ou novos babilônios) também se apoderaram de imensas áreas, constituindo o **Novo Império Babilônico**. Durante as violentas campanhas militares chefiadas pelo rei Nabucodonosor, os caldeus arrasaram Jerusalém (586 a.C.), prenderam milhares de judeus e os forçaram a marchar como escravos para a Babilônia.

Com as riquezas obtidas dos povos conquistados, Nabucodonosor coordenou a reconstrução da antiga Babilônia, que, assim, voltou a ser o principal centro cultural, político e econômico da Mesopotâmia. Os **Jardins Suspensos da Babilônia** teriam sido construídos no seu reinado, mas **não** há provas escritas e nem arqueológicas da existência de tais jardins.

Como outros impérios mesopotâmicos, o novo Império Babilônico também foi abalado por várias revoltas internas. Isso o enfraqueceu e abriu caminho para que os persas, chefiados por Ciro, o Grande, o conquistassem em 539 a.C.

No mapa, vemos a extensão dos impérios mesopotâmicos.

**Impérios mesopotâmicos**

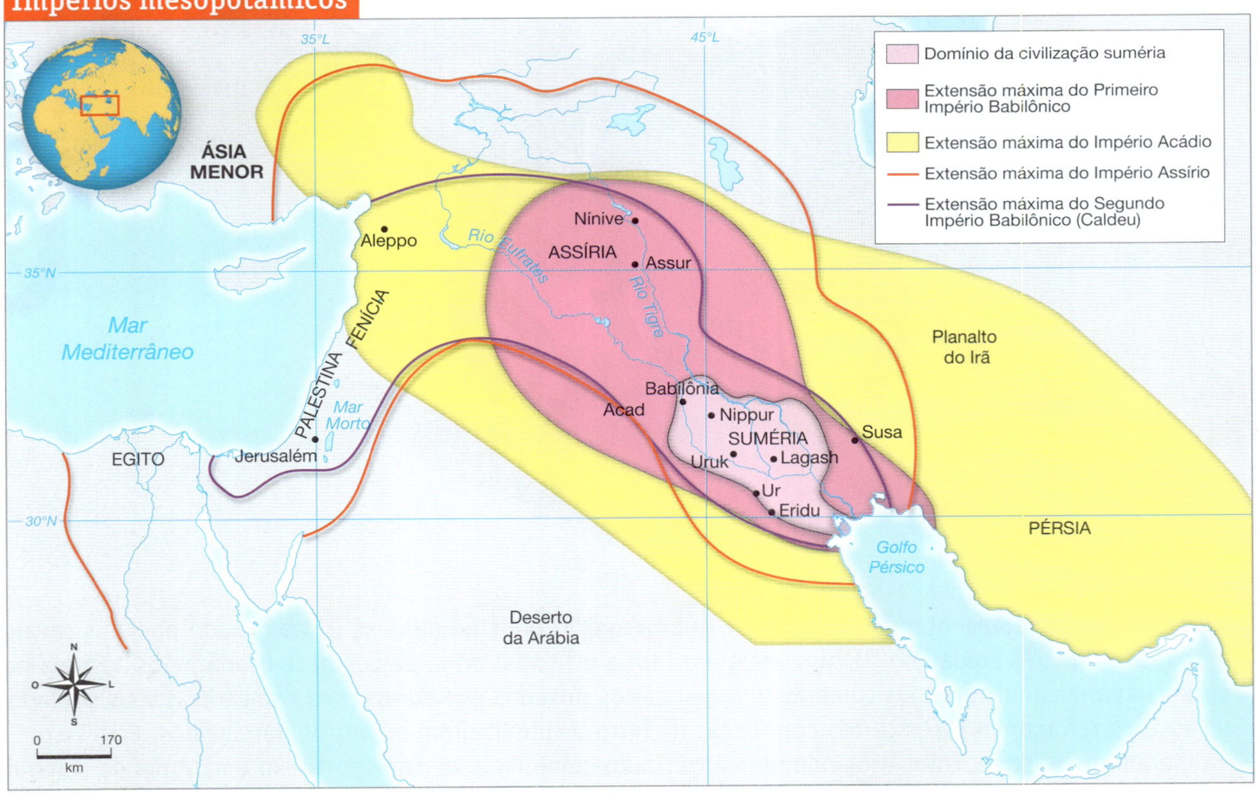


Fonte: VIDAL-NAQUET, Pierre; BERTIN, Jacques. **Atlas histórico da Pré-História aos nossos dias.** Lisboa: Círculo de Leitores, 1990. p. 29.

## Para saber mais

### Os prejuízos de uma guerra para a humanidade

A guerra dos Estados Unidos contra o Iraque, em 2003, envolveu a destruição e o roubo de tesouros arqueológicos da Mesopotâmia, causando grandes prejuízos à humanidade. Dezenas de sítios arqueológicos sumérios (no sul do Iraque) foram destruídos. Outros sítios foram transformados em área para pouso de helicópteros e estacionamento de veículos militares pesados.

Patrick Baz/AFP/Otherimages

Aspecto da destruição causada no Museu Arqueológico de Bagdá pelos soldados estadunidenses, 2003.

**Dialogando...**

Foram roubadas do Museu Arqueológico de Bagdá mais de cem mil peças de grande valor histórico e arqueológico; tanques de guerra passaram por cima de sítios arqueológicos e textos cuneiformes ainda não publicados se perderam para sempre. O que isso significa para a humanidade?

# Sociedade e poder

A sociedade mesopotâmica era hierarquizada. No topo estava o rei, que, originalmente, era o líder da comunidade e seu comandante militar em caso de guerra. Por meio da arrecadação de impostos e da guerra, o rei foi se fortalecendo e impôs sua vontade à população; a prova disso é que, por volta de 2600 a.C., surgiu na Mesopotâmia um novo tipo de construção: o palácio, residência do rei e principal centro de poder.

O palácio era uma construção grandiosa que possuía várias repartições, oficinas, armazéns e espaço reservado ao treinamento militar; os militares eram treinados para manter o domínio do rei sobre a população, defender o reino e realizar novas conquistas.

Sergi Reboredo/dpa/Corbis/Latinstock

Escultura de Gudea, rei da cidade de Lagash, c. 2120 a.C., Museu do Louvre, Paris, França. O rei era visto como servidor do deus da cidade. Por isso, os bens oferecidos a esse deus eram administrados por ele.

Na Mesopotâmia, o poder político era privilégio dos homens e passava de pai para filho; as mulheres quase nunca chegavam ao poder. Abaixo do rei vinham os sacerdotes, os nobres e os chefes militares. A seguir, os comerciantes, os escribas e os artesãos especializados. E, por último, os camponeses e os escravos (prisioneiros de guerra ou pessoas que não conseguiam pagar dívidas). Observe a imagem.

Mozart Couto

## Economia: o campo e a cidade

Os povos da Mesopotâmia dedicavam-se à agricultura, à pecuária, ao artesanato e ao comércio.

Aproveitando-se das águas dos rios Tigre e Eufrates, plantavam vários tipos de cereais, como a cevada, o trigo e o centeio. E plantavam também o linho e o algodão, usados na confecção de tecidos. Nos espaços entre as plantações e ao redor das casas, cultivavam legumes, hortaliças e frutas (especialmente a tâmara).

Thomas Dressler/Getty Images

Foto atual em que se veem algumas **tamareiras**.

**Tamareira**
Espécie de palmeira que produz tâmaras.

Além disso, os mesopotâmicos criavam ovelhas, porcos e bois (usados também como animais de tração), jumentos (para o transporte de cargas) e carneiros (dos quais extraíam a preciosa lã). Os pastores trocavam seus produtos com os agricultores, e ambos realizavam trocas com os habitantes das cidades.

As extraordinárias peças encontradas em sítios arqueológicos do Iraque mostram que, na Mesopotâmia, havia um grande número de artesãos especializados: tecelões, carpinteiros, ferreiros, joalheiros, entre outros.

Nas oficinas dos templos eram feitos objetos de cerâmica, madeira e metal, com acabamento refinado, e que continuam sendo admirados até hoje. Mas, como a Mesopotâmia era pobre em minérios e madeira, organizavam-se expedições para buscar essas matérias-primas em lugares distantes. Observe o mapa.

Thomas Dressler/Getty Images

Thomas Dressler/Getty Images

Acima, manequim do Museu do Iraque decorado com joias e enfeites, c. 2500 a.C.; ao lado, elmo (capacete) de ouro, c. 2500-2400 a.C. Esses artefatos sumérios foram encontrados nas tumbas reais de Ur.

## Produtos obtidos pelos mesopotâmicos em outras regiões

Alexandre Bueno

Fonte: REDE, Marcelo. **A mesopotâmia**. São Paulo: Saraiva, 1997. p. 20. (Que história é esta?).

Parte da riqueza que circulava pela Mesopotâmia era entregue ao rei (na forma de impostos) e aos sacerdotes (na forma de oferendas feitas aos templos). A população livre também era convocada a trabalhar em grandes obras, como palácios, templos e canais de irrigação.

O comércio da Mesopotâmia com outras regiões era intenso. Seus mercadores percorriam longas distâncias levando para outras regiões cereais, lã e tecidos e, na volta, traziam diferentes produtos. Da Ásia Menor vinha a madeira (cedro e cipreste); do Egito, os metais (ouro e prata); e da Índia, artigos de luxo (marfim e pérolas). Quase todo o comércio era à base de troca.

# Religião e mitologia

Os mesopotâmicos eram politeístas, isto é, acreditavam em vários deuses. Cada cidade cultuava uma divindade própria, que era sua principal protetora.

Os principais deuses eram:

- Anum: pai dos deuses e protetor da cidade de Uruk.
- Enlil: dono do destino e protetor da cidade de Nippur.
- Assur: senhor da guerra e o mais cultuado deus assírio.
- Ishtar: deusa do amor e protetora da cidade de Uruk.
- Enki: senhor das águas doces.
- Marduk: filho de Enki e principal deus dos babilônios.

**Mito**
Vocábulo que vem do grego *mythos*, que significa palavra, narração, discurso.

Os mesopotâmicos acreditavam que seus deuses tinham um humor instável; algumas vezes eram bons e atendiam aos pedidos dos humanos, mas, de repente, mudavam de humor e se tornavam perversos, podendo destruir uma pessoa ou um reino.

Os mesopotâmicos também são conhecidos pelos **mitos** que criaram. O mito é uma história baseada em fatos reais ou inventados, que busca explicar a origem do mundo, da humanidade e dos fenômenos naturais (por exemplo, o encontro das águas do rio com as do mar etc.). O mito é transmitido de boca em boca e é considerado verdadeiro pelo povo que o criou. Por isso, nos ajuda a conhecer o modo de viver e de pensar desse povo. Leia a seguir um mito mesopotâmico.

### A criação do homem

O deus Enki era considerado uma divindade inventiva [...] e foi ele [...] que teve a ideia de criar a humanidade. Mas por quê?

Os mitos contam que, no início dos tempos, os deuses não tinham quem trabalhasse por eles e nunca conseguiam comer e beber o bastante.

[...]. Foi, então, para substituir os deuses nos trabalhos que o homem foi criado.

O mito da criação do homem cumpria, assim, um papel importante na [...] vida social mesopotâmica. Em primeiro lugar, oferecia aos homens um modelo de comportamento a ser seguido [...]. Em segundo lugar, o mito apresentava como uma obrigação das pessoas doar uma parte de seu trabalho e de sua produção para o sustento dos deuses, isto é, de [...] seus representantes na Terra: sacerdotes e reis.

REDE, Marcelo. **A Mesopotâmia**. São Paulo: Saraiva, 1997. p. 24-25. (Que história é esta?).

**Dialogando...**

1. De acordo com esse mito mesopotâmico, por que o homem foi criado?
2. De que forma o mito beneficiava reis e sacerdotes?

# ATIVIDADES

## I. Retomando

**1.** **Vimos que há cerca de 6 mil anos os sumérios fundaram as primeiras cidades da Mesopotâmia, como Ur, Uruk e Eridu. O texto a seguir é do professor da Universidade de São Paulo (USP) Marcelo Rede. Leia-o para responder às questões.**

**O nascimento da cidade**

Durante a maior parte da pré-história, as populações eram nômades, isto é, mudavam constantemente de uma região para outra em busca de condições favoráveis para sobreviver. [...] As mudanças eram frequentes e apenas os bens mais necessários eram transportados. Mas, no período neolítico, começou um processo de sedentarização (ou seja, a fixação do homem em um território). A agricultura, a domesticação dos animais e as técnicas de controle do meio ambiente permitiram ao homem permanecer num mesmo lugar por mais tempo. [...] A ocupação mais duradoura permitiu [...] uma nova forma de organização da sociedade e do espaço [...]: iniciou-se a urbanização, ou seja, o surgimento das cidades.

REDE, Marcelo. **A Mesopotâmia**. São Paulo: Saraiva, 1997. p. 12-13. (Que história é esta?).

a) Qual é o assunto do texto?

b) O que significa "processo de sedentarização"?

c) Segundo o texto, o que levou o homem a se sedentarizar?

**2.** **Responda no caderno. Quais das frases a seguir dizem respeito à política, quais delas se referem à economia e quais dizem respeito à sociedade?**

a) Cada cidade sumeriana possuía um governo próprio chefiado por um rei.

b) A invenção da escrita pelos sumérios foi uma resposta à necessidade de controlar o comércio, os gastos dos templos e palácios e a arrecadação de impostos.

c) Envolvidas em constantes conflitos, as cidades sumerianas foram perdendo sua força.

d) O rei era visto como o representante do deus da cidade, por isso contava com enorme poder e prestígio.

e) Com exceção dos assírios, os povos mesopotâmicos dedicaram-se à agricultura e à pecuária.

f) O comércio da Mesopotâmia com outras regiões era intenso.

g) Na Mesopotâmia, os escravos eram o grupo social menos favorecido.

**3.** **Sobre a política na Mesopotâmia, responda.**

a) Havia um governo único para todas as cidades?

b) Quem governava as cidades-Estado?

c) Na Mesopotâmia, os laços entre política e religião eram estreitos. Explique.

**4.** **A escrita possibilitou à humanidade armazenar e transmitir experiências. Sobre a invenção da escrita na Mesopotâmia, responda.**

a) O que motivou a sua invenção?

b) Quem, provavelmente, a inventou?

c) Os exemplos a seguir foram retirados da escrita criada pelos sumérios.

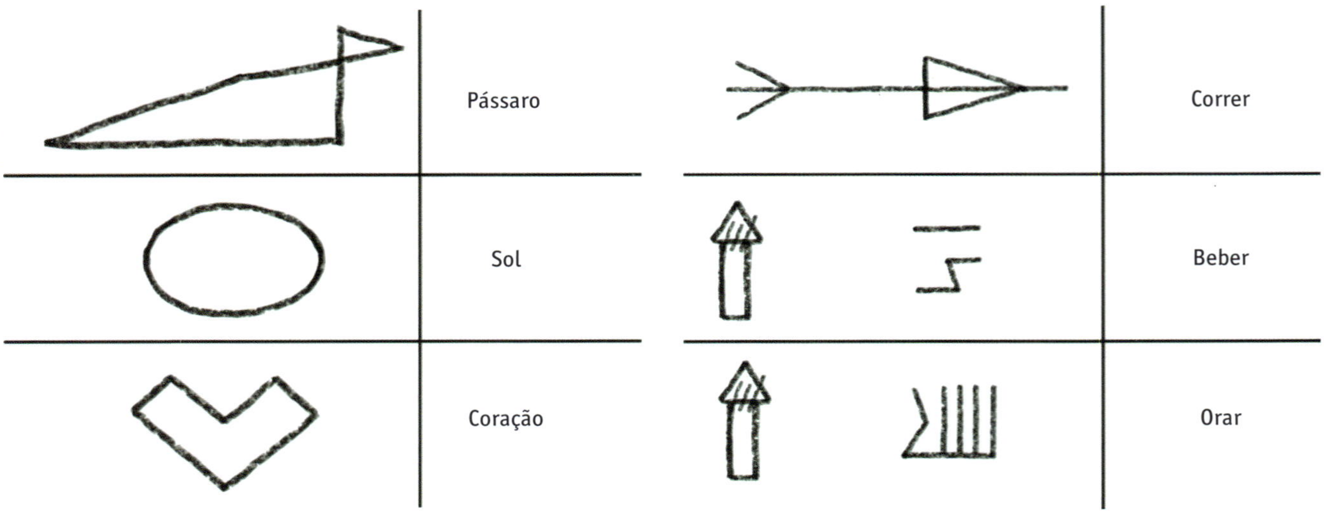


Rmatias

**Note que, para escrever a palavra "Sol", eles desenhavam algo parecido com um círculo. Como você imagina que eles escreviam a palavra "estrela"? Para escrever a palavra "beber", eles juntavam boca e água. Como será que eles escreviam a palavra "comer"? Como você chegou a essa conclusão?**

**5.** **Em grupo. Produzam um seminário com o título "Povos da Mesopotâmia". Cada grupo deverá trabalhar um povo da região, com base no seguinte roteiro:**

a) localizar e nomear no mapa da Mesopotâmia o território do povo e sua(s) principal(is) cidade(s);

b) apresentar as características do povo e suas principais realizações;

c) elaborar uma linha do tempo em que se destaque com uma cor forte o período de predomínio do povo que coube ao grupo trabalhar;

d) pesquisar e selecionar imagens que dialoguem com o texto e/ou apresentem novas informações sobre o tema;

e) montar uma apresentação de *slides* e uma narrativa sobre o povo escolhido.

## II. Leitura e escrita em História

### a. Leitura e escrita de textos

#### VOZES DO PASSADO

Na região da Mesopotâmia, foram encontrados os primeiros códigos de leis. O texto a seguir é de um deles. Escrito por volta de 1880 a.C., o código estabelecia o direito nas regiões da Suméria e da Acádia. Leia-o com atenção.

Mozart Couto

Ilustração atual de rei mesopotâmico feita com base em pesquisa histórica.

**O Código de Lipit-Ishtar**

Eu sou o rei, o bem criado, de boa semente por parte de mãe, o filho do divino Enlil. Qual rebento de cedro que levanta orgulhoso a cabeça, sou um homem de força poderosa, de potência invencível. Na minha juventude, espreguiço-me com força: sou um leão que a todos precede, não tenho rival; sou um dragão que abre a sua garganta, o terror do exército (inimigo); sou a águia Imdugud, que sobrevoa os montes; um touro que comanda a manada e ao qual ninguém resiste; um bisonte brilhante, de olhos reluzentes. Tenho uma barba de lápis-lazúli, tenho bons olhos, boa boca, sentidos lúcidos, possuo a figura do um leão selvagem, adornado com generosa beleza; sou o adorno de todas as palavras [...]

SILVA, Luzia Gomes da. Direitos Humanos: análise do surgimento do estado como sociedade e a herança das antigas civilizações.**Portal de e-governo, inclusão digital e sociedade do conhecimento**, SC, 2 maio 2013. Disponível em: <http://www.egov.ufsc.br/portal/conteudo/direitos-humanos-an%C3%A1lise-do-surgimento-do-estado-como-sociedade-e-heran%C3%A7a-das-antigas-civil>. Acesso em: 1º dez. 2014.

a) O que o rei fala sobre si próprio no documento?

b) Para quem ele fala?

c) Quando e com que objetivo foi escrito?

d) O que o rei pretendia ao dizer que era "filho do divino Enlil", um "leão que a todos precede" e o "terror do exército (inimigo)"?

## b. Cruzando fontes

**A fonte 1 foi extraída do Código de Hamurabi, que é um dos mais antigos da humanidade; já a fonte 2 é um trecho do Código Penal brasileiro dos dias atuais.**

**Fonte 1**

### Código de Hamurabi

§1 – Se um homem livre acusou um (outro) homem livre e lançou sobre ele (suspeita de) morte mas não pôde comprovar: o [...] acusador será morto. [...]

§8 – Se um homem livre roubou um boi ou uma ovelha ou um asno ou um porco ou um barco: se é de um deus ou do palácio deverá pagar trinta vezes; se é de um ***muskênum***, indenizará dez vezes. Se o ladrão não tem com que pagar, ele será morto. [...]

BOUZON, Emanuel. **O Código de Hamurabi**. Petrópolis: Vozes, 2003. p. 46, 51, 53, 58, 194.

**Fonte 2**

### Código Penal Brasileiro

Calúnia

Art. 138 – Caluniar alguém, imputando-lhe falsamente fato definido como crime:

Pena – detenção, de seis meses a dois anos, e multa.

[...]

Roubo

Art. 157 – Subtrair coisa móvel alheia, para si ou para outrem, mediante grave ameaça ou violência a pessoa, [...].

[...]

Pena – reclusão, de quatro a dez anos, e multa.

CASA CIVIL. Presidência da República. **Código penal**. Disponível em: <http://www.planalto.gov.br/ccivil_03/decreto-lei/del2848compilado.htm>. Acesso em: 1º dez. 2014.

***Muskênum*** Pessoa pertencente a um grupo social intermediário entre os homens livres e os escravos.

**1.** Como o Código de Hamurabi punia um homem livre que acusava outro de ter cometido crime, mas não conseguia provar?

**2.** Lendo o parágrafo 8 do Código de Hamurabi, percebe-se que pessoas de diferentes grupos sociais eram tratadas de modo desigual. Justifique.

**3.** Como uma pessoa que calunia a outra, acusando-a de ter cometido um crime, é punida na sociedade brasileira de hoje?

**4.** E o roubo, como é punido na sociedade brasileira?

**5.** Compare a punição dada a um roubo na Mesopotâmia de Hamurabi àquela dada a quem rouba no Brasil de hoje.

## III. Você cidadão!

O texto a seguir é do pensador Leonardo Boff. Leia-o com atenção.

**Dia internacional da água: água fonte de vida ou de lucro?**

**A água é fonte de vida ou fonte de lucro? É um bem natural, vital e insubstituível ou um bem econômico e uma mercadoria?**

[...] É **patrimônio** natural que herdamos e que devemos preservar para todos os seres vivos atuais e futuros. Água é vida. Por isso os cientistas buscam água em Marte, porque sabem, se existe água lá, estão dadas todas as condições para a vida, [...].

Para garantir água para todos faz-se mister uma ética do cuidado de suas fontes, das matas ciliares junto aos rios e de sua purificação. Por ser desigualmente distribuída na natureza, o direito de todos à água demanda uma ética da solidariedade na sua distribuição. E para que não haja desperdício precisamos de uma ética da responsabilidade; o que jogamos fora fará falta a outros.

Se houver cuidado, solidariedade e responsabilidade a Terra será generosa e garantirá água abundante para todos e de qualidade.

BOFF, Leonardo. Dia internacional da Água: Água fonte de vida ou de lucro? **LeonardoBOFF.com**, 22 mar. 2014. Disponível em: <http://leonardoboff.wordpress.com/2014/03/22/dia-universal-da-agua-agua-fonte-de-vida-ou-de-lucro/>. Acesso em: 1º dez. 2014.

Oscar Cabral/Abril Comunicações S/A

Leonardo Boff, filósofo, teólogo e escritor.

1. Quem é o autor do texto? Para quem ele escreve?

2. Qual o assunto abordado?

3. Retire do texto um trecho que destaque a importância da água.

4. **Em dupla.** Debatam, reflitam e respondam: a água é fonte de vida ou de lucro?

5. Pesquise e explique o que são as nascentes dos rios e as matas ciliares e por que estas são necessárias para garantir água para todos conforme afirma o autor do texto.

6. **Em grupo.** No texto o autor fala sobre solidariedade e se coloca contra o desperdício para evitar que nos falte água. Na região onde você mora, há água em abundância ou falta água? Você costuma usar água com cuidado e responsabilidade?

7. **Em grupo.** Criem uma campanha publicitária que estimule as pessoas a fazerem o uso consciente da água.
   - Localize no mapa do estado o município onde vocês vivem.
   - Façam um *jingle* para a campanha.
   - Criem um bóton e um lema para a campanha. Exemplo de lemas: "Água é vida"; "Água: patrimônio natural da humanidade".

### Indicações de *sites* para a pesquisa:

- Programa Mata Ciliar – Perguntas frequentes. Secretaria do Meio Ambiente e Recursos Hídricos. Disponível em: <http://ftd.li/ccgdb8>. Acesso em: 24 mar. 2015.
- Incentivo financeiro e prevenção ajudam a preservar nascentes em Extrema. Estado de Minas. Disponível em: <http://ftd.li/kwwvym>. Acesso em: 24 mar. 2015.

Futura Press/Folhapress

Fotografia em que se pode observar o solo rachado da represa Jacareí, em Bragança Paulista (SP), 2015. Essa represa faz parte do sistema Cantareira, que abastece boa parte da população da Grande São Paulo, que passou por uma crise hídrica iniciada em 2014.

# 7 O EGITO ANTIGO E O REINO DE KUSH

Você sabe em que continente fica o Egito? Já assistiu a filmes ou a reportagens sobre o Egito? Qual(is)? Você sabia que, na Antiguidade, ao sul do Reino do Egito, floresceu o Reino de Kush? Sabia que os egípcios e os cuxitas efetuaram trocas culturais e comerciais intensas entre eles?

**Egito e Kush**

Alexandre Bueno

Fonte: MOKHTAR, Gamal (ed.). **História geral da África:** África antiga. 2. ed. Brasília: Unesco, 2010. v. 2. p. 216.

Faraós negros da 25ª dinastia, que reinou nos tempos em que o Reino de Kush dominava o Egito.

Kenneth Garrett/National Geographic Image Collection

# Cotidiano no Antigo Egito

Os antigos egípcios criaram uma civilização fascinante em meio ao deserto. Desde 5000 a.C., os habitantes das aldeias próximas ao Rio Nilo cultivavam cereais, como o trigo, o centeio e a cevada, legumes, frutas, linho, algodão e **papiro**. Isso só foi possível porque souberam aproveitar as cheias do Rio Nilo.

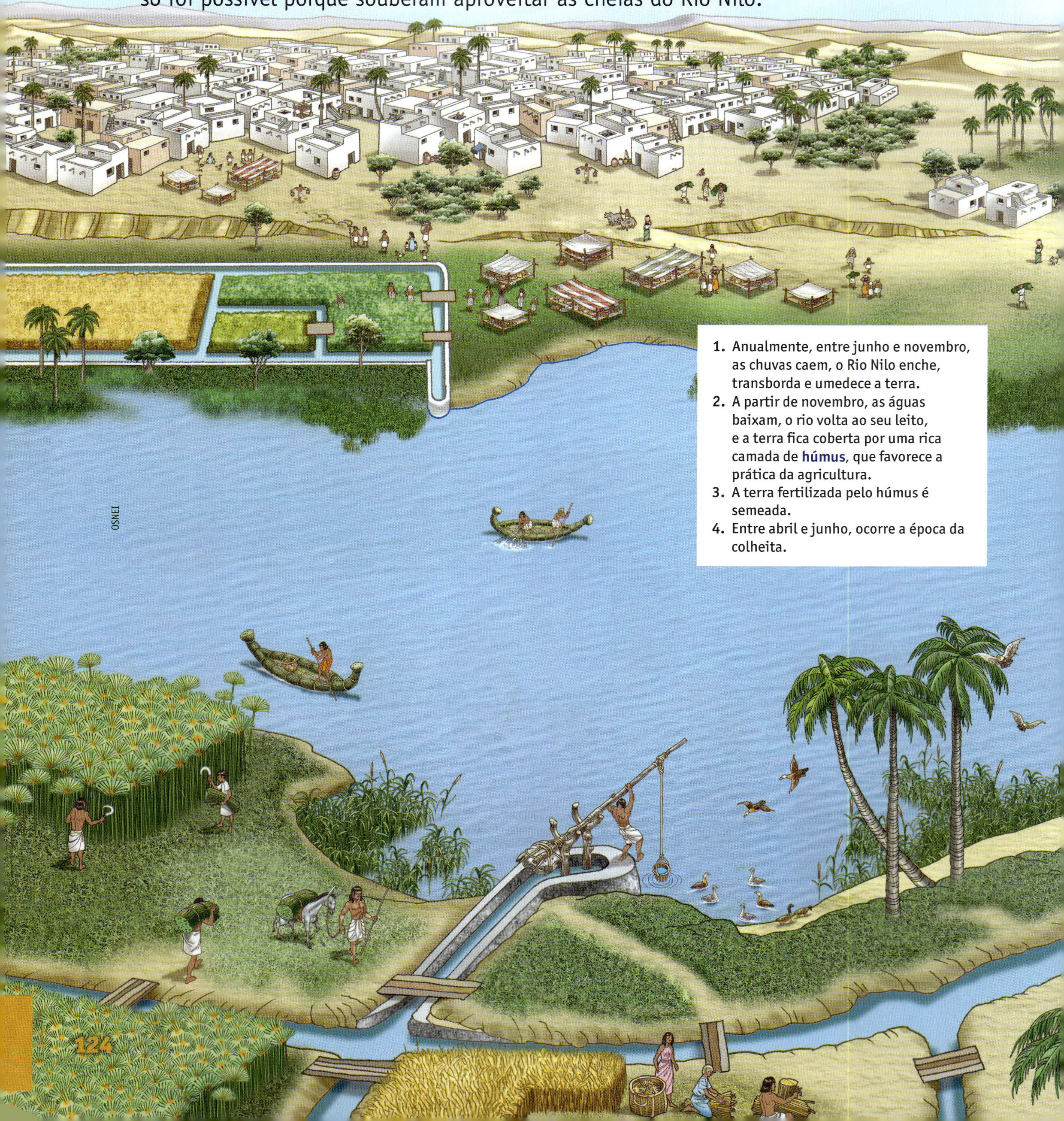

OSNEI

1. Anualmente, entre junho e novembro, as chuvas caem, o Rio Nilo enche, transborda e umedece a terra.
2. A partir de novembro, as águas baixam, o rio volta ao seu leito, e a terra fica coberta por uma rica camada de **húmus**, que favorece a prática da agricultura.
3. A terra fertilizada pelo húmus é semeada.
4. Entre abril e junho, ocorre a época da colheita.

**Papiro**

Planta nativa do Egito usada para fazer cordas, esteiras e uma espécie de papel de boa qualidade.

**Húmus**

Restos de plantas e de animais depositados sobre o solo, que servem de excelente adubo natural.

## Dialogando...

**Para alguns historiadores, o Egito é um presente do Rio Nilo. Já para outros, foi graças à ação humana que o Egito existiu. Com qual das duas visões você concorda?**

Fonte: SCHNEIDER, Maurício Elvis. **O Egito Antigo**. São Paulo: Saraiva, 2004. (Que história é esta?).

# O Império Egípcio

Museu Egípcio, Cairo. Foto: DEA/G. Dagli Orti/Getty Images

Nas aldeias, as disputas por terras férteis e poder levaram a alianças e guerras entre os chefes. Os vencedores passaram a governar um território maior e com mais pessoas, uma espécie de província, a que chamamos **nomos**. Os administradores dos nomos eram os **nomarcas**. As disputas entre os nomarcas deram origem a dois grandes reinos: o Alto Egito, localizado no sul, e o Baixo Egito, localizado no norte.

Por volta do ano 3100 a.C., o rei Menés, do Alto Egito, conquistou o Baixo Egito, unificando os dois reinos. Menés tornou-se, então, o primeiro faraó (nome que se dava ao rei entre os egípcios) e o fundador da primeira dinastia (sucessão de reis pertencentes a uma mesma família). Nascia, assim, o Império Egípcio, com capital na cidade de Tínis, depois substituída por Mênfis, atual Cairo.

O faraó usava uma coroa dupla, vermelha e branca. Com isso, ele afirmava sua soberania sobre o Alto Egito (coroa branca) e o Baixo Egito (coroa vermelha). Na fotografia, o faraó Aquenaton (1350-1334 a.C.).

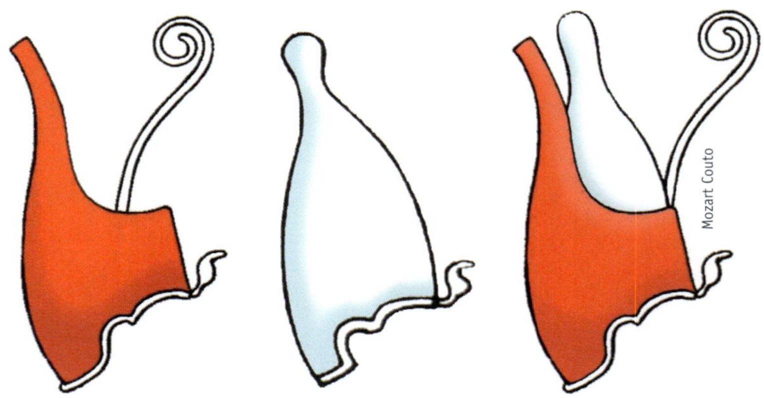

Mozart Couto

## Periodização

A história política do Império Egípcio pode ser dividida em três períodos, entre os quais existiram os "períodos intermediários", quando o Egito viveu momentos de crise, com o enfraquecimento do poder do faraó e invasões externas. Veja a linha do tempo.

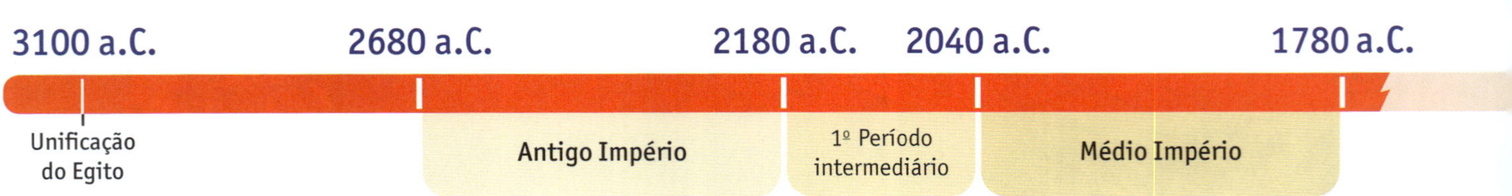

**Antigo Império** (cerca de 2680-2180 a.C.): época em que os faraós e seus funcionários coordenaram a construção de grandes obras públicas, entre elas as pirâmides de Quéops, Quéfren e Miquerinos e a **esfinge** de Gizé.

**Médio Império** (cerca de 2040-1780 a.C.): período em que os egípcios expandiram seu território em direção ao sul, conquistando a Núbia, região rica em minerais, entre os quais o ouro. Apesar da prosperidade material, o Egito se enfraqueceu por causa de guerras e revoltas internas. Os hicsos, povo originário da Ásia Central, atravessaram, então, o deserto e invadiram o Egito, permanecendo lá por 170 anos.

**Novo Império** (cerca de 1580-1070 a.C.): esse período inicia-se com a expulsão dos hicsos. Os faraós do Novo Império organizaram um poderoso exército com cavalaria e carros de combate e, depois de reconquistar a Núbia, ocuparam a Síria, a Fenícia e a Palestina, estendendo seus domínios até o rio Eufrates, na Mesopotâmia. Tudo isso deu um poder ainda maior ao faraó.

**Esfinge**
Estátua com corpo de leão e cabeça de ser humano ou de carneiro.

**1**

A. Jemolo/Album/DEA/Latinstock

**2**

Egyptian National Museum, Cairo. Foto: Werner Forman/Getty Images

1. Estátua de madeira de uma mulher egípcia oferecendo tributos, c. 2000 a.C. Museu Egípcio, Cairo.
2. Detalhe de uma pintura mural na tumba do escriba Nebanun, c. 1350 a.C. Nesta cena de caça, ele aparece em pé sobre um barco, segurando em sua mão direita uma das aves que acabou de apanhar. A seu lado, aparecem a esposa e a filha.

**Infantaria**
Tropa ou grupo de soldados que lutam a pé, sem montaria.

Por meio dos impostos e do controle das importantes rotas comerciais das regiões conquistadas, o faraó, os chefes militares e os sacerdotes aumentavam sua riqueza. Já a maioria da população empobrecia, justamente por ter de pagar impostos cada vez mais altos.

Além disso, muitos camponeses tinham de abandonar o cultivo da terra para servir na **infantaria**. Essa situação provocou revoltas sociais internas, o que, somado às sublevações dos povos conquistados contra a cobrança de impostos abusivos, acabou debilitando o Estado egípcio. A partir do século VIII a.C., o Egito foi sucessivamente invadido por núbios, assírios e, em 525 a.C., foi conquistado pelos persas.

**Dialogando...**
No Egito antigo, alguém nascido numa família pobre, por exemplo, mesmo se esforçando, nunca chegaria a ocupar um alto cargo no governo. No Brasil de hoje é assim também?

## Sociedade e poder

A sociedade egípcia mudou pouco ao longo de séculos, pois, no antigo Egito, as chances de ascensão social eram mínimas. Quase sempre o indivíduo nascia e morria pertencendo ao mesmo grupo social.

### O faraó

Para os egípcios, o faraó era mais do que um ser de origem divina: era o próprio deus. Ele governava o império, coordenava a construção de obras públicas, era o comandante militar e o juiz supremo. Além disso, era considerado o dono de todas as terras do Egito, por isso recebia impostos pagos em produto, acumulando assim enorme riqueza.

Os faraós construíam para si e suas famílias túmulos magníficos, como, por exemplo, as pirâmides de Quéops, Quéfren e Miquerinos, edificadas por faraós do Antigo Império que tinham esses nomes e eram parentes entre si.

Museu Nacional Egípcio, Cairo. Foto: The Bridgeman Art Library/Keystone

Estátua do faraó Quéfren em seu trono, c. 2500 a.C., encontrada no Templo do Vale de Quéfren, em Gizé.

## Para refletir

### Pirâmides: túmulos de faraós!

Will & Deni Mcintyre/Getty Images

Vista aérea das Pirâmides de Gizé: Quéops, Quéfren e Miquerinos, passado e presente se misturam.

Atualmente, os milhares de turistas que viajam para o Egito todos os anos quase sempre começam a visita à terra dos faraós por Cairo, capital do país. Um dos primeiros pontos a ser visitado é, geralmente, o conjunto arquitetônico de Gizé, composto pela esfinge e pelas Pirâmides de Gizé, uma das sete maravilhas do mundo antigo. O conjunto fica a cerca de 20 km do centro da capital.

Quéops, a mais alta e volumosa das pirâmides, tinha, ao ser construída, 146 metros de altura, o equivalente a um prédio de 48 andares. A pirâmide de tamanho médio é Quéfren, e a menor, Miquerinos.

Para construir Quéops, foram utilizados 2 milhões e 300 mil blocos de pedra, cortados com tal precisão ao ponto de se encaixarem uns nos outros sem uso de argamassa, não havendo espaço entre eles nem para uma folha de papel. Estudos recentes afirmam que a construção da pirâmide de Quéops exigiu o trabalho de mais de 80 mil trabalhadores durante 20 longos anos. Cerca de 10 mil desses trabalhadores eram fixos e 70 mil temporários, utilizados como mão de obra barata ou gratuita durante as cheias do Rio Nilo.

Inicialmente os trabalhadores extraíam das pedreiras os imensos blocos de pedra e os conduziam até as margens do Nilo; depois, em barcos graciosos, os blocos eram levados até o local da construção das pirâmides; daí eram colocados sobre suportes e amarrados; depois, com o uso de cordas e rampas, eram arrastados por centenas de homens até o seu devido lugar.

Pode-se dizer, portanto, que as pirâmides são resultado de um esforço organizado de milhares de trabalhadores durante um longo tempo. São também os documentos mais visíveis do imenso poder do faraó na sociedade egípcia.

a) De que pirâmides o texto fala?

b) Com que finalidade elas foram construídas?

c) Quem trabalhou na sua construção?

d) O que esses trabalhadores recebiam em troca?

Museu Arqueológico, Florença/Leemage/Universal Images Group /Getty Images

## Os altos funcionários e os sacerdotes

Os altos funcionários do governo tinham uma posição de destaque na sociedade egípcia. O principal deles, o **vizir**, era a maior autoridade depois do faraó. Ele chefiava a polícia e controlava a justiça e a arrecadação de impostos em todo o Império Egípcio.

Brooklyn Museum/Corbis/Latinstock

Acima, estátua de um vizir, c. 1408 a.C. Acima à direita, estátua da cabeça de um sacerdote egípcio, c. 381 a.C.

Entre os altos funcionários estavam também os **escribas**, que, para exercer sua profissão, estudavam desde os 5 anos em escolas especiais. Com conhecimento de cálculo, leitura e escrita, eles controlavam toda a vida econômica do Egito: as áreas cultivadas, os rebanhos, o volume da colheita, os impostos arrecadados etc.; os escribas trabalhavam para o Estado, para os templos e para o exército.

Já os **sacerdotes** executavam os serviços religiosos e administravam os templos, que geralmente eram muito ricos, graças às oferendas feitas pela população.

## Artesãos, comerciantes e militares

Os artesãos egípcios (carpinteiros, ferreiros, joalheiros) eram conhecidos no mundo antigo. Com madeira, faziam brinquedos, móveis, barcos etc.; com **adobe**, areia e pedra, construíam casas e palácios; com ferro, confeccionavam armas, instrumentos de trabalho e carros de guerra; com papiro, produziam o papel e uma variedade de outros objetos; com metais, faziam joias e ornamentos.

Werner Forman/Album/Akg-Images/Latinstock

Repare na sofisticação dos egípcios: "dedos de ouro" feitos sob encomenda e encontrados junto ao corpo da múmia do faraó Psamético I. Eles visavam preservar os dedos do faraó e garantir a vitalidade de suas mãos na vida após a morte.

Nos períodos de maior prosperidade, como, por exemplo, no Novo Império, o comércio interno e externo cresceu, possibilitando o aumento e a riqueza dos **comerciantes**. Com as guerras de conquista durante o Novo Império, os **militares** do Egito antigo também conseguiram riqueza e prestígio; muitos deles lutavam em troca de terra ou de parte dos saques realizados durante essas guerras.

**Adobe**
Tipo de tijolo preparado com argila crua secada ao sol.

A. Jemolo/Album/DEA/Getty Images

Ao lado, estátuas de soldados egípcios em marcha, feitos de madeira pintada, encontrados na tumba de Mesetiti, datada de c. 2000 a.C.

## Os camponeses e os escravos

Os camponeses, chamados no Egito antigo de **felás**, constituíam a maioria da população e tinham uma vida muito difícil. Nas propriedades agrícolas eles faziam todo tipo de serviço (arar, plantar, colher, abrir canais, construir e consertar) e, em troca, recebiam apenas uma pequena parte do que plantavam. Ainda tinham de pagar um imposto em produto (cereais), que era recolhido aos armazéns do faraó. Os felás trabalhavam também nas grandes obras públicas, como abertura de estradas, limpeza de canais, transporte de pedras usadas na construção de túmulos, templos e palácios.

De Agostini/G. Sioen/Getty Images

Pintura em parede mostrando um camponês lavrando o solo com a ajuda de um arado puxado por bois. Atribui-se aos egípcios a invenção do primeiro arado puxado por bois, por volta de 3100 a.C.

Os escravos eram, geralmente, prisioneiros de guerra e faziam os trabalhos mais pesados e perigosos em minas, pedreiras e nas grandes obras públicas. Observe a representação abaixo da sociedade no Antigo Egito.

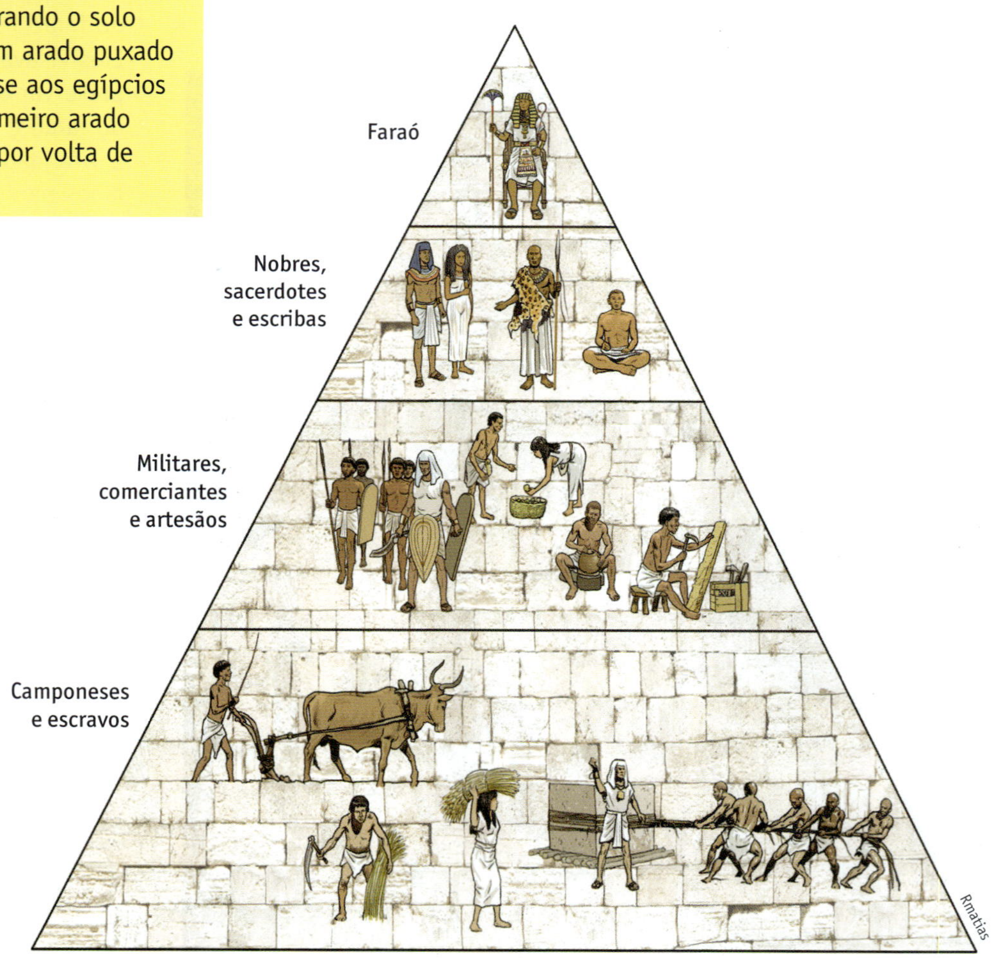

# A religiosidade egípcia

A religiosidade era um traço fundamental da sociedade egípcia. Desde o mais humilde camponês até o poderoso faraó, todos acreditavam na existência de uma vida após a morte. Por isso, vários faraós empenharam-se na construção de seus imensos túmulos, as pirâmides. Para o faraó, mandar erguer uma pirâmide era uma forma de garantir sua "casa da eternidade", local onde esperava continuar desfrutando dos prazeres terrenos.

Os egípcios eram politeístas, isto é, acreditavam em vários deuses. Entre os mais conhecidos estavam: Osíris, deus da vida após a morte; Ísis, irmã e esposa de Osíris; e Hórus, o filho deles. Seus deuses eram representados com forma humana, como Osíris, com forma animal ou com forma humana e animal, como Hórus (corpo de homem e cabeça de falcão). Entre os muitos deuses egípcios estava também Amon-Rá, considerado criador do universo. Enquanto Amon-Rá era o mais temido e mais cultuado oficialmente, Osíris era o mais popular dos deuses egípcios.

Além de crer na vida após a morte, os egípcios acreditavam que toda pessoa, ao morrer, era julgada no Tribunal de Osíris.

Museu Egípcio, Turim. Foto: De Agostini Picture Library/G. Dagli Orti/The Bridgeman Art Library/Keystone

Escultura representando a deusa Ísis com o deus Hórus, ainda menino, em seu colo, séculos VIII-IV a.C. Ísis, deusa da maternidade e protetora da natureza, era uma das divindades mais populares do Egito antigo. Museu Egípcio, Turim, Itália.

As cenas que vemos abaixo estão pintadas em um papiro do **Livro dos mortos** e retratam o julgamento do coração de um escriba de nome Hanufer. No canto superior esquerdo, Hanufer está ajoelhado, em sinal de veneração, diante de 14 figuras: os juízes da morte. Abaixo, ele é levado pela mão por Anúbis (deus dos mortos) até a balança da justiça. Lá, o seu coração é colocado num dos pratos e, no outro, é posta a pena da verdade e da justiça. O coração devia ser mais leve que a pena para que a pessoa fosse absolvida.

**Livro dos mortos**
Conjunto de textos nos quais o morto expunha suas qualidades e pedia absolvição ao deus Osíris.

Museu Britânico, Londres. Foto: The Bridgeman Art Library/Keystone

Los Angeles Country Museum of Art. Foto: Frank Trapper/Corbis/Latinstock

Acima, as duas partes de um dos sarcófagos de Tutancâmon I, c. 1370-1352 a.C.

Em caso de absolvição, a alma podia reocupar o corpo ao qual pertencera. Mas, para isso, diziam os egípcios, era necessário que o corpo estivesse em condições de recebê-la. Isso explica por que os egípcios desenvolveram técnicas de **mumificação**.

A múmia era colocada num sarcófago; este era posto em uma **urna funerária** e conduzido até o túmulo. Lá, costumavam-se deixar vários objetos, como joias, armas e alimentos que, posteriormente, segundo acreditavam os egípcios, teriam grande utilidade para o morto.

A riqueza e a variedade dos objetos dependiam das condições de cada um. No túmulo do faraó Tutancâmon, por exemplo, havia um aposento repleto de objetos de luxo, muitos deles feitos de ouro: cadeiras, carros, armas, barcos, armários, poltronas, bastões, colares, estátuas, aparelhos de mesa, objetos pessoais etc. Sua mobília era composta de mais de 5 mil objetos.

**Mumificação**

Tratamento feito para evitar a decomposição do cadáver, transformando-o em múmia.

**Urna funerária**

Caixão de defunto.

**1**

Robert Harding/Latinstock

**2**

Museu Nacional Egípcio, Cairo. Foto: The Bridgeman Art Library/Keystone

**3**

Museu Nacional Egípcio, Cairo. Foto: The Bridgeman Art Library/Keystone

1. Tampa em formato de cabeça de faraó de uma urna canópica (onde se guardavam os órgãos retirados do morto no processo de mumificação), descoberta no Vale dos Reis, Tebas, c. 1370-1352 a.C.
2. Punhal em ouro, vidro e pedras semipreciosas, c. 1370-1352 a.C.
3. Cadeira de criança feita de madeira e marfim encontrada na tumba de Tutancâmon, c. 1370-1352 a.C.

A tumba de Tutancâmon e o tesouro nela contido foram encontrados intactos, em novembro de 1922, pelo arqueólogo inglês Howard Carter. Ele nos conta que o dia mais emocionante foi quando, ao abrir a porta da câmara mortuária, avistou três sarcófagos representando Tutancâmon, um dentro do outro, mostrando o belo rosto do faraó; o mais interior era de ouro puro. Neste último, estava a múmia do faraó coberta com uma máscara de ouro e **lápis-lazúli**.

**Lápis-lazúli**
Mineral de cor azul-marinho usado para fazer ornamentos.

# A escrita

A escrita surgiu no Egito por volta de 3000 a.C. Para escrever, os egípcios usavam caracteres chamados hieróglifos; a escrita hieroglífica era usada geralmente em textos oficiais e sagrados, gravados em pedra.

Veja como é a palavra **HISTÓRIA** na escrita hieroglífica.

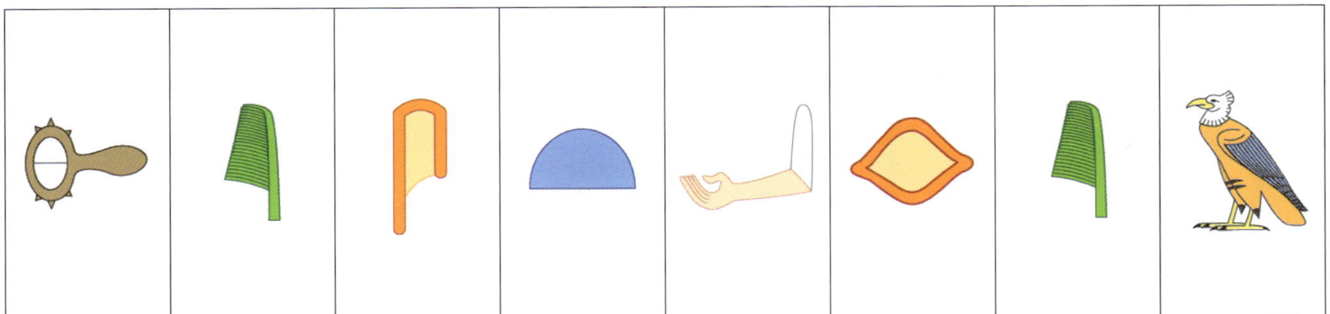

| H | I | S | T | O | R | I | A |
|---|---|---|---|---|---|---|---|

Alexandre Bueno/Conexão

Fonte: EGYPTIAN. Ancientscripts.com: a Compendium of World-Wide Systems From Prehistory to Today. Disponível em: <http://www.ancients cripts.com/egyptian.html>. Acesso em: 13 abr. 2015.

Além dessa escrita, os egípcios desenvolveram duas outras: a escrita hierática, utilizada principalmente pelos sacerdotes, e a escrita demótica, usada basicamente em cartas.

Foi o francês Champollion que conseguiu descobrir o segredo das escritas egípcias. Para isso, ele dedicou 11 anos de sua vida ao estudo de um documento conhecido como Pedra de Roseta. A Pedra de Roseta, um bloco de **basalto** encontrado pelos soldados do general francês Napoleão Bonaparte, no Rio Nilo, em 1799, continha o mesmo texto em três escritas diferentes: em grego, na escrita hieroglífica e na escrita demótica. Comparando a palavra Ptolomeu (nome de um faraó) nessas três escritas, em 1822, Champollion conseguiu desvendar as escritas do Egito antigo.

**Basalto**
Tipo de rocha de cor escura.

# A Civilização Núbia

Situada no nordeste da África, a Núbia era uma extensa faixa de terra localizada ao sul do Egito, entre a primeira e a sexta catarata do Rio Nilo. Na Antiguidade, serviu como um importante elo entre os povos da África Central e os do Mediterrâneo.

Nos primeiros tempos da sua história, os núbios viviam da caça, da coleta e da pesca. Com o tempo, à semelhança dos egípcios, os núbios aprenderam a represar e distribuir as águas do Nilo, passando, então, a aproveitá-las para a agricultura. Com isso, deixaram de ser nômades e passaram a se fixar e a formar aldeias. Por volta de 2000 a.C., as disputas e as alianças entre essas aldeias deram origem ao Reino de Kush – um dos primeiros reinos africanos.

**Ébano**
Madeira de cor escura.

## O Reino de Kush

A história de Kush está estreitamente ligada à do Egito: os arqueólogos encontraram grande número de objetos egípcios, (pérolas, vasos, peças de artesanato etc.) em terras núbias e produtos núbios (peles de animais, marfim, ouro, **ébano** etc.) em terras egípcias, o que prova que o contato comercial entre eles foi intenso.

Sabe-se também que, por volta de 1530 a.C., o Reino de Kush foi conquistado pelo Egito. Para administrá-lo, o faraó egípcio nomeava vice-reis que deviam receber os tributos pagos pela população e encaminhá-los às autoridades egípcias. Esta pintura mural foi encontrada na tumba de um desses vice-reis.

Nesta pintura mural vemos cuxitas carregando oferendas para entregar ao vice-rei Huy, nomeado pelo faraó Tutancâmon (1336-1327 a.C.); na época, o Reino de Kush estava sob domínio egípcio.

Biblioteca do Louvre, Paris. Foto: Album Art/Latinstock

Sob o domínio egípcio, os cuxitas adotaram alguns deuses e algumas práticas funerárias egípcias, como a mumificação. Observe a imagem ao lado.

Mas houve um tempo em que o Reino de Kush também conquistou o Egito. Por volta de 730 a.C., após uma guerra prolongada, os cuxitas tomaram Tebas, capital do Egito na época. O faraó Peye, originário de Kush, subiu ao poder dando início à 25ª dinastia, conhecida também como **dinastia dos faraós negros**. Os faraós dessa dinastia usavam uma coroa com duas serpentes que se erguiam sobre suas frontes para indicar que reinavam ao mesmo tempo sobre Kush e o Egito. Eles se consideravam sucessores dos faraós egípcios e também ordenaram a construção de pirâmides para lhes servirem de túmulos.

A 25ª dinastia foi derrubada pelos assírios, que invadiram e conquistaram a capital, Tebas, em 644 a.C. Após essa data, os cuxitas retornaram para o sul, instalando a sede do Reino de Kush na cidade de Napata e, mais tarde, em 580 a.C., na cidade de Méroe.

Art Media/Heritage Images/Glow Images

Jarro de cera de 1340 a.C. destinado ao depósito dos órgãos retirados do corpo durante o processo de mumificação, costume que os núbios adotaram por influência dos egípcios. Encontra-se no Museu Arqueológico do Sudão.

## Características do Reino de Kush

Graças à arqueologia e à **epigrafia**, sabe-se que, na época em que a capital foi a cidade de Méroe, Kush distinguia-se de outros reinos antigos por duas importantes características: o modo como o rei era eleito e o papel da mulher na política.

**Epigrafia**
Ciência que estuda as inscrições lapidares em monumentos antigos, como tabletes e urnas funerárias.

Fabian von Poser/imagebroker/Keystone

Pirâmide que serviu de túmulo a um rei cuxita.

## A escolha do rei

**Dialogando...**
Compare o Reino do Egito ao Reino de Kush quanto à escolha do rei.

Os cuxitas escolhiam seu rei de um modo original. Inicialmente, os líderes das comunidades votavam naquele que consideravam mais preparado para o cargo de rei. Em seguida, lançavam sementes ao chão para perguntar ao deus da cidade se a escolha foi acertada. Em caso de confirmação do deus, as sementes germinavam; realizavam, então, uma festa que terminava com a coroação do novo rei.

O rei tinha uma guarda permanente para protegê-lo e era auxiliado por um grupo de altos funcionários, como o chefe de tesouro, o escriba-mor e o comandante militar.

No Reino de Kush, o ofício de militar era valorizado, o que era de se esperar, tendo o poderoso Egito como vizinho. Em caso de necessidade, todos os homens eram convocados para a guerra. O exército cuxita, composto de homens que lutavam a pé e outros que guerreavam a cavalo, enfrentou os egípcios diversas vezes, fosse para defender-se deles ou para conquistá-los.

Alfredo Dagli Orti/The Art Archive/Corbis/Latinstock

Estátuas de madeira de arqueiros cuxitas. A existência de um vizinho poderoso, como o Egito, estimulou os cuxitas a formarem um exército aguerrido.

## Candace, a mulher na política

Werner Forman Archive/Glow Images

Detalhes de relevo que mostra uma rainha cuxita prestes a golpear inimigos. É um clássico da arte meroíta produzido entre 300-100 a.C. Está situado em Naga, Méroe, no atual Sudão.

Há indícios arqueológicos de que as mulheres ocupavam posições de destaque no Reino de Kush. Elas podiam ser sacerdotisas, administradoras de uma cidade e podiam, ainda, chefiar o governo, com o título de **candace**.

As imagens também confirmam o poder feminino em Kush. No interior das pirâmides cuxitas, as candaces são mostradas como as principais portadoras de oferendas aos deuses. Nas paredes dos templos são representadas como mulheres poderosas. As candaces do Reino de Kush foram soberanas, superando em importância seus filhos ou maridos.

Entre as candaces mais conhecidas está Amanishaketo (42-12 a.C.), que liderou a resistência cuxita ao poderoso Império Romano.

Um dos raros momentos em que o Reino de Kush aparece na história universal é em um episódio envolvendo a rainha Amanishaketo e o imperador romano Otávio Augusto. Quando o Império Romano avançou sobre o nordeste da África e conquistou a cidade de Napata, os cuxitas resistiram aos romanos. Até que, em 21 a.C., a rainha africana conseguiu negociar um acordo de paz com os romanos: ofereceu a eles uma faixa de terra no norte de Kush e, em troca, manteve a soberania de seu reino, livrando-o de ter de pagar impostos a Roma.

**Candace**
Título que deriva da palavra meroíta *Ktke* e significa rainha-mãe.

Para alguns historiadores africanos, a participação da mulher na política e o controle do governo cuxita sobre o ouro, as pedras preciosas e o ferro ajudam a explicar a prosperidade do Reino de Kush, bem como sua longa vida.

## Economia

Enquanto a capital foi Napata, a principal atividade econômica dos cuxitas era a pecuária; eles criavam cabritos, cabras, cavalos e burros (usados sobretudo no transporte de produtos). A riqueza de uma pessoa era medida pelo tamanho do seu rebanho. Por volta de 580 a.C., com a mudança da capital para Méroe, onde as chuvas eram mais regulares, houve um aumento da área de terra irrigada e uma expansão da agricultura. As plantas mais cultivadas por eles inicialmente foram o trigo, a cevada e o sorgo.

## *Para refletir*

### Sorgo, cereal africano rico em proteínas

Chaialla/Shutterstock/Glow Images

Originário da África, provavelmente da Núbia, o sorgo é um cereal rico em **proteínas**; é parecido com o milho, mas tem os grãos menores. Atualmente, alguns tipos de sorgo são usados somente na alimentação de animais, como bois, carneiros e camelos. Outros tipos, como o sorgo bicolor, são utilizados também na alimentação humana. Além desses usos, o sorgo é empregado na fabricação de barras de cereais, farinha, álcool, entre outros.

O Sudão, país africano cujo território corresponde aproximadamente ao da antiga Núbia, é hoje o quinto maior produtor mundial de sorgo. O Brasil, onde o sorgo foi introduzido para servir de ração para o gado, também vem se destacando na produção desse cereal africano. Os estados brasileiros onde as plantações de sorgo estão em expansão são: Ceará, Pernambuco, Goiás, Minas Gerais, Mato Grosso, Mato Grosso do Sul, São Paulo e Rio Grande do Sul.

Plantação de sorgo.

**Proteína**
Material necessário para os seres vivos se formarem e se conservarem.

a) Caracterize o sorgo quanto à origem e à aparência.

b) Para que serve o sorgo?

c) As plantações de sorgo estão em expansão em vários estados brasileiros. Quais são eles? Responda usando a sigla do estado.

**Indicações de *sites* para a pesquisa:**

- <http://ftd.li/qt5ydb>. Acesso em: 29 maio 2015.
- <http://ftd.li/sgx8to>. Acesso em: 29 maio 2015.
- <http://ftd.li/ibbdtf>. Acesso em: 29 maio 2015.

Inicialmente, os cuxitas retiravam água do Rio Nilo para suas plantações usando o *shaduf*, artefato também utilizado pelos egípcios. Posteriormente, graças à habilidade de seus carpinteiros e ferreiros, os cuxitas passaram a retirar água do Nilo com a *saqia*, um dispositivo movido por animais (bois ou camelos) e conectado a duas rodas-d'água.

The Art Archive/Gianni Dagli Orti/AFP/Otherimages

Gilles Mermet/Akg-images/Latinstock

À esquerda, vê-se o *shaduf*, em fotografia de 2009, instrumento movido pela força humana; com ele a mulher está retirando água do Rio Nilo; acima, a *saqia*, movida por bois ou jumentos. Com a *saqia* era possível captar mais água em menos tempo.

## Mineração, artesanato e comércio

O solo cuxita era riquíssimo em metais, como o ouro e o ferro, e pedras preciosas, como o **rubi**. Escavações recentes em Méroe revelaram templos e muros folheados a ouro. Calcula-se que Kush chegou a produzir a espantosa quantia de um milhão e seiscentos mil quilos de ouro; um dos maiores produtores de ouro do mundo antigo. Os governantes cuxitas exerciam um rígido controle sobre a extração e o comércio de minérios, garantindo com isso seus rendimentos e seu poder.

**Rubi**
Pedra preciosa de cor vermelha.

O ouro cuxita era usado no comércio com o Egito e com Roma. Quanto ao ferro, é provável que Méroe tenha sido o lugar a partir do qual se difundiu o conhecimento da fusão e do manuseio desse metal na África.

Essas luxuosas joias foram encontradas no século XIX e estão hoje em museus dos Estados Unidos e da Alemanha. Inicialmente, os cuxitas deixaram-se influenciar pelos egípcios, como se pode notar pelo anel e pelo pingente (fig. 1 e 2). Posteriormente, desenvolveram estilos próprios, como se pode notar pelo peitoral e o bracelete (fig. 3 e 4).

1

Museu de Belas Artes, Boston. Foto: Culture-Images/Otherimages

2

Museu de Belas Artes, Boston. Culture-Images/Otherimages

3

©2015. Photo Scala, Florence/bpk, Bildagentur fuer Kunst, Kultur und Geschichte, Berlim

4

Bildarchiv Hansmann/Interfoto/Latinstock

Entre os artesãos cuxitas destacavam-se os ferreiros, os marceneiros, que fabricavam camas, cadeiras, porta-joias; os tecelões, que faziam panos de linho e de algodão; os ceramistas e os joalheiros. Estes faziam colares, braceletes, brincos e anéis de ouro, prata e pedras preciosas; algumas peças combinavam o ouro com o marfim. Sabemos disso porque muitos desses objetos preciosos foram encontrados nos túmulos reais.

Boa parte do artesanato cuxita era vendida para outras regiões do mundo antigo. Méroe ficava na encruzilhada por onde passavam caravanas de comerciantes carregados de produtos provenientes de vários pontos da África. De Méroe, as caravanas cuxitas seguiam por terra em direção ao Mar Vermelho e, pelo Rio Nilo, até o Egito; essa rota fluvial era a mais importante do nordeste africano na época. Para proteger esse volumoso comércio, os reis cuxitas construíam fortalezas ao longo das rotas comerciais.

Os cuxitas vendiam para o Egito ouro, incenso, ébano, óleos, marfim, pedras preciosas, penas de avestruz e pele de leopardo. E da terra dos faraós eles compravam, sobretudo, vasos, pérolas e papiro.

# A sociedade cuxita

Ainda se sabe pouco sobre a sociedade cuxita. A camada dirigente era formada pelo rei e por sua família, pelos nobres que ocupavam altos cargos do funcionalismo e pelos sacerdotes. Os agricultores e os criadores de gado, que eram pessoas livres, formavam a maioria da população meroíta. Já as camadas intermediárias eram constituídas por artesãos, comerciantes, militares e pequenos funcionários.

Não se sabe ao certo as razões do declínio de Kush. Provavelmente, os cuxitas perderam para outro povo o controle das rotas comerciais, uma das bases de sustentação do poder cuxita. O que se pode dizer com certeza é que, nos primeiros séculos da Era Cristã, Kush foi empobrecendo; as pirâmides de seus reis foram se tornando menores e mais rústicas, e o número de objetos egípcios encontrados em solo cuxita diminuiu bastante.

Enquanto isso, na região da Núbia, despontava outro reino africano, o de Axum, localizado onde hoje é a Etiópia. O reino de Axum herdou a cultura meroíta, mas se distinguiu dela, entre outras coisas, por ter adotado o cristianismo.

Do esplendor e prosperidade da civilização de Méroe restaram diversos monumentos, entre os quais pirâmides de pequena proporção, sarcófagos de granito e templos em homenagem aos deuses.

Museu de Belas Artes, Boston. Foto: Culture-Images/Otherimages

Acima, detalhe da imagem de um faraó negro que reinou, ao mesmo tempo, sobre o Reino de Kush e do Egito. Abaixo, templo dos leões em Naga, Méroe, no atual Sudão. Estima-se que tenha sido construído entre 300 e 100 a.C.

Frederique Cifuentes/Alamy/Glow Images

# ATIVIDADES

## I. Retomando

**1.** **Leia o texto com atenção e, com base nele, responda ao que se pede.**

### Oração ao Nilo

[...]
Salve, tu, Nilo!
Que te manifestas nesta terra
E vens dar vida ao Egito!
Misteriosa é a tua saída das trevas
Neste dia em que é celebrada!
Ao irrigar os prados criados por Rá,
Tu fazes viver todo o gado,
Tu – inesgotável – que dás de
beber à Terra!
Senhor dos peixes, durante a inundação,
Nenhum pássaro pousa nas colheitas.
Tu crias o trigo, fazes nascer o grão,
Garantindo a prosperidade aos templos.
Para-se a tua tarefa e o teu trabalho,
Tudo o que existe cai em inquietação.

LIVROS sagrados e literatura primitiva oriental.
Tomo II. In: **Coletânea de documentos históricos para o 1º grau.**
São Paulo: CENP Secretaria Estadual de Educação, 1985. p. 51.

a) Quais as atividades econômicas citadas nesse texto dos antigos egípcios?

b) Qual a importância do Rio Nilo para a população do antigo Egito?

c) Os versos desse poema confirmam ou negam a ideia de que o "Egito é um presente do Nilo"? Justifique.

**2.** **Desenhe no caderno uma pirâmide social e responda.**

a) Quem tinha maior poder e prestígio na sociedade egípcia? Por quê?

b) Qual grupo constituía a maior parte da população egípcia? Quais trabalhos eram realizados por essas pessoas?

c) Os escribas faziam parte de qual grupo social? Que funções eles exerciam?

d) Na sociedade egípcia, uma pessoa que estivesse na base da pirâmide poderia alcançar o topo dela? Justifique.

3. **Copie no caderno as afirmações verdadeiras sobre o Egito antigo.**

a) Os egípcios souberam aproveitar as águas do Nilo, criando represas e construindo canais para irrigar as áreas mais distantes.

b) Os faraós egípcios trabalhavam na construção de obras grandiosas, como túmulos, templos e palácios.

c) Os egípcios cultivavam cereais como o trigo e a cevada; criavam bois, patos e cabritos; e também comerciavam com outros povos.

d) Assim como os hebreus, os egípcios eram monoteístas.

e) A arte egípcia era voltada à glorificação do faraó e à representação da vida após a morte.

4. **Passado/presente.** Observe as imagens e responda.

**Fonte 1**

Frederic Cailliaud. 1819-1822. Litografia. Coleção particular. Foto: The Bridgeman Art Library/Keystone

**Fonte 2**

Tor Eigeland/Alamy/Glow Images

À esquerda, representação de egípcio coletando água do Rio Nilo com a ajuda de um *shaduf*. Ilustração do século XIX feita a partir de afrescos encontrados em Tebas. À direita, fotografia recente mostra fazendeiro utilizando um *shaduf* para içar água do Nilo.

a) O que elas têm em comum?

b) As imagens são indícios de que o Rio Nilo era e continua sendo importante para os egípcios. Faça uma breve pesquisa sobre a importância do Rio Nilo na história do Egito e como ele é utilizado atualmente. Escreva um texto com o resultado de sua pesquisa.

**5.** **O texto a seguir foi retirado de uma obra literária escrita durante o Médio Império. Leia-o com atenção.**

**Eira**
Local próprio para debulhar, secar e limpar cereais e legumes.

Deixa que te recorde o estado miserável em que fica o camponês quando chegam os funcionários que vêm fixar a taxa da colheita [...] O trigo que estava na **eira** desapareceu, os ladrões levaram-no. Não pode pagar o que deve pelos bois que pediu emprestado. Além disso, os bois morreram de tanto lavrarem e debulharem. E o escriba já atraca à margem do rio para calcular o imposto sobre a colheita, com um grupo de servos armados de bastões [...] com ramos de palmeira. Dizem: "Mostra-nos o trigo!". Mas não há nenhum trigo e o camponês é espancado sem dó nem piedade [...]

SCHNEIDER, Maurício E. **O Egito antigo**. 2. ed. São Paulo: Saraiva, 2004. p. 15. (Que história é esta?).

a) Dê um título ao texto.

b) Transcreva o trecho do texto que registra o abuso de autoridade na cobrança de impostos.

c) Qual é o assunto principal do texto?

d) Com base no que você leu no capítulo e neste texto, compare a vida do camponês à do escriba.

**6.** **O texto a seguir foi escrito com base em pesquisas sobre um aspecto da vida cotidiana dos antigos egípcios. Leia-o com atenção.**

## Alimentação

Archaeological Antiquities Museum, Cairo. Foto: Age Fotostock/Keystone

Esculturas egípcias de madeira representando o preparo de pão, c. 1900 a.C.

A base da alimentação no Egito antigo era o trigo e a cevada, com os quais eram feitos, respectivamente, o pão e a cerveja. As leguminosas, como o grão-de-bico e a lentilha; as frutas, como a melancia e o melão; o leite de vaca e o de cabra, usados na feitura da manteiga e do queijo, também faziam parte do dia a dia dos egípcios. Carne de pato ou de caça complementava a alimentação dos mais pobres.

Já a alimentação dos ricos era melhor e mais variada; incluíam-se cereais, carnes, aves e frutas nativas, como o figo, o abacate e a tâmara, e importadas, como a maçã, a romã e a uva preta, usada também para fazer o vinho. Comidas e bebidas eram servidas em travessas, tigelas e taças de cerâmica, ouro ou prata (no caso dos templos e dos palácios).

Já o peixe pescado no Nilo era comum tanto na mesa do rico quanto na do pobre. Por vezes, as cheias do Nilo eram insuficientes para irrigar as terras mais afastadas, causando, com isso, crises de fome e obrigando o faraó e os templos a abrirem seus celeiros para distribuir alimento à população.

a) Localize e copie no caderno: dois alimentos consumidos somente pelos mais pobres, outros dois pelos mais ricos e um consumido por ambos.

b) Elabore uma frase comparando a alimentação dos pobres à dos ricos.

c) Com base no texto, pode-se dizer que a sociedade do Egito antigo era desigual?

**7.** **Leia o texto a seguir com atenção.**

**A Núbia e o Egito faraônico** – Nos primórdios do poder faraônico, Núbia e Egito mantinham equilibradas e pacíficas relações comerciais. Entretanto, provavelmente a partir da III dinastia, fortalecendo-se econômica e belicamente, os egípcios passaram a expropriar as mercadorias núbias em vez de comprá-las.

LOPES, Nei. **Dicionário da antiguidade africana**. Rio de Janeiro: Civilização Brasileira, 2011. p. 223.

**Copie no seu caderno a afirmação verdadeira.**

a) As relações entre a Núbia e o Egito sempre foram pacíficas e incluíam o comércio.

b) As relações entre o Egito e a Núbia sempre foram pacíficas, mas não incluíam o comércio.

c) As relações entre o Egito e a Núbia sempre foram belicosas, isto é, conflituosas.

d) Durante um tempo, as relações entre a Núbia e o Egito foram pacíficas; depois, o Egito se fortaleceu e passou a tomar produtos núbios à força e teve início o conflito entre os dois reinos.

**8.** **Sobre o papel da mulher na política do Reino de Kush, copie a afirmação verdadeira no caderno.**

a) À semelhança do que ocorria na Mesopotâmia, no Reino de Kush as mulheres ocupavam uma posição de destaque na política.

b) Diferentemente do que ocorria na Mesopotâmia, no Reino de Kush as mulheres ocupavam uma posição de destaque na política. A mãe do rei, por exemplo, recebia o título de senhora de Kush ou candace (Rainha-mãe).

c) À semelhança de outras civilizações antigas, no Reino de Kush, as mulheres não participavam da política.

d) À semelhança de outras civilizações antigas, as mulheres podiam participar da política, mas não da chefia do governo.

## II. Leitura e escrita em História

### a. Leitura de imagem

**As três imagens são da mesma mulher, a rainha egípcia Cleópatra. Observe-as com atenção.**

Sandro Vannini/Corbis/Latinstock

Filme de Joseph L. Mankiewicz. Cleópatra. USA/UK, 1963. Foto: Archives du 7e Art/20th Century Fox/Photo 12/Glow Images

Foundry Studios Ltda

1. Busto romano em mármore da rainha egípcia Cleópatra. Provavelmente a peça foi esculpida quando ela visitou Roma, por volta de 40-30 a.C. Os traços de Cleópatra foram feitos à semelhança das mulheres romanas daquela época.
2. A atriz britânica Elizabeth Taylor caracterizada como Cleópatra, em cena do filme de mesmo nome, 1963.
3. Imagem em 3D de recriação do rosto de Cleópatra produzida pela egiptóloga e pesquisadora britânica Sally Ann Ashton, em 2008.

a) Observe a aparência das três Cleópatras: nariz, cabelo, olhos etc., e descreva as imagens usando suas palavras.

b) Qual delas você acha que é mais parecida com a "verdadeira" Cleópatra? Justifique.

c) Por que quase sempre associamos Cleópatra à atriz Elizabeth Taylor?

d) **Em dupla**, debatam e respondam: por que será que esta rainha foi representada tantas vezes e se tornou tão famosa?

## b. Leitura e escrita de textos

### VOZES DO PASSADO

**O texto a seguir foi extraído da obra Sátira dos ofícios, um texto do Egito antigo que aborda a fala de diversas profissões, inclusive a do escriba. Leia-o com atenção.**

Sê escriba. Não terás canseiras e ficarás preservado de outros tipos de trabalho. Não terás de transportar a enxada, a picareta e o cesto.
Não terás de guiar o arado e serás poupado a todos os tipos de canseira...
O escriba manda em todos. Quem trabalha escrevendo não paga impostos, não é obrigado a pagar. Lembra-te bem disto... Sê escriba para que possas estar livre da vida de soldado, para que possas chamar e alguém responda: "Estou aqui!", para que possas estar livre da vida de tormentos. Todos procuram enaltecê-lo. Lembra-te bem disto.

Trecho da Sátira dos ofícios. In: SCHNEIDER, Maurício E. **O Egito antigo**. 2. ed. São Paulo: Saraiva, 2004. p. 20. (Que história é esta?).

a) Dê um título ao texto.

b) Que argumentos o autor do texto usa para convencer quem está lendo?

c) O texto é um indício de que ler e escrever eram habilidades importantes no Egito antigo. E no Brasil de hoje, essas habilidades continuam sendo importantes?

### VOZES DO PRESENTE

**O texto a seguir foi escrito pelo egiptólogo francês Christian Jacq. Leia-o com atenção.**

#### A mulher no Egito antigo

[...] Como veremos, o papel político e social das mulheres foi determinante ao longo de toda a história do Egito. Graças a um notável sistema jurídico, a mulher e o homem eram iguais por direito e de fato [...]

Essa igualdade entre o homem e a mulher [...] perdurou enquanto o país se manteve independente. [...]

Muitas egípcias [...] eram donas de casa. Mas muitas outras tiveram um ofício fora da vida familiar e ocuparam importantes funções [...].

Na documentação [...] descobrimos [...] que uma mulher podia ser governadora de uma província, de uma cidade ou de uma circunscrição administrativa, o que implicava um importante trabalho à frente de um pessoal numeroso. Uma mulher podia [...] ser inspetora do Tesouro, superiora [...] da casa de tecelagem, dos cantores e dos bailarinos [...] etc. Em suma, e à exceção do exército, estavam-lhe abertos quase todos os setores de atividades que caracterizam a civilização faraônica.

JACQ, Christian. **As egípcias**: retratos de mulheres do Egito faraônico. 5. ed. Rio de Janeiro: Bertrand Brasil, 2002. p. 20-21; 233-234.

a) Segundo o autor, o que garantia a igualdade de direitos entre homens e mulheres no Egito antigo?

b) Em que o autor do texto se baseou para dizer que a mulher egípcia ocupava funções importantes?

c) O autor afirma que, no Egito antigo, a mulher e o homem eram iguais por direito e de fato. E no Brasil de hoje, isso também acontece?

## III. Integrando com... Matemática

**Da civilização egípcia, restaram vários monumentos com inscrições, além de documentos em papiros. Essas fontes permitiram que os arqueólogos decifrassem o sistema de numeração egípcio. Você também pode decifrá-lo. Observe estes exemplos.**

Rmatias

| | | |
|---|---|---|
|  | 1 | Um traço vertical indicava a unidade. |
|  | 10 | Esse sinal indicava dezena. |
|  | 100 | Uma corda enrolada indicava a centena. |
|  | 1 000 | A flor de lótus (o lótus era uma planta sagrada no Egito) representava o milhar. |
|  | 10 000 | O desenho de um dedo dobrado era símbolo para dez mil. |
|  | 100 000 | Um girino representava cem mil. |
|  | 1 000 000 | Uma figura humana ajoelhada, com as mãos para o alto, indicava o milhão. |

Fonte: IMENES, Luiz Márcio; LELLIS, Marcelo. **Os números na história da civilização.** São Paulo: Scipione, 1999. p. 20. (Vivendo a Matemática).

**No caderno.** Utilize os símbolos do sistema de numeração egípcio para escrever:

a) a sua idade.

b) o número de alunos na sua classe.

c) o dia do seu aniversário.

## IV. Você cidadão!

Vimos que, no Reino de Kush, a mulher chegava a ocupar o cargo máximo na política, o de candace, rainha-mãe. O texto a seguir é sobre mulher e política no Brasil de hoje. Leia-o com atenção.

### Mulheres na política

**Representação feminina no poder não acompanha emancipação observada em outras áreas da sociedade**

Apesar do cargo máximo da República ser ocupado por uma mulher, a participação feminina brasileira nas esferas do poder ainda é baixa. [...]

Embora representem 51,7% dos eleitores brasileiros, a participação das mulheres na Câmara dos Deputados é de 9%, número semelhante aos 10% registrados no Senado. São Paulo, a maior cidade do País, possui os mesmos 9% de vereadoras na Câmara Municipal. No Poder Executivo, a situação não é diferente: das 26 capitais, somente duas têm mulheres como prefeitas.

[...]

Para o professor [...] José Eustáquio Diniz Alves, o fenômeno [...] decorre [...] do modo como os partidos são organizados: "Eles são controlados por homens, que dão pouco espaço para as mulheres estruturarem suas campanhas", diz.

PORTAL Brasil. **Mulheres na política**. Disponível em: <http://www.brasil.gov.br/cidadania-e-justica/2012/02/mulheres-na-politica>. Acesso em: 1º dez. 2014.

a) O que o texto afirma sobre mulher e o poder no Brasil?

b) Que argumento o autor do texto usa para comprovar essa afirmação?

c) Segundo o professor José Eustáquio, por que isso acontece?

d) **Em dupla**, reflita e opine: qual a opinião de vocês sobre os governos chefiados por mulheres?

# 8 HEBREUS, FENÍCIOS E PERSAS

Howard Sandler/Shutterstock/Glow Images

Estrela de Davi – importante símbolo do judaísmo formado por dois triângulos superpostos. O primeiro representa a fé e o segundo a história dos judeus. A ponta superior da estrela é associada ao plano espiritual e a inferior, ao material.

Neste capítulo trabalharemos a história dos hebreus, fenícios e persas. Antes de iniciarmos, porém, vamos desafiá-lo, perguntando:

1. Você sabe qual é o livro mais vendido do mundo?
2. Os judeus acreditavam em vários deuses ou em um único Deus?
3. Que povo é considerado o inventor do alfabeto?
4. Que outro povo contribuiu para esta invenção? Como?
5. Você acha o nosso alfabeto prático?
6. Que país ocupa hoje a maior parte do território da Pérsia?
7. Sabe por que esse país tem aparecido com tanta frequência nos jornais televisivos?
8. O nome da religião criada pelos persas é: judaísmo, cristianismo, zoroastrismo ou islamismo?

De Agostini Picture Library/The Bridgeman Art Library/Keystone

Carruagem de ouro feita por artesãos persas, séculos V-IV a.C., encontrada em um sítio arqueológico do atual Tadjiquistão. Repare que o personagem conduzido, provavelmente membro da nobreza, está de costas para o condutor.

Gianni Dagli Orti/Corbis/Latinstock

Joia de ouro representando um barco fenício, c. 404-399 a.C. A joia lembra o que os fenícios de fato foram: um povo que se destacou na navegação de longa distância.

# Os hebreus

A história dos hebreus tem especial importância para nós; eles foram um dos primeiros povos a adotar o monoteísmo (crença em um só Deus), base do cristianismo, religião da maioria dos brasileiros.

## Fontes para o estudo dos hebreus

São três as principais fontes para o estudo dos hebreus:

Uma das fontes é a **Torá**, ou seja, os cinco primeiros livros da **Bíblia hebraica**. Esses livros – Gênesis, Êxodo, Levítico, Números e Deuteronômio – também integram a **Bíblia** cristã com o nome de Pentateuco.

**Bíblia hebraica**
É constituída pela **Torá**, pelos Livros Proféticos e pelos Escritos.

Para judeus e cristãos, suas Bíblias são sagradas, pois foram escritas sob inspiração divina. Já para os historiadores são fontes históricas, a serem usadas para conhecer povos, paisagens e culturas da Antiguidade.

Outra fonte importante para o conhecimento dos hebreus são os vestígios arqueológicos. Alguns episódios narrados na **Bíblia** não foram comprovados pela Arqueologia e continuam sendo objeto de interesse e debate.

Outra fonte ainda são os relatos antigos como os do historiador judeu Flávio Josefo (37-100 d.C.). Esse historiador nascido em Jerusalém teve uma vida atribulada; foi soldado e lutou contra a opressão romana. Escreveu e publicou uma obra vasta, entre as quais **Antiguidades Judaicas**. Seus livros nos ajudam a conhecer o modo de vida de judeus, romanos e dos primeiros cristãos.

Escavação recente em sítio arqueológico localizado em Jerusalém; arqueólogos buscam reconstituir passagens da história antiga dos hebreus (período do Segundo Templo de Jerusalém).

Suzanne Goldstein/Photoresearchers/Latinstock

# O relato bíblico

**Abraão**
Líder de comunidade hebraica; esses líderes eram chamados de patriarcas, sendo os mais conhecidos Abraão, Isaac e Jacó.

**Terra Prometida**
Lugar que, segundo a **Bíblia**, Deus reservou aos hebreus.

Segundo a **Bíblia**, os hebreus viviam do pastoreio nas proximidades da cidade de Ur, na Mesopotâmia. Por volta de 1800 a.C., eles deixaram Ur, guiados por **Abraão**, e partiram em busca de água e boas pastagens; e, depois de uma longa caminhada, chegaram a Canaã, também conhecida como Palestina. E, após disputarem território com outros povos que ali viviam, fixaram-se na chamada **Terra Prometida**.

**A trajetória dos hebreus**

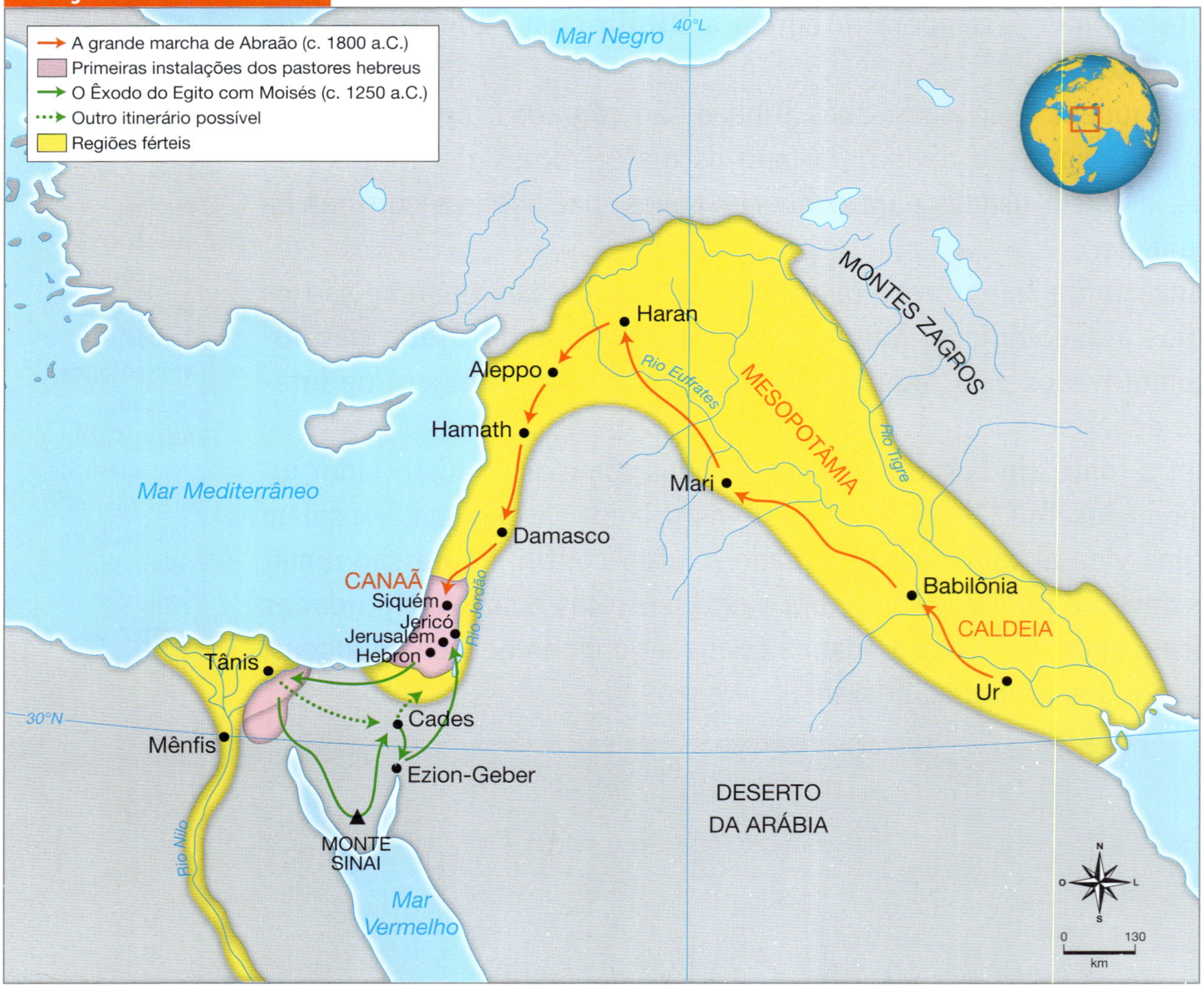


Fonte: VIDAL-NAQUET, Pierre; BERTIN, Jacques. **Atlas histórico**: da Pré-história aos nossos dias. Lisboa: Círculo de Leitores, 1990. p. 39.

**Dialogando...**

a) Quais foram as cidades pelas quais os hebreus passaram antes de chegar a Canaã?
b) Como você imagina que foi esse longo percurso até Canaã?

## A vida na Palestina

A Palestina está situada numa região quente, semiárida e pobre em metais e madeiras. Diferentemente de seus vizinhos egípcios, que podiam contar com as águas de um grande rio, como o Nilo, os hebreus dependiam principalmente da água das chuvas para seus cultivos agrícolas. E isto dificultava a vida de seus agricultores, já que, na região, chovia pouco e raramente.

Nas terras férteis do vale do Rio Jordão, os hebreus cultivavam trigo, cevada, vinhas, figueiras, romãzeiras e oliveiras; e criavam abelhas para produzir o mel. Nas colinas e montanhas, viviam principalmente do pastoreio, levando e trazendo ovelhas e cabras, das quais extraíam leite, carne e lã.

Só uma pequena parte da população vivia em cidades; na época, as cidades hebreias, como Jerusalém e Jericó, eram pequenas e tinham cerca de três a quatro mil habitantes; cada cidade era governada por um rei que residia em seu palácio, rodeado de guardas, servidores e artesãos (carpinteiros, oleiros e ceramistas). Nessas cidades viviam também mercadores que faziam comércio interno e também com os povos vizinhos.

Ilustração atual feita com base em pesquisa histórica representando pastores hebreus.

Mozart Couto

## Os hebreus no Egito

Segundo a **Bíblia**, por volta de 1700 a.C., um longo período de seca e fome obrigou os hebreus a emigrarem para o Egito, que, na época, estava sob o domínio dos hicsos. Enquanto durou essa dominação, os hebreus viveram em liberdade. Mas, após a expulsão dos hicsos, por volta de 1550 a.C., os hebreus foram escravizados pelos egípcios, que os acusavam de terem colaborado com os invasores.

Depois de um longo cativeiro, os hebreus se revoltaram e, por volta de 1250 a.C., saíram do Egito de volta para a Palestina, liderados por Moisés. Segundo a **Bíblia**, eles caminharam pelo deserto por quarenta anos e, em meio a essa longa viagem, conhecida como **Êxodo**, Deus entregou a Moisés, no Monte Sinai, duas tábuas contendo os Dez Mandamentos.

### Os Dez Mandamentos

1. Não terás outros deuses diante de mim.
2. Não farás para ti imagem esculpida, nem figura alguma do que há em cima no céu, nem em baixo na terra, nem nas águas debaixo da terra. [...].
3. Não tomarás o nome do Senhor teu Deus em vão [...].
4. Lembra-te do dia do sábado, para o santificar. Seis dias trabalharás, e farás todo o teu trabalho; mas o sétimo dia é o sábado do Senhor teu Deus. [...].
5. Honra a teu pai e a tua mãe, para que se prolonguem os teus dias na Terra que o Senhor teu Deus te dá.
6. Não matarás.
7. Não adulterarás.
8. Não furtarás.
9. Não dirás falso testemunho contra o teu próximo.
10. Não cobiçarás a casa do teu próximo, não cobiçarás a mulher do teu próximo, nem o seu servo [...], nem coisa alguma do teu próximo.

Êxodo 20:3-17. **Bíblia**. Tradução em português por João Ferreira de Almeida, edição revista e corrigida. Rio de Janeiro: Imprensa Bíblica Brasileira, 1986.

**Dialogando...**

Qual desses mandamentos chamou mais a sua atenção? Por quê? Você já viu alguém cobiçar as coisas alheias? O que você pensa disso?

## A disputa pela Terra Prometida

Ao chegar à Palestina, os hebreus encontraram outros povos e, então, decidiram lutar para reconquistá-la. Como, na época, estavam divididos em doze tribos, eles escolheram chefes militares, políticos e religiosos, os **juízes**, para comandá-los. Josué, sucessor de Moisés, foi o primeiro juiz hebreu e iniciou a luta pela reconquista do território, começando pela cidade de Jericó. Depois dele, dois outros juízes se destacaram: Sansão e Samuel.

Na época de Sansão, os principais adversários dos hebreus eram os **filisteus**. Conta a **Bíblia** que, para enfrentar Sansão, os filisteus usaram Dalila, uma filisteia por quem ele havia se apaixonado. Dalila descobriu que a força de Sansão estava nos cabelos e o fez adormecer em seu colo; chamou então um homem, que cortou os cabelos de Sansão. Sem forças, Sansão teve os olhos perfurados e foi escravizado pelos filisteus.

Filme de Cecil B. DeMille. Sansão e Dalila. 1949, EUA. Foto: DILTZ/Rue des Archives/Latinstock

A cena acima é do filme **Sansão e Dalila** (1949), que mostra o herói bíblico já cego (Victor Mature); a mulher que aparece na cena é Dalila (Hedy Lamarr).

**Filisteus**

Conhecidos como "povo do mar", os filisteus dominaram boa parte do litoral sul da Palestina.

## A monarquia hebraica

Para enfrentar seus vizinhos e diminuir as divisões internas, os hebreus optaram por entregar o comando de todas as tribos a um rei. O primeiro rei hebreu foi **Saul** (1010 a.C.). Davi, o sucessor de Saul, completou a conquista da Palestina e transformou a cidade de Jerusalém em capital do reino.

AGE RM/Otherimages

Crianças judias orando no Muro das Lamentações, um vestígio do que se acredita ser as ruínas do Templo de Jerusalém. Fotografia de 2005.

O sucessor de Davi foi seu filho Salomão. Ele fortaleceu o exército, ampliou o comércio com reinos da África e da Arábia e ordenou a realização de obras públicas, como aquedutos e reservatórios. No governo dele foi construído também o primeiro **Templo de Jerusalém**.

Para conseguir dinheiro para suas obras, o rei Salomão aumentou os impostos e retirou milhares de camponeses e pastores do campo, colocando-os para trabalhar nessas construções. O dinheiro arrecadado servia também para cobrir os gastos de sua corte. Mas os abusos do poderoso rei, de um lado, e a extrema pobreza do povo, de outro, provocaram grande insatisfação popular.

## Para refletir

### História e Ética: os profetas

Os profetas são tidos como mensageiros de Deus, encarregados de transmitir as mensagens divinas e capazes de prever o futuro. Essas previsões são chamadas de profecias.

Vivendo no século VIII a.C., os profetas sentiam a opressão dos reis sobre o povo e percebiam que o luxo dos poderosos contrastava com a pobreza dos camponeses e pastores. Dois deles, Amós e Isaías, se destacam por sua preocupação com a justiça social. Vejam o que diz Isaías:

> Tirai da frente dos meus olhos a malícia das vossas más ações. Cessai de fazer o mal, aprendei a fazer o bem; procurai o que é justo, socorrei o oprimido. Fazei justiça ao órfão, defendei a viúva.
>
> Isaías, 1:16-17.

Ricardo Azoury/Olhar Imagem

Amós, obra de Aleijadinho.

João Prudente/Pulsar

Isaías, obra de Aleijadinho.

**a)** O que é para você "fazer o bem"?

**b)** Você se considera uma pessoa justa?

# A divisão dos hebreus

A morte de Salomão em 930 a.C. foi sucedida por uma crescente insatisfação com os altos impostos e por disputas políticas entre os próprios hebreus. Isto acabou levando à divisão do reino em **Reino de Israel**, situado ao norte e formado por dez tribos, com capital em Siquém, mais tarde mudada para Samaria; e **Reino de Judá**, localizado ao sul e composto de duas tribos, com capital em Jerusalém.

Reinos de Israel e Judá

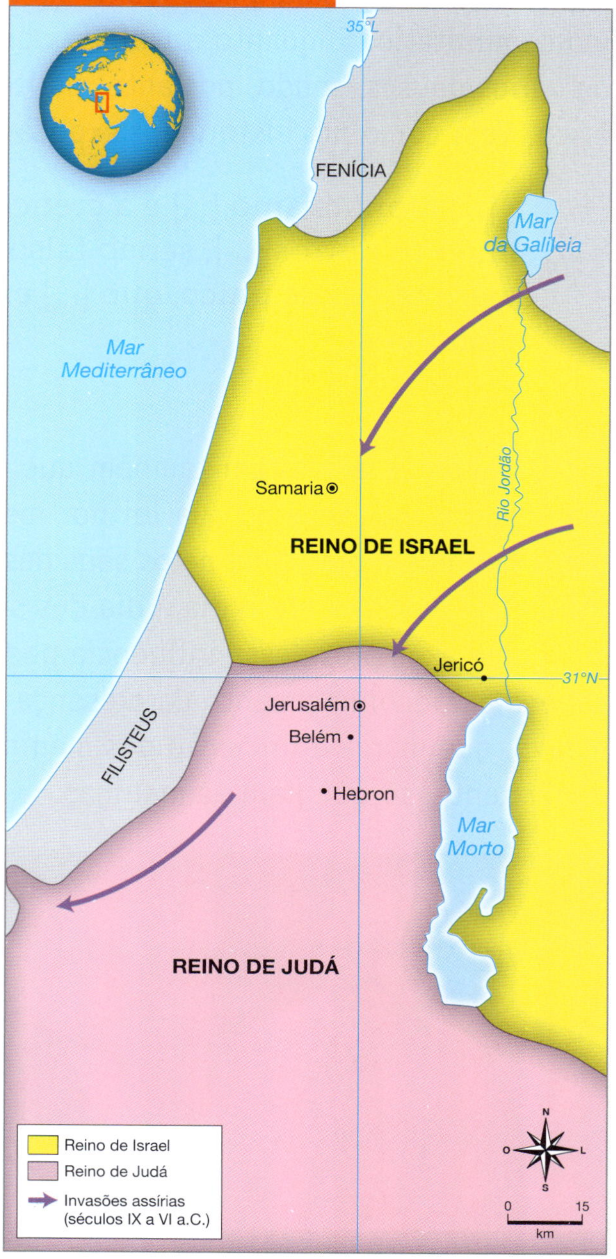


Fonte: DUBY, Georges. **Atlas historique mondial**. Paris: Larrousse, 2001. p. 8.

Divididos, os hebreus não resistiram aos seus poderosos vizinhos. O Reino de Judá conseguiu sobreviver até 587 a.C., quando foi dominado pelos babilônios, que destruíram o Templo de Jerusalém e levaram os hebreus como prisioneiros para a Babilônia. Na **Bíblia**, esse episódio foi chamado de **Cativeiro da Babilônia** e é visto como um castigo de Deus, por causa da corrupção e da ganância dos líderes hebreus.

Esse cativeiro dos hebreus durou até 539 a.C., quando os **persas** conquistaram a Babilônia e permitiram a volta dos hebreus; lá chegando, eles reconstruíram o Templo de Jerusalém uma vez mais. Mais tarde, os hebreus foram dominados por outros povos, inclusive os romanos.

Os judeus se revoltaram contra a dominação romana por duas vezes; a primeira revolta durou de 66 a 70 d.C. e a segunda de 132 a 135 d.C. Nessas duas ocasiões, foram duramente reprimidos pelos romanos. Diante disso, os judeus se dispersaram pelo mundo, episódio conhecido como **Diáspora judaica**.

**Persas**
Um povo que habitava o leste da Mesopotâmia.

## O judaísmo

Mesmo dispersos, os judeus mantiveram-se em comunidades, fiéis aos seus hábitos e tradições. Eles passaram a se reunir em **sinagogas**, locais de oração, de culto e de convívio comunitário. Enquanto a maioria dos povos da Antiguidade acreditava na existência de vários deuses, sendo, portanto, politeístas, os hebreus desenvolveram o monoteísmo ético. Veja como um historiador explica esse conceito:

> [...] Monoteísmo [...] é a crença na existência de apenas um deus, não sendo os outros [...], senão falsos deuses. Já o monoteísmo ético é a crença em um deus único, que [...] exige uma conduta ética por parte de seus seguidores.

PINSKY, Jaime. **As primeiras civilizações**. São Paulo: Contexto, 2001. p. 116.

Os hebreus acreditam também que Deus os escolheu para servir de exemplo à humanidade e lhes revelou sua lei por meio da **Torá** (livro sagrado). Essa religião criada pelos hebreus e praticada pelos seus descendentes (os judeus) é chamada de judaísmo e influencia diretamente o dia a dia dos seus seguidores.

Como exemplos dessa influência podemos citar: o uso do *kipá* (um gorro que cobre a cabeça em reconhecimento da presença divina) e a realização de cerimônias como a *Bar Mitzvá*, que marca a iniciação dos meninos na leitura da **Torá**, e a *Bat Mitzvá*, cerimônia equivalente, só que para as meninas.

Richard T. Nowitz/Corbis/Latinstock

Pais observam os filhos lerem a **Torá**. A leitura da **Torá** é vista pelos hebreus e seus descendentes, os judeus, como uma forma de aproximação com Deus.

Lawrence Migdale/Photoresearchers/Latinstock

Os judeus também fazem festas para relembrar passagens de sua história e manter vivas a memória e as tradições judaicas. Conheça algumas delas.

1. ***Shabat***. Dia do Descanso. Existe para lembrar o trecho da **Torá** que diz que Deus criou o mundo em seis dias e no sétimo descansou. O *shabat* começa na sexta-feira, com o pôr do sol, e termina no início da noite de sábado.
2. ***Pessach*** ou Páscoa Judaica é uma festa que comemora a libertação dos hebreus, que viviam como escravos no Egito e o retorno deles para a Terra Prometida. Atualmente esta festa é comemorada por judeus do mundo todo. A comemoração inclui um jantar em que se leem trechos da história dos hebreus e os jovens questionam os adultos sobre o significado da liberdade.
3. ***Shavout*** comemora a entrega da **Torá** a Moisés no Monte Sinai; isto, segundo a **Torá**, ocorreu sete semanas após os hebreus terem deixado o Egito. Daí o *Shavout* ser conhecido também como Festa das Semanas.
4. ***Rosh Hashaná*** é a comemoração do Ano-Novo. A festa inclui reuniões familiares nas quais se comem alimentos especiais, como a maçã com mel, a fim de "adoçar" o novo ano.
5. ***Yom Kippur*** – Dia do Perdão. É o dia mais sagrado do calendário judaico. Dia de jejum, orações e arrependimento pelos pecados cometidos. Dia em que se pede perdão pelas promessas feitas a Deus e não cumpridas. O *Yom Kippur* ocorre dez dias após o Ano-Novo.

O judaísmo foi a principal fonte do cristianismo, religião da maioria dos brasileiros.

Família judaica e amigos reunidos em torno da mesa de *Pessach* para orar e degustar alimentos específicos feitos para a ocasião. Maryland, Estados Unidos, 2008.

# Os fenícios

Mozart Couto

Ilustração atual de um barco fenício feita com base em pintura egípcia; a cena mostra trabalhadores descarregando mercadorias de um navio fenício. Repare que as diferenças entre as vestimentas dos tripulantes revelam a hierarquia no interior do navio.

**Dialogando...**
Que tipo de produto eles podem estar descarregando?

Os **fenícios** viviam numa estreita faixa de terra situada entre as montanhas do atual Líbano e o Mar Mediterrâneo. Nas áreas férteis do seu território, cortadas por pequenos rios, os fenícios criavam gado e plantavam trigo, videiras, que usavam na produção do vinho, e oliveiras, das quais obtinham azeitonas e o azeite de oliva. Além disso, exploravam o cedro, madeira nobre que usavam na construção de seus navios.

As montanhas da região funcionavam como uma barreira natural que impedia a expansão dos fenícios em direção ao continente. Já a carência de terras férteis e a existência de bons portos naturais estimularam os fenícios a se dedicarem, desde cedo, à navegação e ao comércio marítimo. Aos poucos desenvolveram intenso comércio com outros povos. Eles comerciavam tanto aquilo que produziam, como azeite, cereais, toras de cedro, joias e tecidos de algodão, quanto produtos de outros povos, como o papiro, que eles compravam dos egípcios e vendiam para os gregos.

Por volta de 1400 a.C., os fenícios controlavam boa parte do comércio pelo Mediterrâneo. Observe o mapa da página a seguir.

**Fenício**
Palavra derivada de *phoinix* (púrpura, isto é, cor vermelho-escura). É que os fenícios tingiam os seus tecidos com uma tinta de cor púrpura retirada das glândulas de um molusco chamado múrex. Dependendo da quantidade de tinta e do tempo que o tecido ficava exposto ao sol, sua cor variava de um rosa suave a um roxo-escuro. Esses tecidos fenícios tinham grande aceitação no mundo antigo.

**Dialogando...**

a) Que país ou países atuais ocupam o território da antiga Fenícia?

b) Em que região os fenícios fundaram maior número de colônias?

**A colonização dos fenícios**

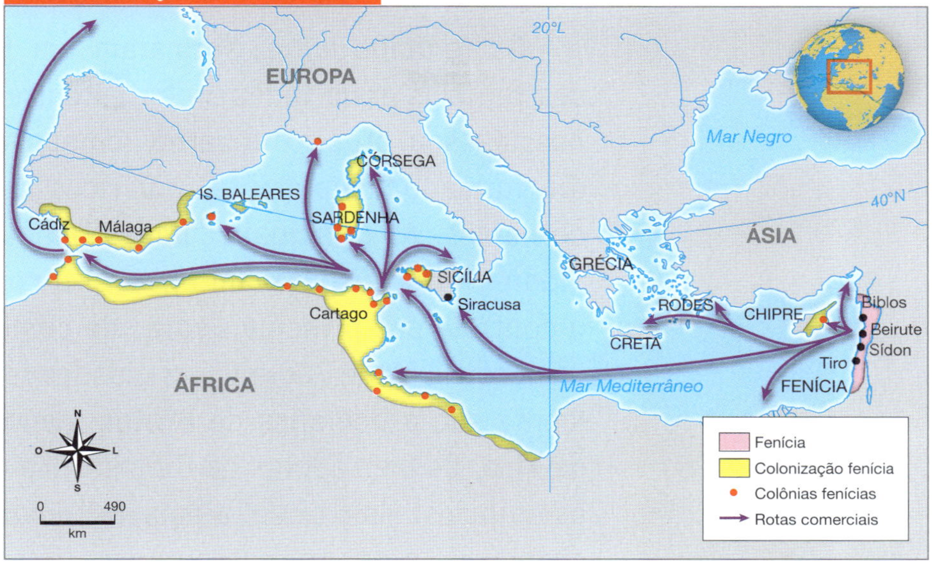


Allmaps

Fonte: HILGEMANN, Werner; KINDER, Hermann. **Atlas histórico mundial**. Madri: Istmo, 1983. p. 38.

Observe as colônias fenícias no mapa; várias delas, como Chipre, Sicília, Cádiz e, especialmente, Cartago, alcançaram grande prosperidade. Além de manter intenso comércio com suas colônias, os fenícios circulavam por todo o Mediterrâneo e também pelo Atlântico.

The Bridgeman Art Library/Keystone

The Bridgeman Art Library/Keystone

Vasos fenícios em vidro, século V a.C. Museu do Louvre, Paris, França.

## Artesanato

Os fenícios se destacaram também como artesãos, confeccionando tecidos, joias, perfumes e artefatos de pedra, marfim, metal e de cerâmica (como os vasos que vemos ao lado); além disso, foram, provavelmente, os inventores do vidro transparente. Muitas de suas obras de artesanato, como tecidos de várias cores e estátuas de madeira, não resistiram à ação do tempo. Artefatos fenícios de materiais mais resistentes, achados recentemente nos sítios arqueológicos da cidade de Ugarit, vêm alargando nossa visão da arte e da história fenícia.

## As cidades fenícias

Os fenícios nunca formaram um Estado unificado. As cidades fenícias eram independentes entre si, isto é, cada uma delas possuía seu próprio governo, composto de um rei e um conselho formado, geralmente, por ricos comerciantes e construtores de navios. As principais cidades fenícias, Ugarit, Biblos, Beritos, Sídon e Tiro, disputavam entre si e com seus poderosos vizinhos o controle das principais rotas de comércio.

Entre 1400 e 700 a.C., as cidades fenícias prosperaram, inicialmente sob a liderança de **Biblos**; depois, de **Sídon** e, mais tarde, de **Tiro**. Os mercadores de Biblos trocavam o cedro por papiro com os egípcios. Mais tarde, a palavra "*biblos*", que era como os gregos chamavam o papiro, passou a significar livro.

Foto de Beirute, atual capital do Líbano, 2006. Na Antiguidade, aí se localizava a cidade fenícia de Beritos.

Guido Alberto Rossi/AGF RM/Glow Images

## O alfabeto fenício

A necessidade de facilitar o comércio e agilizar a comunicação com outros povos levou os fenícios a desenvolverem um alfabeto em que cada sinal corresponde a um som, e não a uma ideia ou objeto. Ele possuía 22 letras, todas elas consoantes. Os gregos acrescentaram a elas as vogais. Assim, o alfabeto fenício serviu de base para o grego, que deu origem ao latino, no qual se baseia o nosso alfabeto.

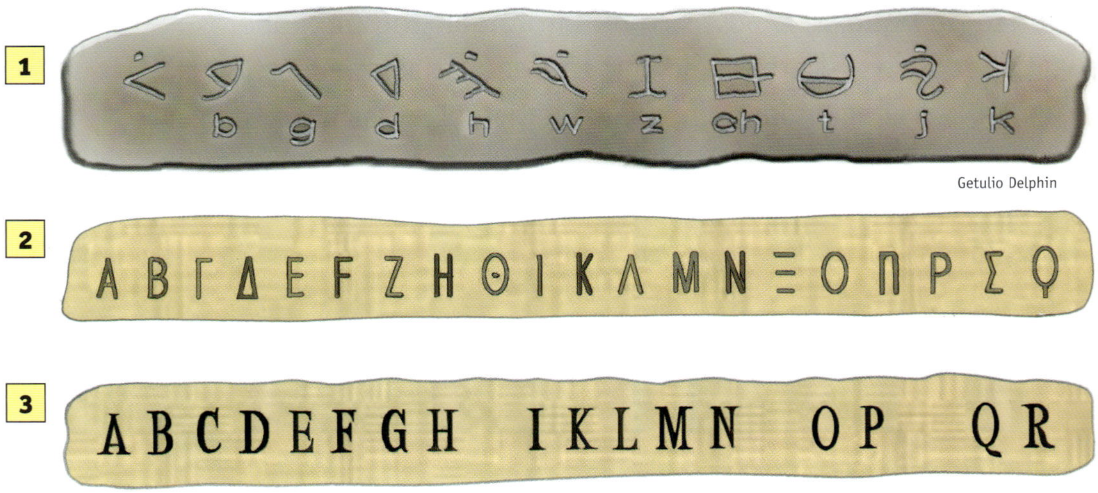


Getulio Delphin

No primeiro friso vemos caracteres do alfabeto fenício copiados de uma placa de argila do século V a.C., encontrada na Ilha de Sardenha, atual Itália; no segundo e terceiro frisos os caracteres do alfabeto grego e o correspondente de cada um deles no alfabeto latino.

**Dialogando...**

Nos dias atuais muitos internautas usam uma linguagem com abreviaturas como "vc" em vez de "você", e ícones para expressar sentimentos; como 😊 para "alegria", e 👄 para beijo.

a) Você usa essa linguagem para falar com seus amigos(as)?

b) Por que será que os jovens de hoje usam essa linguagem?

c) Você se comunica tão bem por meio da língua culta (aquela que aprendemos na escola) quanto a que você usa para enviar mensagens utilizando a internet?

Fernando Favoretto/ Criar Imagem

Adolescentes brasileiros trocando mensagens pelo celular, 2014.

Localizadas numa área de intensa circulação de povos, entre a Ásia, a África e a Europa, as cidades fenícias foram invadidas e conquistadas por impérios como o egípcio, o persa, o macedônico, e o romano. Em 64 a.C., com a conquista das cidades fenícias por Roma, chegava ao fim da história política dos fenícios, mas suas contribuições para a história da humanidade, como o alfabeto, significou uma verdadeira revolução nas comunicações, e continuam presentes em nossas vidas.

# Os persas

A Pérsia situava-se no Planalto do Irã, região montanhosa e com poucas planícies. Ali, a partir do segundo milênio, estabeleceram-se diversos povos, entre os quais os medos e os persas. Durante muito tempo os persas foram dominados pelos medos. Mas, por volta de 550 a.C., um príncipe persa, de nome Ciro, liderou uma rebelião vitoriosa e, depois de dominar os povos da região, fundou o Império Persa.

Visando à conquista de riquezas e povos, o rei Ciro organizou um poderoso exército com o qual expandiu as fronteiras do Império em várias direções. Seus sucessores, Cambises e Dario, comandaram novas conquistas, e, assim, o Império Persa passou a abranger uma área gigantesca que ia do vale do Rio Nilo, no Egito até o vale do Rio Indo, na Índia. Observe o mapa:

**O Império Persa**

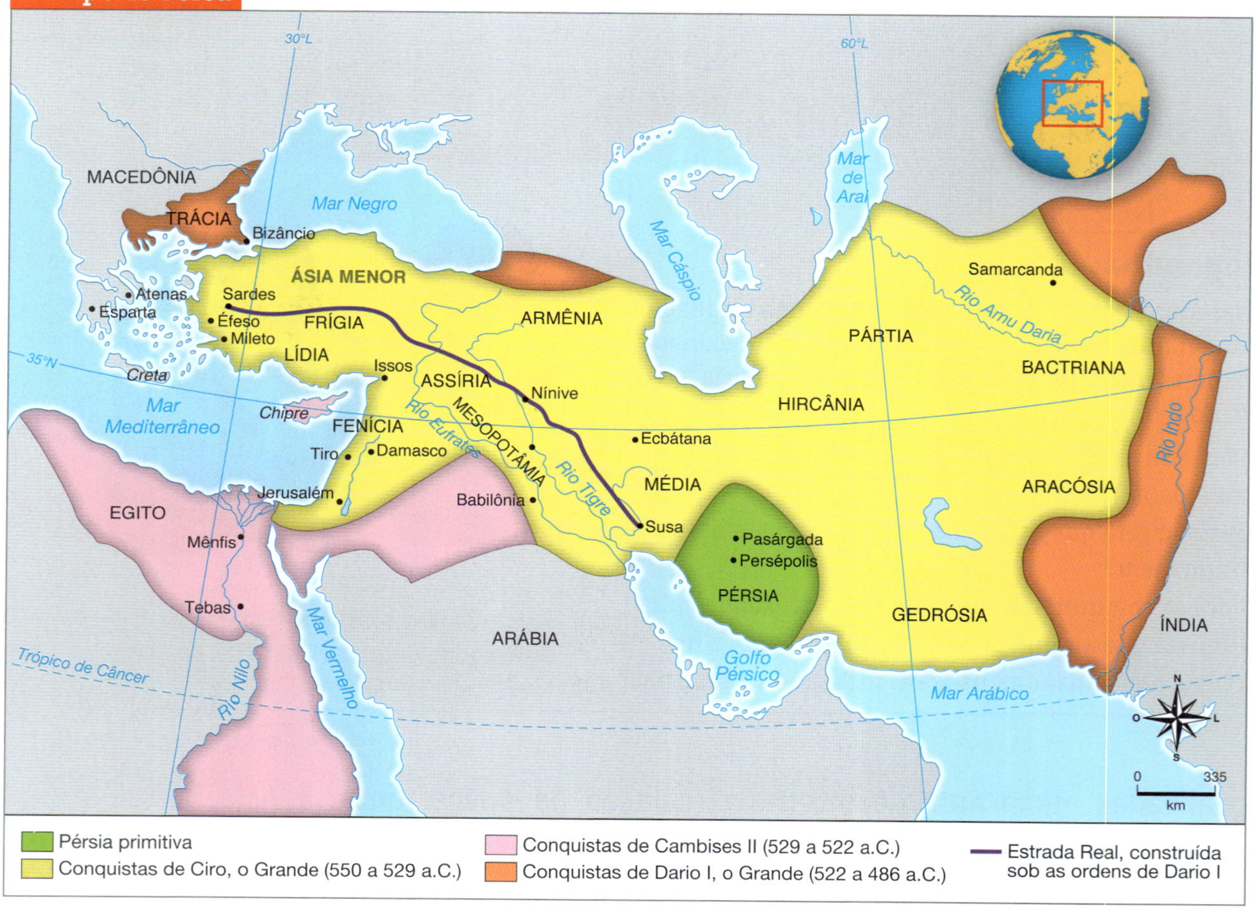


Fonte: KINDERSLEY, Dorling. **World History Atlas**. Londres: DK Publishing, 2005.

Sessenta e quatro anos após o início da sua expansão, o Império Persa chegou à sua extensão máxima, abrigando muitos povos com diferentes línguas, hábitos e religiões.

## Administração do Império

O imperador Dario I manteve o Império dividido em províncias chamadas **satrapias**; e, para administrá-las, nomeou funcionários de sua confiança, os **sátrapas**. Esses funcionários, por sua vez, eram vigiados de perto por inspetores, conhecidos como "olhos e ouvidos do rei".

Os persas permitiam que os povos dominados mantivessem seus costumes e sua religião, mas exigiam que eles servissem no exército persa e pagassem pesados impostos.

1

The Bridgeman Art Library/Keystone

A fim de facilitar a comunicação, o comércio e o deslocamento do exército persa no interior do Império, Dario I mandou construir um eficiente sistema de correios e uma rede de estradas. A principal delas era a Estrada Real, que ligava Susa a Sardes, e tinha cerca de 2600 km de extensão. Para percorrê-la, os corredores reais levavam a cavalo oito dias, sendo cada um deles responsável por um trecho da estrada.

Dario I mandou também cunhar uma moeda única, o que facilitou enormemente o comércio entre todos os povos sob o seu domínio. Entre as muitas mercadorias comercializadas no Império havia magníficas peças de artesanato de ouro, prata e pedras preciosas feitas pelos artesãos persas.

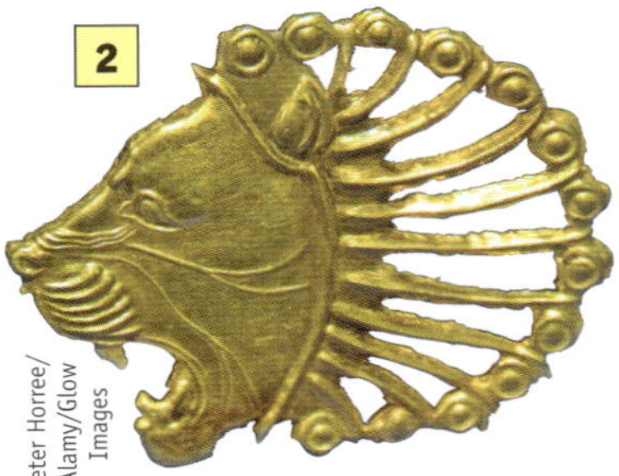

2

Peter Horree/Alamy/Glow Images

**1.** Vê-se relevo da escadaria do Palácio de Apadana, c. 515 a.C., Persépolis, Irã.

**2.** Joia persa em formato de cabeça de leão de ouro, 600-500 a.C.

## A religião persa

Os persas tinham uma religião antiga que foi reformada por Zoroastro (628-551 a.C.), também chamado de Zaratustra. Para o **zoroastrismo**, o Universo é palco de uma luta permanente entre bem e mal, verdade e mentira.

Por isso se diz que o zoroastrismo é dualista. Sua doutrina está contida no livro sagrado **Avesta**.

Nessa religião, há um deus supremo, Ahura Mazda, que representa o bem, a luz e é o criador de todas as coisas boas; seu maior adversário é Arimã, que representa o mal, a destruição, as trevas. O zoroastrismo acredita no julgamento dos mortos e na vida eterna para os justos.

**Dialogando...**

Sabendo-se que a Estrada Real possuía 2600 km de extensão e que os corredores reais a percorriam a cavalo em 8 dias, pergunta-se: quantos quilômetros os corredores reais percorriam, em média, por dia?

# ATIVIDADES

## I. Retomando

**1.** Leia o texto a seguir com atenção.

Rob Melnychuk/Shutterstock/Glow Images

Leitura da **Torá**.

### Torá

Os cinco primeiros livros da **Bíblia** constituem a **Torá**, ou Pentateuco; aí lemos a história da criação do mundo e a dos dez mandamentos que Deus entregou a Moisés, base da ética judaica. Ao longo dos séculos surgiram muitos comentários sobre a **Torá**, os quais foram reunidos no *Talmud* – obra que transmite lições de maneira sintética e curiosa. Por exemplo: "Há quatro tipos de homens. O **vulgar** diz: o que é meu é meu; o que é teu é teu. O excêntrico diz: o que é meu é teu, o que é teu é meu. O malvado diz: o que é meu é meu, o que é teu também é meu. O santo diz: o que é teu é teu, o que é meu é teu também".

**Vulgar**
No texto, "homem vulgar" está como sinônimo de homem comum.

SCLIAR, Moacyr. **ABC do mundo judaico**. São Paulo: Edições SM, 2007. p. 39.

**a)** Identifique a afirmativa **incorreta** e, no caderno, corrija-a.

I. A **Torá** é o livro sagrado do judaísmo e corresponde ao Pentateuco, na Bíblia.

II. Na **Torá** pode-se ler uma versão religiosa da criação do mundo.

III. A **Torá** é também uma importante fonte para o estudo dos hebreus.

IV. A **Torá** é tão importante para os hebreus que, no judaísmo há uma festa chamada Yom Kippur.

**b)** De acordo com o *Talmud*, quais e quantos são os tipos de homens existentes?

**c)** Com qual dos tipos você se identifica? Justifique.

**2.** **Com base na história dos hebreus, associe as palavras em destaque com as suas respectivas definições.**

**JUÍZES** **FILISTEUS** **PATRIARCAS** **PROFETAS** **REIS**

a) Homens vistos como mensageiros de Deus.
b) Líderes de todas as tribos hebraicas.
c) Chefes políticos, militares e religiosos.
d) Chefes de famílias que lideravam as comunidades hebraicas.
e) Habitantes do litoral sul da Palestina.

**3.** **Após serem duramente reprimidos pelos romanos, os judeus se dispersaram pelo mundo (diáspora). Mesmo dispersos, os judeus mantiveram-se fiéis às suas tradições e passaram a se reunir em sinagogas. A imagem a seguir é de uma sinagoga erguida na cidade de Recife.**

Rubens Chaves/Pulsar

Sinagoga Kahal Zur Israel, em Recife.

a) O que é uma sinagoga?
b) Quando os judeus começaram a construí-las?
c) Na sua cidade há alguma sinagoga? Qual?

**4.** **Observe os quatro objetos da cultura material do povo fenício:**

The Bridgeman Art Library/Keystone

Relevo do século I a.C. representando barco fenício.

The Bridgeman Art Library/Keystone
Christie's Images/The Bridgeman Art Library/Keystone
The Bridgeman Art Library/Keystone

Joalheria fenícia.

De Agostini Picture Library/G. Dagli Orti/ The Bridgeman Art Library/Keystone

Moeda cartaginesa, século IV a.C. Civilização fenícia.

The Bridgeman Art Library/Keystone

Escrita com caracteres do alfabeto fenício, 900 a.C., peça encontrada na Itália.

**Escreva um pequeno texto histórico sobre os fenícios relacionando os elementos representados nas imagens.**

**5.** **O texto abaixo é parte de uma descrição do comércio no porto fenício de Tiro, feita por Ezequiel, profeta bíblico, que teria vivido por volta dos séculos VII-VI a.C. Leia-o com atenção.**

Javan (Jônia, na Ásia Menor) negociava contigo, dando-te em troca escravos e utensílios de bronze e ferro forjado. A Síria fornecia [...] púrpura, bordados, linho fino, coral e rubis.

Judá e Israel permutavam contigo trigo, [...] mel, azeite e bálsamo. Damasco fornecia-te vinho e lã branca.

Os príncipes árabes negociavam cordeiros, carneiros e bodes. Os negociantes de Saba (na Arábia) proviam os teus mercados de todas as espécies de perfumes raros, pedras preciosas e ouro.

Pelo comércio das mercadorias, que saíam para além dos mares, fartavas povos numerosos; pela grandeza do teu comércio, enriquecias os reis da terra.

ISAAC, Jules; ALBA, André. **Oriente e Grécia**. São Paulo: Mestre Jou, 1964. p. 105.

a) Segundo o texto, com quais territórios os fenícios negociavam?

b) Qual era a principal via de comércio usada pelos fenícios?

c) A partir da descrição de Ezequiel, o que podemos aprender a respeito do comércio feito pelos fenícios? Use suas próprias palavras.

**6. Os fenícios inventaram um alfabeto fonético.**

a) Que vantagens isso trouxe para eles?

b) Qual é a importância para a sua vida do ato de saber ler e escrever?

c) Cite algumas dificuldades pelas quais passa uma pessoa analfabeta.

**7. Em grupo: pesquisem sobre Israel, Líbano e Irã. Procurem em livros, jornais, enciclopédia, revistas e na internet informações atuais, como:**

a) países com os quais fazem fronteiras;

b) idioma e moeda oficial;

c) principais atividades econômicas;

d) forma de governo;

e) religião da maioria da população;

f) aspectos do cotidiano (habitação, vestuário, alimentação, costumes, festas etc.).

**Em seguida, montem um jornal-mural sobre esses países, com textos e imagens (mapas, fotografias etc.).**

**Indicações de *sites* para a pesquisa:**

- <http://ftd.li/5dkynj>. Acesso em: 29 maio 2015.
- <http://ftd.li/6qyi4t>. Acesso em: 29 maio 2015.
- <http://ftd.li/coyoyx>. Acesso em: 29 maio 2015.

# II. Leitura e escrita em História

## a. Leitura e escrita de textos

### VOZES DO PASSADO

**O texto a seguir foi encontrado na sepultura de Dario I, escavada em uma rocha perto de Persépolis. O texto original deve ter sido encomendado por ele a um escriba ou sacerdote. Leia-o com atenção e responda:**

Relevo representando Dario I, localizado nas ruínas de Persépolis, no atual Irã. Séculos VI-V a.C.

1. Um grande deus é Ahura Mazda, que criou este [mundo] excelente que se vê, que deu felicidade ao homem, que concedeu sabedoria e atividade ao Rei Dario.
2. Fala o Rei Dario: por [vontade] de Ahura Mazda [...] do justo sou amigo, do mau não sou amigo. Não é meu desejo que o poderoso cause dano ao fraco. Nem este é meu desejo, que o fraco cause dano ao poderoso.
3. O que é justo: este é o meu desejo. Não sou amigo do homem mentiroso. Não sou impulsivo. [...]. Domino[-me] firmemente.
4. O homem que colabora, segundo a colaboração eu o recompenso. Quem causa dano, segundo o dano eu o puno. Não é meu desejo que um homem cause dano. Nem é meu desejo que alguém que cause dano não seja punido.
5. O que um homem diz contra um (outro) homem não me convence, até que eu ouça o testemunho [jurado] dos dois.

   [...]
6. Oh, súdito! Tenha claro, com força, o quão grande eu sou, quão grande é a minha habilidade, quão grande é a minha superioridade. [...].

ASHERI, David. **O Estado persa.** São Paulo: Perspectiva, 2006. p. 75-77.

a) Quem, segundo Dario, lhe doou a sabedoria e a capacidade que ele possui?

b) Em nome de quem o rei Dario diz estar falando?

c) É correto dizer que neste trecho o rei Dario procurou mostrar-se imparcial?

d) Selecione e copie um trecho em que Dario se apresenta como um homem justo.

e) Levante uma hipótese: por que Dario faz questão de dizer que tudo o que ele é se deve a Ahura Mazda?

## b. Cruzando fontes

Leia a fonte 1 (texto) e observe a fonte 2, pintura do artista russo de origem judaica, Marc Chagall (1887-1985).

**Fonte 1**

[...] Os filhos de Israel entraram pelo meio do mar em seco; as águas formaram como um muro à sua direita e à sua esquerda. Os egípcios que os perseguiam entraram atrás deles – todos os cavalos de Faraó, os seus carros e os seus cavaleiros – até o meio do mar... Iahweh disse a Moisés: "Estende tua mão sobre o mar, para que as águas se voltem contra os egípcios, sobre os seus carros e sobre os seus cavaleiros". Moisés estendeu a mão sobre o mar e, ao romper da manhã, o mar voltou para o seu leito, tanto que, ao fugir, os egípcios foram de encontro a ele. E Iahweh derribou os egípcios no meio do mar. As águas voltaram e cobriram os carros e cavaleiros de todo o exército do Faraó, que os haviam seguido (os filhos de Israel) no mar; e não escapou um só deles.

Êxodo, 14, 21-23; 26-28.

**Fonte 2**

Marc Chagall. Séc. XIX. Litogravura. Centre Georges Pompidou, Paris. Foto: Album/AKG-Images/Latinstock

**A travessia do Mar Vermelho**, litogravura de Marc Chagall, século XIX.

a) Há relação entre o texto e a imagem? Qual?

b) Como Moisés, o líder dos hebreus, está representado no quadro?

c) Quem está guiando os hebreus através do mar?

d) O que está acontecendo com os hebreus? E com os egípcios?

e) O que o anjo à direita na pintura está mostrando aos egípcios?

f) **Em dupla**: pesquisem sobre Marc Chagall e respondam: que relação suas pinturas mantêm com a cultura hebraica?

**Indicações de *sites* para a pesquisa:**

- <http://ftd.li/dh9fmt>. Acesso em: 9 maio 2015.
- <http://ftd.li/e766wt>. Acesso em: 9 maio 2015.

## III. Você cidadão!

**O texto a seguir é atribuído ao profeta Amós. Leia-o com atenção.**

> Portanto, já que explorais o pobre e lhe exigis tributo de trigo, edificareis casas de pedra, porém não habitareis nelas; plantareis as mais excelentes vinhas, porém não bebereis do seu vinho. Porque eu conheço [...] os vossos graves pecados: atacais o justo, aceitais subornos e rejeitais os pobres à sua porta. [...] Buscai o bem, e não o mal, para que vivais, e o Senhor Deus dos exércitos estará convosco [...].
>
> Amós, 5, 11-14.

Ricardo Azoury/Olhar Imagem

Amós, obra de Aleijadinho.

a) **Localize** e copie em seu caderno o trecho do texto em que são prometidos castigos aos que exploram o pobre.

b) **Debatam** e **opinem**: nos dias atuais, há pessoas que aceitam subornos? O que você pensa disto?

# 9 CHINA

Zhang Chaoqun/Xinhua Press/Corbis/Latinstock

Uma criança empina pipa na Praça Renmim, Wuhai, China, 2013. Há pipas de vários modelos, tamanhos e cores; há competições em várias partes do Brasil que reúnem milhares de apaixonados por pipa.

Você já empinou pipa? Gosta? Pois é, pipa é um brinquedo que atrai pessoas do Brasil todo; mas os nomes dados a esse brinquedo variam de uma região para outra; conheça alguns deles. No Norte – arraia, curica; no Nordeste – bolacha, estrela; no Centro-Oeste – raia, pipa; no Sul – pandorga, papagaio; no Sudeste – cafifa, quadrado. Você sabia que a pipa é uma invenção chinesa? Que outras invenções chinesas você conhece? Por que será que essa civilização antiga continua interessando tanto as pessoas? O que você sabe sobre a China atual? Faça uma pesquisa rápida para saber população, território e posição geográfica desse país.

**A China antiga**

Allmaps

Fonte: ATLAS da História do mundo. São Paulo: Folha de S.Paulo/Times Books, 1995. p. 62.

# A China antiga

Acredita-se que o berço da civilização chinesa tenha sido o vale do Rio Huang-Ho (Rio Amarelo), onde desde 5000 a.C. já havia grupos humanos vivendo de modo sedentário. A exemplo do que ocorreu no Egito com o Nilo, o Rio Amarelo favoreceu o desenvolvimento da agricultura na China. Observe o mapa ao lado.

Chu Yongzhi/ChinaFotoPress/ Zumapress/ Easypix

O povo chinês é formado por diferentes etnias, das quais a mais numerosa é de nome Han. Na fotografia, adolescente da etnia Han, 2009.

**Loess**
Solo fértil de coloração amarela formado por sedimentos depositados pela ação dos ventos. É excelente para o cultivo.

**Painço**
Cereal originário da China. Algumas espécies são usadas na alimentação de animais e outras na alimentação humana.

Os grupos que viviam no vale fértil do Rio Amarelo aproveitavam as águas desse rio e o solo de **loess** para cultivar cereais como o **painço** e, mais tarde, o arroz. Além disso, criavam animais como porcos, cachorros, bois e cabras. As figuras a seguir mostram cenas do dia a dia dos camponeses na China antiga.

Repare nesses desenhos feitos pelos chineses por volta de 2000 a.C. Entre as atividades representadas, vemos o transporte de alimentos (2) e de instrumentos de trabalho (3, 4 e 5).

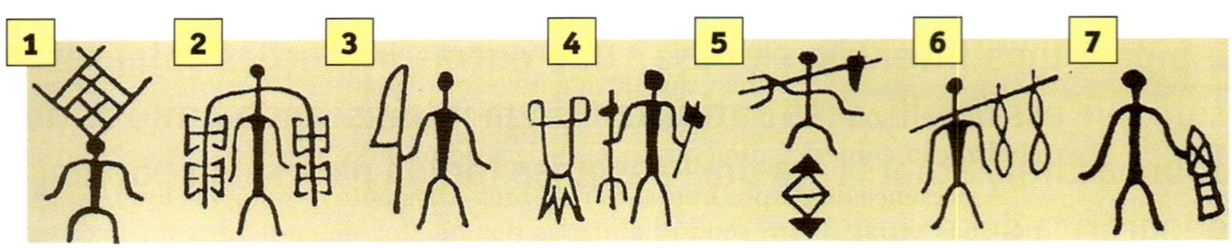


Museu Del Prado, Madri

## Duas culturas, dois estilos

Naquele tempo, os chineses já usavam a cerâmica para fazer panelas, bacias, jarros, taças e potes para guardar alimentos. Eles se tornaram conhecidos pelos estilos de suas peças de cerâmica. Dois deles ganharam maior relevância: o Yangshao e Longshan.

1

Wener Forman Acchive/The Bridgeman Art Library/Keystone

2

The Bridgeman Art Library/ Keystone

1. Vaso da cultura Yangshao, Período Neolítico. Museu de Arte e História de Shangai.
2. Vaso da cultura Longshan, 2º milênio a.C.

Os chineses também já conheciam a seda, como mostram os restos de casulos de **bichos-da-seda** desenterrados por arqueólogos. Por meio de uma roca de fiar feita de pedra, eles produziam fios com os quais teciam suas roupas.

**Bicho-da-seda**
Larva de uma espécie de mariposa.

Dennis Cox/Alamy/Latinstock

Na China atual, principalmente nas regiões rurais, ainda é comum encontrar mulheres que fiam e tecem, enquanto homens trabalham nas plantações.

## Para saber mais

### "O país da seda"

Tecido leve e macio, a seda chinesa era e continua sendo muito apreciada. Produzida pelos chineses há mais de 2 mil anos e consumida pelos europeus desde a época do Império Romano, a seda foi uma fonte de lucro permanente para a China. Por isso, o governo da China antiga ameaçava de morte aqueles que revelassem o segredo da feitura da seda a estrangeiros. No século VI d.C., porém, espiões europeus descobriram que a seda era feita com o fio delicado que os chineses retiravam dos casulos dos bichos-da-seda. Observe a seguir o modo como era feita a seda por volta do século VIII d.C.

**1.** O primeiro passo era plantar amoreiras, serviço feito pelos homens; já o serviço de colher as folhas das amoreiras era feito pelas mulheres.

**2.** Posteriormente, as folhas das amoreiras eram usadas para alimentar os bichos-da-seda. Eles eram criados em prateleiras cobertas especialmente produzidas para esse fim.

Ilustrações: Mozart Couto

**3.** No passo seguinte, os vários fios dos bichos-da-seda eram mergulhados em água quente, separados com varetas de madeira e enrolados em bobinas. Note o menino ajudando a manter o fogo aceso sob o caldeirão de água.

**4.** O fio era enrolado no fuso e torcido por meio de uma roda de fiar. O trabalho de fiação era repetitivo, exigia paciência. O ofício de fiandeira era reservado às mulheres.

**5.** Os fios eram tingidos e, depois, tecidos num tear manual. Produziam-se tanto tecidos lisos quanto estampados. O trabalho exigia atenção e bom gosto e também era feito por mulheres. Estas aprendiam a fazê-lo em casa com suas mães desde meninas.

**6.** Depois, o tecido era batido com pás de madeira para ficar macio. Em seguida, passado com ferro quente. Vendia-se a seda em peças inteiras ou na quantidade solicitada pelo freguês.

Fonte das ilustrações: KAN, Lai Po. **Os chineses**. São Paulo: Melhoramentos, 1991. p. 34-35.

## Dinastias chinesas

A história da China antiga presenciou uma constante disputa de poder entre os imperadores e a nobreza. Como resultado de uma série de alianças e disputas, por volta de 1750 a.C., a família Shang chegou ao poder e fundou a primeira **dinastia** da China cuja existência foi comprovada por vestígios arqueológicos.

A história política da China antiga pode ser dividida em:

**Dinastia**
Série de soberanos pertencentes à mesma família.

| | | |
|---|---|---|
| **Shang (1750 a.C.-1122 a.C.)** | • Primeira dinastia chinesa cuja existência é comprovada pela Arqueologia.<br>• Desenvolvimento da escrita e do trabalho com o bronze (armas, urnas funerárias e carros de guerra).<br>• Expansão por meio das guerras de conquista. | Asian Art & Archalology/ Corbis/Latinstock  Objeto da cultura material Shang. |
| **Chou (1122 a.C.-481 a.C.)** | • Reinaram por cerca de 600 anos.<br>• Aliaram-se aos nobres do interior e também expandiram o território por meio da guerra.<br>• Parte das terras conquistadas foi doada aos nobres que, com isso, se fortaleceram e transformaram seus domínios em sete principados independentes. | The Bridgeman Art Library/Keystone  Espelho de bronze, dinastia Chou. |
| **Era dos reinos combatentes (481 a.C.-221 a.C.)** | • Os sete principados disputaram o poder entre si. A vitória coube ao príncipe de Qin, Shi Huang Di, que fundou o Império Chinês (221 a.C.). | The Bridgeman Art Library/Keystone  Copo de laca do período dos reinos combatentes. |
| **Império Qin (221 a.C.-210 d.C.)** | • O imperador Shi Huang Di tomou uma série de medidas:<br>- obrigou os chefes dos antigos principados a entregarem suas armas, que foram derretidas e transformadas em estátuas;<br>- adotou um sistema único de pesos e medidas, uma única escrita e as mesmas leis para o país inteiro;<br>- promoveu concursos para o preenchimento de cargos públicos;<br>- deu continuidade ao trabalho de construção da Muralha da China. | Akg-Images/Latinstock  Soldado de terracota encontrado no túmulo do imperador Shi Huang Di. |

## *Para saber mais*

### Poder e arquitetura

Chu Yong/Getty Images

John Goulter/age fotostock/Easypix

Esculturas de terracota no sítio arqueológico do Mausoléu de Shi Huang Di em Xianyang, China.

As estátuas que vemos nessas fotos foram encontradas por camponeses do condado de Lintong, na China, em 1974, durante a escavação de um poço em uma área afastada. Chamados ao local, arqueólogos chineses descobriram, surpresos, que estavam diante do que viria a ser um dos sítios arqueológicos mais famosos do mundo.

Eram militares, membros da cavalaria (repare que eles estão representados com lanças na mão direita). Shi Huang Di, o primeiro imperador da China, mandou construir esse exército enorme a 1500 metros do seu túmulo. Provavelmente, a intenção do imperador era que esses soldados o servissem após a morte e protegessem seu mausoléu. São estátuas em tamanho natural feitas de terracota (argila cozida em forno). O mais impressionante é que as figuras não foram feitas a partir de moldes: cada figura foi esculpida individualmente. Elas são diferentes umas das outras: possuem traços, roupas e penteados próprios. Alguns possuem barba ou bigode, outros não. Tudo isso é indicativo da posição que ocupavam na hierarquia militar. Os troncos e os membros superiores são ocos, enquanto as pernas são maciças para dar sustentação ao corpo.

Nessa grande obra foram utilizados cerca de 700 mil trabalhadores forçados. Há quem diga que depois de alguns anos de serviço esses homens eram enterrados vivos a mando do imperador, para não dizerem nada a ninguém a respeito da obra que estavam realizando.

Observando a grandiosidade da obra (cerca de 7000 guerreiros) e o número de trabalhadores envolvidos nessa construção (700 mil), pode-se afirmar que o primeiro imperador chinês tinha um imenso poder.

Note que essas estátuas chinesas guardam semelhanças com as pirâmides egípcias no que se refere à intenção com que foram feitas (perpetuar a memória e o prestígio do monarca para além da vida) e também ao modo como foram feitas (à custa da vida e do suor de milhares de trabalhadores).

## *Para refletir*

### A Grande Muralha

A Grande Muralha, a maior edificação do planeta, atravessa montanhas, desertos e planícies, de leste a oeste da China, por cerca de 5 mil quilômetros. No entanto, ela não "nasceu" grande nem foi obra de uma única dinastia.

Acredita-se que a construção começou na dinastia Chou e teve continuidade na época dos sete principados, quando cada um deles ergueu suas próprias muralhas para se defender dos outros. Depois, o imperador Shi Huang Di deu ordem para derrubar parte dessas várias muralhas para construir uma única. E assim foi feito. Seu objetivo era defender a China dos ataques dos hunos e, é claro, fortalecer o seu poder pessoal.

Nas dinastias seguintes os trabalhos de construção foram retomados. Mas foi na dinastia Ming (1368-1644) que a muralha atingiu sua extensão máxima e a forma que tem hoje. Não se sabe quanto tempo nem quantos trabalhadores foram usados na sua construção; diz a tradição que foram 1 milhão de trabalhadores forçados.

A imensa muralha possui milhares de torres de observação, passagens internas e **tocheiros** que eram usados para comunicar rapidamente um ataque inimigo. Posicionadas nas torres, que chegam a possuir 12 metros de altura, as sentinelas avisavam do perigo acendendo tochas, usando bandeiras coloridas e sinais de fumaça; a mensagem ia de um extremo a outro da China, em questão de horas.

Em 1987, a Muralha da China foi considerada Patrimônio Cultural Mundial pela Unesco. Mas hoje é mais um patrimônio ameaçado de destruição. As pichações, o lixo acumulado, as pedras retiradas da Grande Muralha pelos turistas e levadas para casa como "lembrança" e o descaso das autoridades têm contribuído para sua degradação.

Vista de parte da Grande Muralha. A largura da muralha chega a 7 metros; já a sua altura varia entre 6 e 9 metros.

**Tocheiro**
Castiçal para tocha.

maoyunping/Shutterstock/Glow Images

a) Com qual intenção a muralha foi construída?

b) De que forma as sentinelas comunicavam um ataque inimigo?

c) Quais os meios de comunicação usados para transmitir um ataque inimigo hoje?

d) Por que a Muralha da China está ameaçada de destruição?

e) **Em grupo**. Debatam, reflitam e opinem: o que poderia ser feito para a conservação desse importante patrimônio cultural da humanidade?

## A dinastia Han: trocas culturais com o Ocidente

Com a morte de Shi Huang Di ocorreu uma disputa pelo poder, vencida por Liu Bang, que, em 202 a.C., fundou a dinastia Han. Essa dinastia apoiou-se na nobreza e em seus exércitos particulares para expandir o império e defendê-lo dos ataques externos.

**Expansão da China**

Allmaps

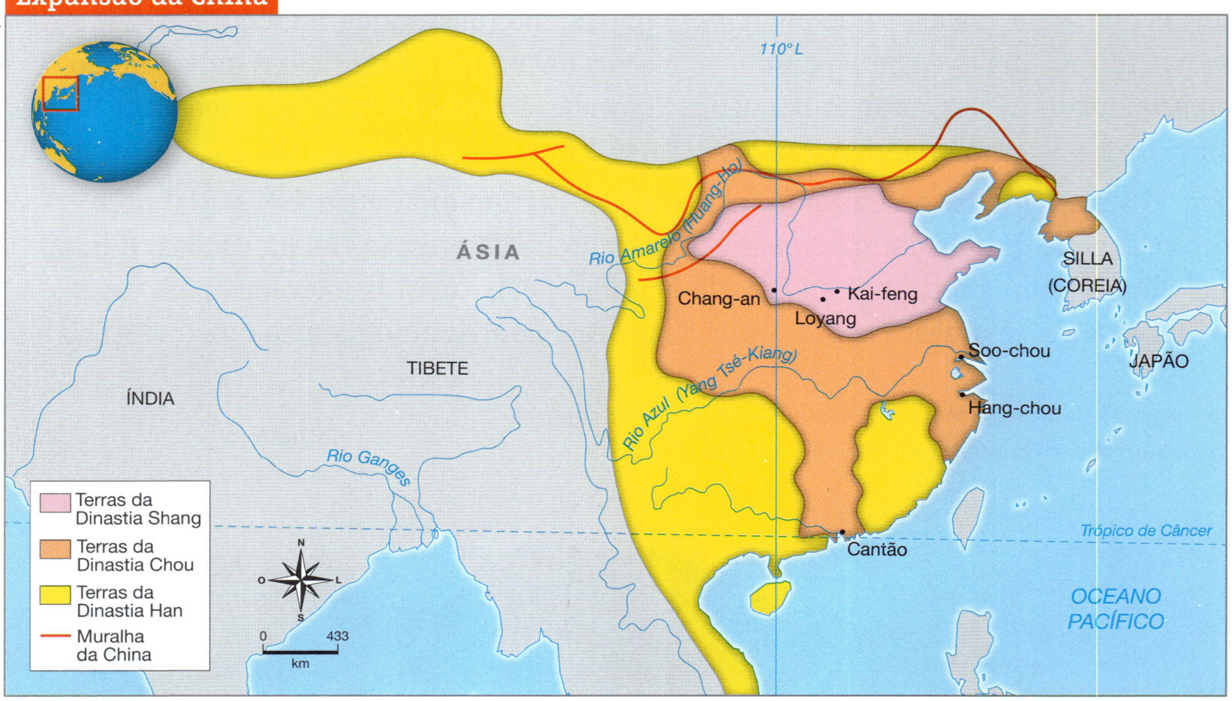


Fonte: CHINA antiga. Rio de Janeiro: José Olympio, 1969. (Biblioteca de História Universal Life).

**Dialogando...**

**Observe o mapa com atenção. Como se vê, as primeiras dinastias chinesas adotaram uma política de expansão do território chinês e de submissão dos povos vizinhos.**

a) Qual das dinastias conquistou mais terras ao sul?

b) Qual conquistou mais terras a oeste?

c) Em que região está situada a Muralha da China?

Enquanto expandiam seu território, os chineses estabeleceram contatos comerciais com outro grande império, o Império Romano. Atraídos pela seda, que logo se tornou o produto chinês mais cobiçado no Ocidente, os mercadores romanos visitaram a China pela primeira vez em 166 d.C. E, desde então, chineses e romanos efetuaram intensas trocas comerciais e culturais.

Caravanas chinesas partiam do vale do Rio Amarelo, carregadas de seda, joias, artesanato de luxo, e seguiam pela chamada rota da seda até o Oriente Médio. De lá, as mercadorias eram distribuídas por outros comerciantes por todo o Império Romano.

**Rota da seda**

Fonte: ATLAS histórico escolar. Rio de Janeiro: FAE, 1991. p. 106.

## Técnica e economia

Na dinastia Han ocorreu também um acentuado progresso técnico. Os chineses aperfeiçoaram a produção do ferro e o uso do arado puxado por bois. Além disso, inventaram o moinho movido a água, usado para moer cereais, o papel e o carro de mão, extremamente útil numa época em que os caminhos eram tortuosos e estreitos.

Com os avanços técnicos e o incentivo do governo, os chineses conseguiam produzir maiores quantidades de alimentos, de objetos de ferro e de tecidos. Com isso, o artesanato se diversificou e o comércio se expandiu favorecido por uma rede de estradas construídas e mantidas pelo governo.

Wang Song/Xinhua Press/Corbis/Latinstock

O uso do carro de mão tornou possível o transporte de cargas pesadas.

## A sociedade

A antiga sociedade chinesa tinha uma hierarquia rígida; o imperador ocupava o topo da pirâmide social e os camponeses, a base.

Os **nobres** possuíam as maiores e melhores terras, cultivadas por centenas e até milhares de camponeses. Muitos nobres possuíam homens armados a seu serviço, o que lhes dava um enorme poder dentro e fora de seus domínios. Nas famílias da nobreza, o homem tinha poder sobre os filhos, sobre suas várias esposas e, ainda, julgava os conflitos e crimes ocorridos nas suas terras.

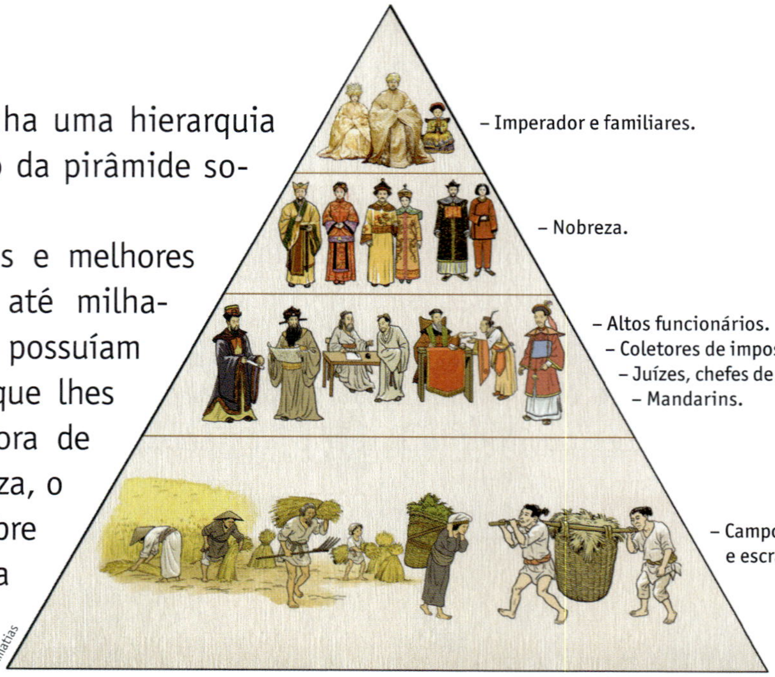


Rmatias

Da nobreza saíam os altos funcionários (coletores de impostos, juízes, chefes de polícia e **mandarins**). Com o tempo, a sociedade imperial chinesa se diversificou: aumentou o número de artesãos, comerciantes, funcionários públicos e escravos (geralmente, ex-prisioneiros de guerra).

**Mandarim**
Conselheiro, ministro na China antiga.

Os **camponeses** constituíam a imensa maioria da população e produziam alimentos para quase toda a sociedade. Eles trabalhavam a terra dos nobres em troca de uma pequena parte da colheita e, além disso, tinham direito de cultivar um pequeno terreno para o sustento de sua família. Trabalhavam também nas grandes obras públicas (canais de irrigação e muralhas etc.) e serviam como soldados nas guerras promovidas pelo império. Porém, quando ocorriam enchentes, guerras ou secas prolongadas, os camponeses passavam fome – isso ajuda a explicar por que explodiram violentas revoltas camponesas durante a dinastia Han.

Rene Mattes/Hemis/Corbis/Latinstock

Lavoura de arroz na província de Guangxi, região de Longsheng, 2012. Os camponeses são um grupo social numeroso e marcante na história da China.

# Filosofia, religião e política

No caso dos antigos chineses, **religião** e filosofia estão relacionadas. As duas mais importantes correntes filosóficas e religiosas surgidas na China antiga são o confucionismo e o taoísmo.

**Religião**
É um conjunto de crenças, normas e valores partilhados por um grupo, comunidade ou povo; lembrar que a religião é sempre coletiva.

**Equidade**
Senso de justiça; julgamento imparcial.

## Confucionismo

O filósofo Confúcio (551-479 a.C.) valorizava, sobretudo, dois princípios: a **equidade** (yi) e a generosidade (yen). E, também, o respeito, a harmonia, a tolerância e o culto aos antepassados. Para ele, a base de toda a sociedade está na família. A família ideal é aquela em que os jovens respeitam os mais velhos, os filhos obedecem aos pais, a esposa obedece ao marido e aos sogros. Para Confúcio, o aperfeiçoamento do indivíduo conduziria ao aprimoramento da sociedade. A família deveria manter-se sempre unida, e os filhos, mesmo quando casados, devem cuidar dos pais, especialmente quando idosos ou doentes.

Blend Images/Alamy/Glow Images

É muito comum, até hoje, nas famílias chinesas, vermos avós, pais, filhos e netos morando na mesma casa, como se vê nesta fotografia recente.

## Taoísmo

Os fundamentos do taoísmo estão na obra do filósofo Lao-tse, cujo nome significa "Velho Mestre". Lao-tse valorizava a vida modesta, o ideal de igualdade entre as pessoas e dizia que a alma da pessoa que vivesse com simplicidade teria um lugar melhor no céu. Com isso, atraiu muitos trabalhadores pobres e, em pouco tempo, o taoísmo tornou-se a religião mais popular da China.

De acordo com o taoísmo, o universo é regido por duas forças opostas e complementares: **yin** e **yang**. A harmonia e o equilíbrio do universo estariam na união dessas forças, sem o predomínio de uma sobre a outra, formando assim uma unidade, o tao. Veja a representação dos dois princípios.

Marcelo Camacho/Conexão

O yin representaria a noite, o frio, a passividade e a feminilidade, enquanto o yang seria o dia, o calor, a atividade e a masculinidade. Cada um desses opostos possuiria um pouco do outro: o positivo, por exemplo, teria um pouco do negativo e vice-versa; o masculino, por sua vez, teria um pouco do feminino e vice-versa.

O yin e o yang também serve de base para a acupuntura, tratamento utilizado na medicina tradicional chinesa.

## Para refletir

### Acupuntura

Para a acupuntura, o ser humano é feito de matéria e energia, que circula pelo corpo todo; quando ocorre um bloqueio nessa circulação, o equilíbrio se rompe e surgem as doenças. A acupuntura consiste no uso de agulhas finíssimas para liberar os canais por onde essa energia vital corre e, assim, harmonizar o corpo e a mente.

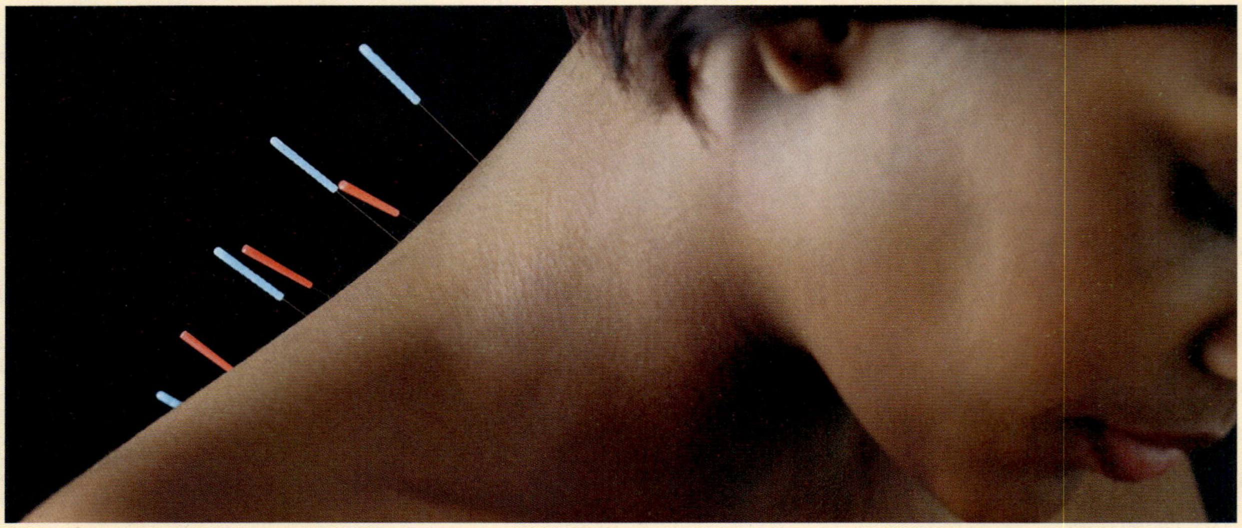

Jon Feingersh/Getty Images

Na foto, detalhe de uma aplicação de acupuntura, tratamento terapêutico utilizado na medicina tradicional chinesa.

Amplie seu conhecimento sobre acupuntura lendo o texto a seguir.

> Quando um órgão está debilitado, determinados pontos da pele manifestam maior sensibilidade. Observando esse fenômeno, há mais de 3 mil anos, os chineses concluíram que cada órgão possui um correspondente ponto específico que, uma vez estimulado, pode aliviar a dor, prevenir e até tratar doenças. Assim nasceu a acupuntura, uma das mais importantes técnicas da Medicina Tradicional Chinesa (MTC), introduzida no Brasil há mais de 40 anos. [...]
>
> Os especialistas garantem que a técnica é indicada para todos, até mesmo para as crianças. [...] A única particularidade é que, de acordo com os fundamentos da MTC, o paciente deve ser avaliado de forma integral [...]. Assim, o médico o escutará, perguntará e fará o exame físico, que inclui a verificação de seu pulso (parte fundamental do diagnóstico) [...].

ALMEIDA, Cristina. Os benefícios da acupuntura. **Viva Saúde**, 7 ago. 2013. Disponível em: <http://revistavivasaude.uol.com.br/bem-estar/os-beneficios-da-acupuntura/1150/>. Acesso em: 13 fev. 2015.

- Você sabe se a acupuntura é reconhecida no Brasil?

# ATIVIDADES

## I. Retomando

**1.** **Importantes civilizações antigas, como a Mesopotâmia, o Egito, a Núbia, a China e a Índia se desenvolveram nas margens de rios, por isso são chamadas de civilizações fluviais. Monte uma tabela informando a localização delas e os nomes dos rios em torno dos quais se formaram.**

**2.** **Qual a importância do Rio Amarelo para a fixação de grupos humanos na China? Por que ele recebeu esse nome?**

**3.** **Observe os desenhos da página 176. Em seguida, responda.**

a) Que cereais eles carregavam na época em que esses desenhos foram feitos?

b) Por que será que esses modos tradicionais de transporte de cereais e instrumentos agrícolas são usados ainda hoje na China? Você saberia dizer por que, se o país é um dos que mais crescem no mundo?

**4.** **Compare o governo do imperador persa Dario I com o do imperador chinês Shi Huang Di procurando identificar as semelhanças. Se necessário, releia a parte do capítulo anterior relativa aos persas.**

**5.** **Identifique a afirmativa incorreta e, no caderno, corrija-a.**

**Para aumentar seu poder e diminuir o dos nobres, o imperador Shi Huang Di tomou uma série de medidas:**

a) obrigou os chefes dos antigos principados a se mudarem para a capital e a entregarem suas armas, que foram derretidas e transformadas em estátuas.

b) adotou um sistema único de pesos e medidas.

c) adotou uma única escrita e as mesmas leis para o país inteiro.

d) promoveu concursos para o preenchimento de cargos públicos.

e) ordenou a destruição da Grande Muralha, nome dado a uma fortificação que protegia apenas o seu palácio.

**6.** **Substitua os símbolos por palavras produzindo um período historicamente correto.**

Os * constituíam a imensa maioria da população e produziam os * para quase toda a sociedade. Eles trabalhavam a *** em troca de uma pequena parte da * e, além disso, tinham direito de cultivar um pequeno terreno para o sustento de sua *. Trabalhavam também nas grandes **, como (canais de irrigação, muralhas etc.), e serviam ainda como * nas guerras promovidas pelo Império. Eles reagiam aos longos períodos de fome promovendo * violentas.

## II. Leitura e escrita em História

### a. Leitura de imagem

Observe a imagem com atenção e responda ao que se pede.

**Presença de produtos chineses no Brasil**

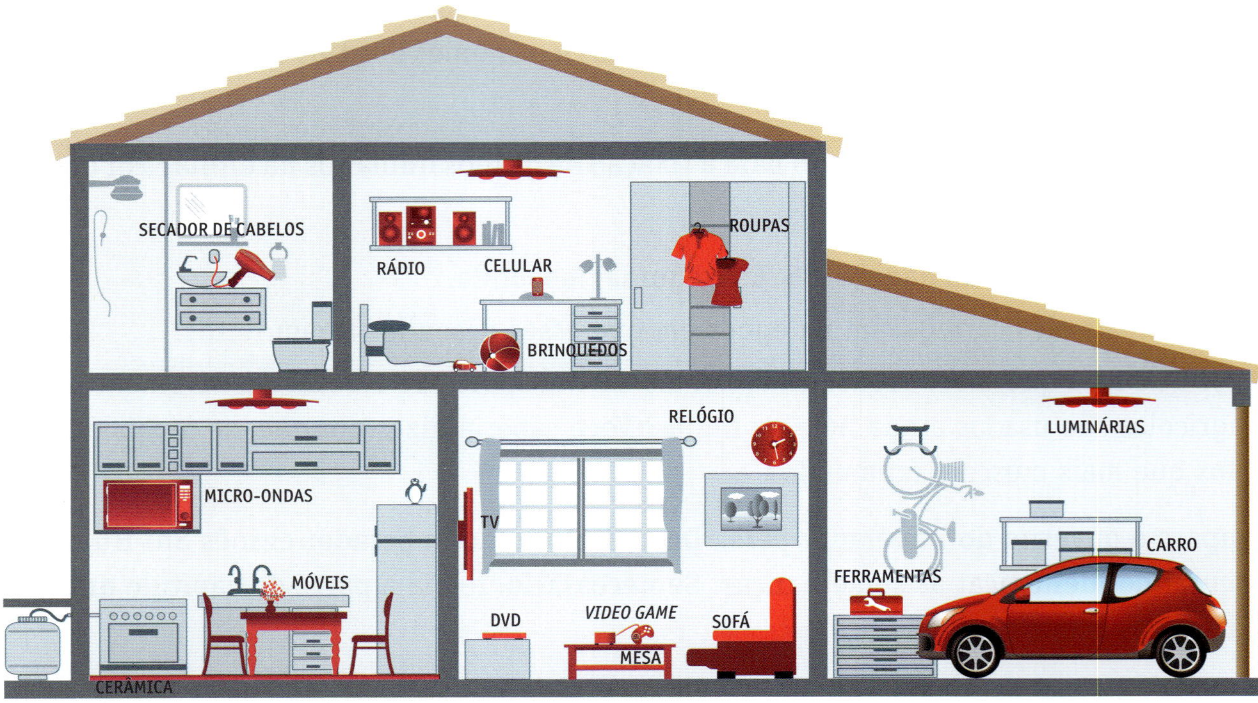


Luís Rubio

**a)** A imagem mostra o que de fato acontece em muitas casas brasileiras? Justifique.

**b)** Lendo o título da imagem e observando-a, é possível ter uma ideia sobre o comércio entre Brasil e China na atualidade? Justifique.

### b. Leitura e escrita de textos

**VOZES DO PASSADO**

Em 213 a.C., o imperador chinês Shi Huang Di ordenou a queima de inúmeros livros por sugestão de Li Si, um de seus conselheiros. O texto a seguir resume o conselho de Li Si ao imperador. Leia-o com atenção.

#### A queima dos livros no Império Chinês

O vosso servo propõe que se queimem todas as histórias, à exceção de Ch'in. À exceção dos membros do Colégio da Grande Sabedoria [que eram apenas 70], todos os súditos do reino que possuírem uma cópia do Shu King [Livro das canções] e de outras obras das cem escolas [de filosofia] devem entregá-las aos magistrados para serem queimadas. [...]

Todos aqueles que não tiverem queimado os seus livros até no máximo de trinta dias depois de decretada esta ordem serão marcados e condenados a trabalhos forçados na Grande Muralha. Só serão permitidos os livros que versarem sobre medicina, adivinhação do futuro, agricultura e arboricultura. Todos aqueles que quiserem estudar Direito e Administração deverão tomar como exemplo os oficiais do Governo.

CHRISTIE, Anthony. **China**. Tradução de Maria Fernanda Tomé da Silva. Lisboa: Verbo, 1987. p. 41-42.

Mozart Couto

Ilustração atual representando a queima de livros na China antiga.

**a)** Com base na leitura do texto, identifique a afirmativa incorreta e corrija-a no caderno.

I. Li Si aconselha o imperador a queimar muitos livros de uma só vez.

II. Li Si ameaça liquidar todo aquele que falar bem do governo anterior e maldizer o governo de Shi Huang Di.

III. Li Si avisa que aqueles que não tiverem queimado seus livros em 30 dias seriam condenados a trabalhos forçados.

IV. Li Si aconselhou a não queimar livros sobre política, economia e administração.

**b)** Tente responder: por que o imperador acatou o conselho de não queimar os livros de agricultura e de medicina?

**c)** **Em dupla**: pesquisem e descrevam outros exemplos históricos de proibição ou de queima de livros considerados "perigosos".

**Indicações de *sites* para a pesquisa:**

- CASTELLO, José. **Da biblioteca para a fogueira**. 14 jun. 2006. São Paulo: Duetto Editorial. Disponível em: <http://ftd.li/s2ayho>. Acesso em: 17 dez. 2014.
- MARCULINO, Eduardo. Queima de livros. **História Viva**. 30 abr. 2010. Disponível em: <http://ftd.li/4mcx3g>. Acesso em: 17 dez. 2014.

**d)** **Em grupo**. Reflitam e respondam: se um chefe de governo da atualidade ordenasse uma grande queima de livros, que prejuízos isso traria ao seu país?

## c. Cruzando fontes

### Fonte 1

The Granger Collection/Glow Images

Princesa Hsi Ling Shi, também conhecida como Lei Zu, a deusa da seda. Os antigos chineses contam que foi ela que inventou o tear e o utilizou na confecção dos tecidos de seda.

**A difusão da seda**

A história da seda remonta a mais de quatro milênios e meio atrás. Reza a lenda que, por volta de 2640 a.C., a princesa Hsi Ling Shi, principal concubina do imperador chinês Huang Di, descobriu que podia desenrolar um delicado fio de seda do casulo de um inseto que caíra em seu chá. Quer a história seja mito ou não, o fato é que a produção de seda começou na China com o cultivo do bicho-da-seda. [...]

Durante séculos, muito tempo após a abertura das rotas comerciais através da Ásia Central, que ficaram conhecidas em seu conjunto como Rota da Seda, os chineses mantiveram secretos os detalhes da produção do tecido. O percurso da Rota da Seda variou com o tempo, sobretudo ao sabor da política e da segurança ao longo do caminho. Em um período maior, estendeu-se por cerca de 10 mil quilômetros quadrados, de Pequim (Beijing), na China Oriental, até Bizâncio (mais tarde Constantinopla, hoje Istambul), na Turquia [...]

O comércio da seda difundiu-se lentamente, mas no século I a.C. ele chegava ao Ocidente em carregamentos regulares. [...] Para manter o monopólio sobre a produção, os chineses puniam com pena de morte as tentativas de contrabandear bichos-da-seda, seus ovos ou sementes de amoreira-branca para fora da China. Diz a lenda, porém, que em 552, dois monges [...] conseguiram retornar da China para Constantinopla com bengalas ocas que escondiam ovos de bichos-da-seda e sementes de amoreira-branca. Isso teria aberto a porta para a produção de seda no Ocidente. Se a história for verdadeira, trata-se possivelmente do primeiro caso de espionagem industrial.

LE COUTEUR, Penny; BURRESON, Jay. **Os botões de Napoleão**: as 17 moléculas que mudaram a história. Rio de Janeiro: Zahar, 2006. p. 100-101.

### Fonte 2

**Rota da seda**

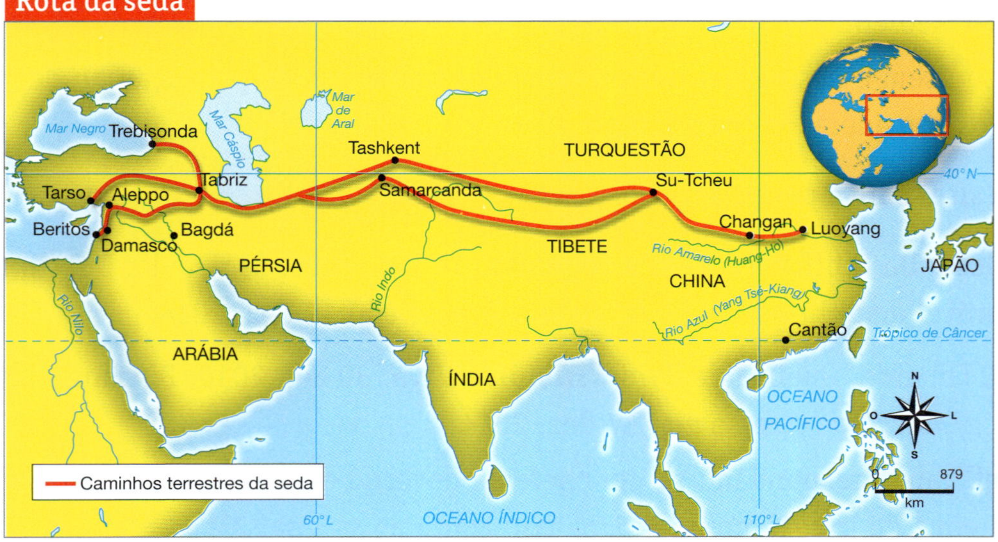


Allmaps

Fonte: ATLAS histórico escolar. Rio de Janeiro: FAE, 1991. p. 106.

a) O que permite saber que a seda foi uma criação chinesa sem consultar documentos escritos?

b) Por que a seda chinesa custava tão caro no Império Romano?

c) O que era a Rota da Seda?

d) O mapa (fonte 2) confirma ou nega o que é afirmado no texto (fonte 1)? Justifique.

## III. Você cidadão!

**1. Leia os textos a seguir.**

**Fonte 1**

Na visão de Confúcio, os homens devem [...] seguir uma série de princípios morais, entre os quais benevolência, lealdade, coragem, sinceridade, boa-fé e respeito filial. [...]

[...] Aos filhos cabia demonstrar veneração pelos pais e cuidar de seu bem-estar na velhice.

TREVISAN, Cláudia. **Os chineses.**
São Paulo: Contexto: 2009. p. 156 e 158.

**Fonte 2**

Art. 3º É obrigação da família, da comunidade, da sociedade e do Poder Público assegurar ao idoso, com absoluta prioridade, a efetivação do direito à vida, à saúde, à alimentação, à educação, à cultura, ao esporte, ao lazer, ao trabalho, à cidadania, à liberdade, à dignidade, ao respeito e à convivência familiar e comunitária.

BRASIL. Lei nº 10.741, de 1º de outubro de 2003. **Estatuto do Idoso.** DOU, Brasília, 3 out. 2003. Disponível em: <http://www.planalto.gov.br/ccivil_03/leis/2003/l10.741.htm>. Acesso em: 17 dez. 2014.

a) Que relação há entre a fonte 1 e a fonte 2?

b) No Brasil atual, a família tem cumprido seu dever de assegurar ao idoso o direito à alimentação, ao respeito e à convivência familiar, conforme previsto no Estatuto do Idoso?

c) Quais princípios morais citados na fonte 1 você considera mais importantes? Justifique.

# UNIDADE 4
# A LUTA POR DIREITOS

A luta por direitos é antiga. Ao longo da história, em diferentes partes do mundo, muitas pessoas, grupos, povos lutaram por direitos. Nesta unidade vamos ver alguns episódios dessa luta na Grécia e na Roma antigas. No Brasil, entre os eventos históricos mais importantes das últimas décadas, está a luta pelos direitos da população infanto-juvenil. Essa luta deu origem ao **Estatuto da Criança e do Adolescente**, de 13 de junho de 1990. A seguir apresentamos a você um trecho desse estatuto na versão do artista brasileiro Mauricio de Sousa.

**A Turma da Mônica em:**

**O Estatuto da Criança e do Adolescente**

Quais dos direitos das crianças estão sendo ilustrados por esses quadrinhos? Você considera esses direitos importantes para o desenvolvimento da sociedade brasileira? Você já foi criticado por querer usufruir de alguns desses direitos? Agora vou lhe fazer uma proposta: ao final desta unidade elabore, juntamente com o seu grupo, um cartaz ou uma apresentação de *slides* sobre a luta por direitos ao longo da História.

# 10 O MUNDO GREGO E A DEMOCRACIA

A cena que se vê na imagem é do interior de uma sala de aula. Do que você se lembra ao ver essas mãos erguidas? Será que é uma votação para decidir sobre uma viagem, uma regra de disciplina, uma prova?

Para nós que passamos boa parte da vida estudando História, essas mãos erguidas lembram a democracia criada em Atenas, na Grécia Antiga. Lá os cidadãos ocupavam o espaço público para votar coisas ligadas à sua cidade. Quando concordavam, erguiam a mão; para discordar mantinham-na junto ao corpo. E você já participou de uma votação desse tipo? Você gostou dessa experiência? Você acha justo acatar a vontade da maioria?

PeopleImages.com/Getty Images

A Grécia antiga localizava-se em sua maior parte no sudeste da Europa e abrangia três importantes regiões: a Grécia Continental, situada ao sul da Península Balcânica; a Grécia Insular, formada pelas ilhas dos mares Egeu e Jônico; a Grécia Asiática, estreita e longa faixa de terra situada na Ásia Menor.

**A Grécia antiga (século VI a.C.)**

Fonte: PARKER, Geoffrey. **Atlas da história universal**. Lisboa: Verbo, 1996.

O território da Grécia é montanhoso, pedregoso e pouco fértil; já o seu litoral é bastante recortado, possuindo um grande número de baías. Há também muitas ilhas, próximas umas das outras, sendo a maior delas a de Creta. O relevo montanhoso da Grécia favoreceu o isolamento interno e a formação de cidades independentes umas das outras. Já o seu vasto litoral, facilmente navegável, e a existência de bons portos naturais estimularam a navegação e o comércio marítimo.

# A civilização cretense

Dê uma olhada no mapa. Procure Creta, a maior ilha do Mar Egeu. Achou? Pois bem, essa ilha foi o berço de uma civilização antiga que muito influenciou a dos gregos. Por volta de 2200 a.C., os cretenses produziam cereais, criavam gado e também aproveitavam os recursos que o mar oferecia. Além disso, tinham um artesanato variado e um comércio intenso com as ilhas do Mar Egeu, com a Grécia Continental e também com o Egito.

A sociedade cretense organizava-se em torno de **palácios** governados por reis que abasteciam seus celeiros com os impostos que cobravam da população. Entre os palácios cretenses, o mais rico e conhecido era o de Cnossos.

**Palácios**
Construções grandiosas de vários andares com escadarias amplas, salas, templos, armazéns, oficinas etc.

Os cretenses tinham um sistema de escrita, a *Linear A*, que ainda não foi decifrada; por meio dela soube-se, no entanto, que eles **não** eram gregos. Por volta de 1450 a.C., Creta foi abalada por uma catástrofe natural, provavelmente um terremoto, ou pela invasão de povos vindos da Europa ou da Ásia ocidental.

A imagem à direita é de uma pintura em parede localizada em uma parede do aposento da rainha, no palácio de Cnossos, na Ilha de Creta. Já a imagem abaixo é das ruínas desse palácio.

A. Vergani/De Agostini/Easyix

Marco Simoni/Getty Images

# A civilização micênica

Esses povos ocuparam, inicialmente, a Península do Peloponeso, no sul da Grécia, onde fundaram várias cidades, entre as quais Micenas; daí o nome dado a sua civilização. Por meio da navegação, os micênicos entraram em contato com os cretenses, de quem assimilaram conhecimentos que, depois, usaram para dominá-los e assumir a liderança comercial nos mares da região. Por meio do comércio marítimo, bem como das expedições de pilhagem, os micênicos espalharam a cultura grega pelo Mar Mediterrâneo.

Alexandre Bueno/Conexão

Ilustração atual representando caracteres da escrita *Linear B*. Essa escrita é o mais antigo registro de uma forma do grego, que conhecemos. É fundamental para o conhecimento das origens da Grécia antiga.

O principal centro de poder e riqueza nessa sociedade também era o palácio. Só que estes eram murados e construídos no alto de colinas. O principal deles era o palácio de Micenas, onde foram encontradas tabuinhas com a escrita conhecida como *Linear B*. Ao decifrá-la, em 1953, os estudiosos descobriram que era um ramo do grego antigo.

Em 1200 a.C., não se sabe por que, os palácios foram destruídos e teve início um período de muita instabilidade, que se estendeu até 900 a.C. As principais informações escritas sobre esse período são dois longos poemas: a **Ilíada** e a **Odisseia**, atribuídos ao poeta Homero. Hoje sabemos que esses poemas vinham sendo cantados por várias gerações de poetas chamados de aedos. A **Ilíada** narra a Guerra de Troia (Troia, em grego, é *Ílion*); já a **Odisseia** narra as aventuras do herói Ulisses em sua viagem de volta à Ítaca, ilha situada na Grécia (Ulisses, em grego, é *Odisseu*).

The Bridgeman Art Library/Keystone

Vaso de cerâmica, c. 490 a.C., com pintura representando luta entre Aquiles e Agamenon.

Museu Britânico Londres. Foto: Werner Forman Archive/The Bridgeman Art Library/ Keystone

Vaso de cerâmica, c. 480 a.C., com pintura representando Odisseu amarrado a um mastro ouvindo as canções das sereias. Museu Britânico, Londres.

Com base nessas obras e em achados arqueológicos, soube-se que, com a destruição dos palácios e o fim do poder dos reis, a população diminuiu, deixaram de existir construções monumentais e a escrita foi abandonada (o retorno da escrita se deu somente em 900 a.C., com a adaptação do alfabeto fenício pelos gregos). Além disso, a população passou a se organizar em comunidades lideradas por chefes de grandes casas.

Cada chefe comandava seu ***oikos*** (casa), que era composto de seus familiares, seus dependentes, além de seus bens materiais, como terras e animais. Seus membros produziam geralmente apenas para subsistência e acreditavam ser descendentes de um mesmo ancestral, fosse ele um homem ou um deus.

Com o passar do tempo, o chefe do *oikos* mais poderoso tornou-se rei e governava os diversos grupos familiares. Sempre que o rei ia tomar uma decisão importante, consultava uma assembleia de guerreiros saídos desses grupos. A existência dessa assembleia formada por guerreiros com igual poder de decisão deu origem à **cidade-Estado** ou *pólis*, como a chamavam os gregos.

# A cidade-Estado

A cidade-Estado grega se desenvolveu às margens do Mar Mediterrâneo e em um ambiente de grandes mudanças, como a difusão do uso do ferro; a arquitetura em pedra; as construções monumentais; o uso da escrita alfabética e do cavalo de guerra; a pintura e a fabricação de artigos de bronze.

A cidade-Estado grega era composta de:

- um território agrícola, ocupado e explorado por famílias camponesas que possuíam a propriedade individual da terra, de onde tiravam a sua subsistência (trigo, uva, vinho, azeite);
- um núcleo urbano que incluía templos, a praça do mercado (onde a comunidade se reunia em assembleia), oficinas de artesãos, as lojas do pequeno comércio e o porto por onde se fazia comércio com o exterior;
- uma acrópole, que servia como defesa e símbolo da unidade territorial.

Na imagem vemos ruínas da parte alta da cidade (a acrópole) de Atenas. A cidade--Estado grega era bem diferente das cidades de hoje. Era um espaço de decisão coletiva, de festividades coletivas e de culto comum às divindades.

George Atsametakis/age fotostock/Easyix

# Os gregos e suas "colônias"

Na Grécia, a partir do século VIII a.C., o uso do ferro na fabricação de pás, enxadas e demais instrumentos agrícolas levou a um aumento na produção de alimentos. A população passou a crescer e, consequentemente, começaram os conflitos por terra. Como a divisão das terras era feita com base no grau de parentesco ou no prestígio, uns ficaram com muitas terras; outros, com poucas; e muitos, sem terra.

Havia pequenos proprietários que não conseguiam esperar o tempo necessário ao crescimento das árvores que plantavam; com isso, contraíam dívidas, e, não podendo saldá-las, se tornavam escravos dos grandes proprietários. A falta de terras férteis, a escravização por dívidas e o interesse em obter ferro (material raro na Grécia) estimularam os gregos a buscar terras em áreas distantes. Eles fundaram, então, nas margens do Mar Mediterrâneo e do Mar Negro, dezenas de novas cidades (as colônias).

**Dialogando...**

1. Observe o mapa e responda: onde ficava a mais oriental das colônias gregas?
2. E a mais ocidental?
3. Qual foi a principal via de expansão dos antigos gregos?

A colonização grega

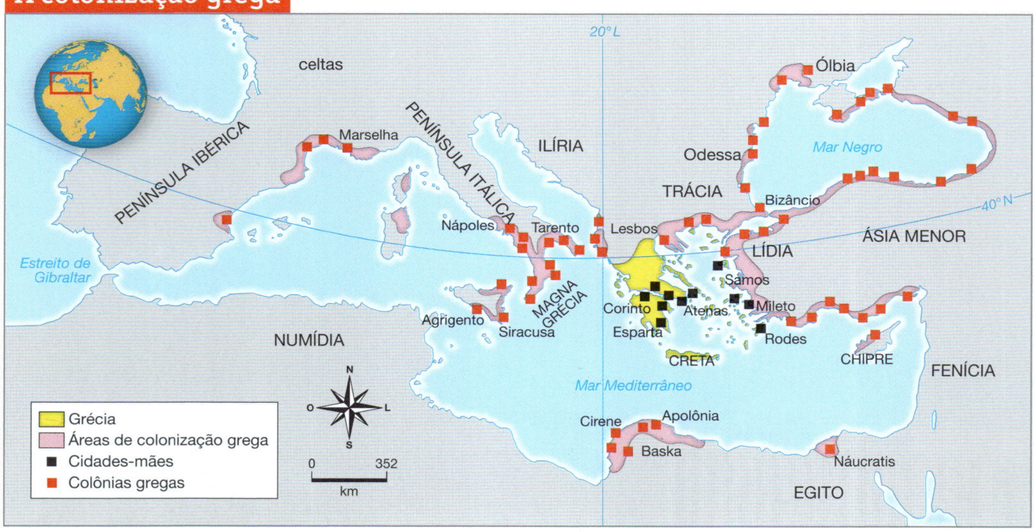


Allmaps

Fonte: HILGEMANN, Werner; KINDER, Hermann. **Atlas historique**. Paris: Perrin, 1996. p. 46.

Enquanto algumas colônias eram sobretudo assentamentos agrícolas, outras, como Náucratis (citada no mapa), eram postos de trocas comerciais. As colônias gregas tinham um governo próprio; eram, portanto, independentes da cidade-mãe. Mantinham com elas apenas laços comerciais e culturais (língua, religião e costumes). A expansão dos gregos pelo Mediterrâneo difundiu a civilização grega do Mar Negro ao Estreito de Gibraltar. Por possuir um grande número de colônias gregas, o sul da Itália ficou conhecido como Magna Grécia (Grande Grécia). Ao fundarem colônias, os gregos levaram consigo uma forma de organização social peculiar: a cidade-Estado.

A seguir, vamos estudar duas importantes cidades-Estado gregas: Atenas e Esparta.

# Atenas

Mozart Couto

Ilustração baseada em pesquisa de uma cena comum no Pireu, o principal porto de Atenas e o mais movimentado de toda a Grécia.

Atenas foi fundada pelos jônios por volta do século X a.C., numa colina, a poucos quilômetros do mar. Como a região possui bons portos naturais, os atenienses desde cedo voltaram-se para a pesca, a navegação e o comércio marítimo.

Inicialmente, Atenas tinha um rei, mas o poder de fato estava nas mãos da **aristocracia** ateniense: os eupátridas, que em grego quer dizer "bem-nascidos". Somente eles podiam ocupar cargos públicos. Insatisfeitos com essa situação, os artesãos, comerciantes e soldados passaram a exigir participação na vida política da cidade; já os camponeses queriam o fim da escravidão por dívidas.

**Aristocracia**

Palavra que em grego significa "governo dos melhores". Aristocracia é um grupo formado por pessoas ou famílias que, por herança ou concessão, detêm poder ou privilégios sobre as demais pessoas.

Para contornar a situação, em 594 a.C., o legislador Sólon efetuou uma reforma que:

**a)** suprimiu a escravidão por dívidas entre os cidadãos atenienses;

**b)** dividiu os cidadãos em quatro categorias, de acordo com o grau de riqueza agrícola. Dessa forma, os privilégios que antes cabiam aos "bem-nascidos" passavam agora a ser reservados aos mais ricos. O critério de riqueza substituiu o de nascimento.

No entanto, apesar da reforma de Sólon, a terra continuou nas mãos de poucos e a participação política manteve-se reduzida. Com isso, os conflitos sociais continuaram violentos.

Album/Akg-Images/Latinstock

Escultura representando o legislador grego Sólon, século XVIII. Palácio Bourbon, Assembleia Nacional, França.

Boltin Picture Library/The Bridgeman Art Library/Keystone

Moeda ateniense do século V a.C. A coruja era o símbolo da cidade.

## A democracia ateniense

A partir de 508 a.C., o político Clístenes promoveu uma série de reformas populares que asseguravam a soberania do povo no governo da cidade; nascia assim a democracia ateniense. A palavra **democracia** é a junção de *demos* (povo) e *kratos* (poder), isto é, poder do povo. Os principais órgãos da democracia ateniense eram:

- **Assembleia do Povo** (Eclésia), que votava as leis, escolhia os magistrados, decidia em que gastar o dinheiro público etc. Dela faziam parte todos os cidadãos de Atenas, isto é, todos os homens com mais de 18 anos e filhos de pais atenienses.
- **Conselho dos Quinhentos** (Bulé), formado por quinhentos cidadãos escolhidos por sorteio anualmente. Com isso, tanto os ricos quanto os pobres tinham a mesma chance de ser eleitos. A função do Conselho era preparar os projetos para serem votados pela Assembleia do Povo. Os projetos aprovados eram postos em prática pelos estrategos: dez cidadãos eleitos por um ano. Assim, **todos os cidadãos** – não importando a profissão nem a situação financeira – podiam participar diretamente do governo; daí se dizer que a democracia ateniense era direta e aberta a todos os cidadãos.

Clístenes criou também o **ostracismo**, que consistia em expulsar da cidade por dez anos qualquer pessoa que parecesse representar uma ameaça à democracia. O cidadão expulso, porém, não perdia sua propriedade.

**Dialogando...**

Você sabe se no Brasil o voto da mulher é uma conquista recente?

Não se pode esquecer, no entanto, que a democracia ateniense não era para todos. Os **escravizados**, as **mulheres** e os **estrangeiros** (chamados em Atenas de metecos) **não** eram considerados cidadãos e, portanto, não tinham o direito de participar da política.

Akg-Images/Latinstock

Pedaços de cerâmica em que se escrevia o nome das pessoas condenadas ao ostracismo.

## O século de Péricles

A partir de 450 a.C., sob a liderança de Péricles, a democracia ateniense foi aperfeiçoada: criou-se um Tribunal Popular, composto de cidadãos para julgar toda espécie de causas. Os membros do Tribunal eram eleitos por sorteio e ficavam no cargo por um ano; depois disso, eram substituídos por outros, eleitos também por sorteio. Esse rodízio era uma característica importante da democracia ateniense.

Para que mais pessoas pudessem participar da Eclésia, Péricles instituiu uma remuneração, permitindo que os mais pobres deixassem suas ocupações por um tempo para participar da política. Além disso, promoveu a reconstrução da parte alta de Atenas, destruída pelos persas. O tempo em que Péricles liderou Atenas ficou conhecido como "O século de Péricles".

Museu do Vaticano, Cidade do Vaticano. Foto: Alinari/The Bridgeman Art Library/Keystone

Busto em mármore de Péricles, líder ateniense que aperfeiçoou a democracia.

## Escravos, mulheres e estrangeiros

Apesar do fim da escravidão por dívidas, o número de escravizados em Atenas continuou grande, pois os atenienses passaram a comprar cativos de outros lugares, como o Egito. Os escravizados faziam vários tipos de tarefas: os homens cuidavam do gado, carpiam a terra, plantavam, colhiam; já as mulheres moíam grãos, fiavam, teciam, cozinhavam e cuidavam das crianças e da casa de seus donos.

**Dialogando...**

**Imagine que a sua classe precise tomar uma decisão coletiva e que a maioria tenha uma opinião contrária à sua. Você faria o que a maioria decidiu sem reclamar?**

Mozart Couto

Em Atenas, as mulheres ricas geralmente restringiam-se aos serviços domésticos. Na ilustração feita com base em pesquisa histórica, nós as vemos tecendo enquanto suas criadas lavam roupas.

Museum of Fine Arts, Boston, Massachusetts. Foto: The Bridgeman Art Library/Keystone

As mulheres atenienses eram quase sempre dependentes de um homem. Até o casamento, seguiam os hábitos da casa do pai, uma vez casadas, os do marido. Elas cuidavam dos serviços domésticos e aprendiam com as mães e avós a cozinhar e a tecer. Geralmente, as mulheres ricas viviam fechadas nos aposentos destinados às mulheres (o gineceu). As mulheres pobres, em sua maioria, além do trabalho doméstico, ajudavam seus maridos fora de casa. A mulher do pescador, por exemplo, vendia o peixe que o marido pescava. Mas as mulheres de Atenas também desempenharam papéis sociais importantes, como o de sacerdotisa nos cultos públicos.

Vaso grego com pintura representando mulheres recolhendo água em uma fonte. Atenas, c. 520 a.C.

## Esparta

Esparta era muito diferente de Atenas, a começar pela localização. Estava situada na Península do Peloponeso, entre altas montanhas, e não tinha saída para o mar. A cidade foi fundada pelos dórios, que, depois de conquistar os povos vizinhos, os submeteram ao seu domínio. Desde o começo de sua história, Esparta mais parecia um acampamento militar. Na infância, os espartanos eram preparados para a vida militar. Segundo o historiador Heródoto, o lema dos espartanos era "não fugir do campo de batalha diante de qualquer número de inimigos, mas permanecer firmes em seus postos e neles vencer ou morrer".

The Bridgeman Art Library/Keystone

A imagem à esquerda é o detalhe de um vaso em bronze do século VI a.C. representando guerreiros espartanos a caminho de uma batalha. Ela serviu como referência para o ilustrador elaborar o desenho de um guerreiro espartano, mostrado à direita.

Mozart Couto

Por volta do século VIII a.C., a sociedade espartana estava dividida em três grupos sociais.

Os **espartanos** eram donos das melhores e maiores terras e os únicos que podiam ocupar cargos políticos e militares.

Os **periecos** eram homens livres sem direitos políticos e dedicavam-se ao artesanato, ao comércio ou ao cultivo de uma pequena propriedade.

Os **hilotas** eram descendentes dos **messênios**, povo derrotado pelos espartanos. Os hilotas eram de propriedade do Estado e podiam ser entregues aos cidadãos espartanos para trabalharem.

**Messênio**
Habitante da Messênia, uma área fértil da região do Peloponeso, que foi conquistada pelos espartanos.

Fonte: MACDONALD, Fiona. **Como seria sua vida na Grécia antiga?** São Paulo: Scipione, 1996. p. 23.

## Política em Esparta

O governo espartano era bem diferente do ateniense, e seus principais órgãos eram:

- **Ápela**: assembleia da qual participavam os cidadãos (isto é, espartanos com 30 anos ou mais). Votava sem discutir as propostas da Gerúsia.
- **Gerúsia**: conselho formado por 30 anciãos, com mais de 60 anos, do qual faziam parte dois reis. Os gerontes propunham leis, decidiam se a cidade devia ou não participar de uma guerra, julgavam crimes.
- **Eforato**: órgão formado por cinco membros (éforos), eleitos por um ano. Os éforos punham em prática as decisões da Gerúsia.

Por essas características, o governo de Esparta pode ser definido como uma **oligarquia**, palavra de origem grega que quer dizer "governo de poucos", ou governo exercido por uma minoria.

## Para saber mais

### Infância, adolescência e educação dos espartanos

Conta-nos um historiador grego que em Esparta:

> Quando nascia uma criança, não era seu pai que decidia se iria criá-la ou não. O recém-nascido era levado ao lugar onde se reuniam os mais velhos, que o examinavam. Se fosse sadio e robusto, podia ser criado pelos pais [...]. Se, ao contrário, fosse fraco e deficiente, era lançado no precipício. Julgavam que isso era o melhor para a criança e para o governo.

PLUTARCO. Vida de Licurgo, 16, 1.2. In: MAFFRE, Jean-Jacques. **A vida na Grécia clássica**. Rio de Janeiro: Zahar, 1989. p. 146-147.

Até os 7 anos, os meninos eram criados pelas suas mães. Elas os deixavam andar descalços para ter pés calejados e os cobriam só com uma túnica para aprenderem a suportar o frio. Dos 7 anos em diante, passavam a viver com outros garotos da mesma idade em acampamentos do governo. Nesses acampamentos, aprendiam somente a ler, escrever e contar. No resto do tempo, praticavam esportes, recebiam instrução militar e treinavam sobrevivência no mato.

Ao completar 16 anos, passavam por uma série de provas, das quais a mais terrível era a *Krypteia*: levantavam-se de madrugada, armavam-se de punhais e, em bandos, invadiam as casas dos hilotas para assassiná-los. Com isso, os espartanos regulavam o crescimento da população hilota. Aos 20 anos, os espartanos ingressavam no exército. Aos 30, casavam-se e recebiam um lote de terra do governo, acompanhado de um certo número de hilotas. A partir dessa data eram considerados cidadãos, ou seja, podiam votar, ocupar cargos públicos etc.

As mulheres, por sua vez, também faziam exercícios físicos e, assim, se preparavam para ser mães de filhos fortes e saudáveis. Em Esparta, era essa a principal função da mulher.

Mozart Couto

Ilustração atual representando uma luta entre jovens espartanos. O artista usou a pesquisa e a imaginação para criar o desenho.

# As guerras greco-pérsicas

No século V a.C., quando a Grécia foi atacada pelo poderoso Império Persa, as cidades gregas deixaram de lado suas divergências e se uniram contra o inimigo comum. Tinham início, assim, as **Guerras Greco-Pérsicas**, que se prolongaram de 492 a 449 a.C. e foram vencidas pelos gregos. Pelo Tratado de Susa, os persas reconheciam o domínio dos gregos no Mar Egeu e comprometiam-se a não mais atacá-los.

**Guerras Greco-Pérsicas**
Essas guerras são chamadas também de médicas, pois os gregos chamavam os persas de medos.

**Delos**
Era o nome de uma pequena ilha, sede da Confederação onde ficava depositado o tesouro pertencente às cidades que dela faziam parte.

**Imperialismo**
Dominação política e militar de uma cidade sobre outras. Segundo o historiador Norberto Guarinello, o imperialismo antigo foi principalmente político e militar.

**Macedônia**
Região localizada no norte da Grécia. Seus habitantes falavam a língua grega e se consideravam gregos.

# Gregos contra gregos

Durante as guerras contra os persas, formou-se a **Confederação de Delos**: uma união de cidades gregas sob o comando de Atenas. Cada cidade-membro era obrigada a contribuir enviando para Atenas soldados, navios ou dinheiro. No entanto, o governante ateniense Péricles passou a usar o dinheiro da Confederação na construção de obras caras visando a modernização, a defesa e o embelezamento da cidade.

Ele mandou construir inúmeras obras, como templos, teatros, e incentivou a indústria naval, investindo na construção de trirremes (observe a imagem). Durante seu governo em Atenas, Péricles adotou o **imperialismo**.

A política imperialista de Péricles provocou reações violentas na Grécia. Esparta aliou-se a outras cidades descontentes, formando a **Liga do Peloponeso**, e partiu para a guerra contra Atenas e suas aliadas. Essa guerra entre os gregos é chamada de **Guerra do Peloponeso** e durou de 431 a 404 a.C.

Esparta venceu a guerra e aproveitou-se disso para impor seu domínio a toda a Grécia. A cidade de Tebas e suas aliadas reagiram e conseguiram derrotar Esparta. As consequências dessa guerra para os gregos foram as mais desastrosas possíveis: milhares de mortos, agricultura arruinada, comércio interrompido, monumentos destruídos, cidades vazias, fome e pobreza por todo lado. Enfraquecidas, as cidades gregas acabaram sendo conquistadas pelo exército de Felipe II, rei da **Macedônia**, em 338 a.C.

Museo Archeologico Nazionale, Naples, Italy. Foto: Leemage/Getty Images

Relevo romano em mármore representando uma trirreme, século I d.C. A trirreme era um navio de cerca de 35 metros de comprimento por 5,5 metros de largura, que servia tanto ao comércio quanto à guerra. Possuía uma grande ponta de metal (o esporão). Os remadores atenienses eram treinados a cravar o esporão na lateral do navio inimigo e, em seguida, retirá-lo, deixando entrar água pelo rombo que tinham aberto.

Museu Arqueológico Nacional, Nápolis

Detalhe de Alexandre, o Grande, durante uma batalha. Esse mosaico de 100 a.C. foi encontrado em Pompeia e hoje está no Museu Arqueológico Nacional de Nápoles.

Alexandre Magno, filho e sucessor de Felipe II, deu continuidade à política expansionista de seu pai e montou o maior império conhecido até então. Seus limites eram o Egito (na África), a Grécia (na Europa) e a Índia (na Ásia). Veja o mapa.

**Império de Alexandre Magno (século IV a.C.)**

Allmaps

Fonte: SERRYN, Pierre; BLASSELLE, René. **Atlas bordas géographique**. Paris: Bordas, 1996.

## A cultura e a ciência helenísticas

Alexandre foi um político habilidoso: respeitou a religião dos povos conquistados e incentivou as trocas culturais entre os diferentes povos de seu império. Das trocas entre a cultura grega e as culturas orientais, nasceram a **cultura** e a **arte helenística**. Enquanto a arte grega se caracterizava pela simplicidade, pelo equilíbrio e pela harmonia, a arte helenística valorizava a dramaticidade, a expressividade e o preciosismo na representação de pessoas e objetos.

As ciências tiveram extraordinário desenvolvimento no império de Alexandre Magno. A cidade de Alexandria, no Egito, abrigava a maior biblioteca da Antiguidade, com cerca de 700 mil volumes, e foi um dos principais centros de reunião de sábios orientais e gregos. Entre os mais importantes cientistas helenísticos estão **Aristarco**, **Euclides** e Arquimedes.

Nascido na colônia grega de Siracusa, na Sicília, por volta de 285 a.C., Arquimedes foi um dos mais brilhantes alunos da famosa Escola de Alexandria. Suas contribuições foram fundamentais para o desenvolvimento da Geometria, da Aritmética e da Física.

Ele descobriu que era possível calcular a densidade de um objeto a partir do volume de água deslocado pelo mesmo. Com essa descoberta, ele auxiliou o rei de Siracusa a constatar que tinha sido vítima de uma trapaça: a coroa de ouro puro que ele havia encomendado tinha mistura de outros metais. Conta-se que Arquimedes fez essa descoberta enquanto se banhava e, entusiasmado, saiu correndo nu de casa, gritando: "*Eureka*! *Eureka*!", que em grego quer dizer "Achei! Achei!".

**Aristarco de Samos (c. 310-230 a.C.)**
Astrônomo grego; lançou a hipótese de que a Terra gira em torno do Sol muitos séculos antes que fosse comprovada.

**Euclides (c. 330-260 a.C.)**
Desenvolveu a Geometria e fundou a primeira escola de Matemática em Alexandria.

SPL/Latinstock

Gravura colorizada representando o matemático e físico grego Arquimedes (c. 287-212 a.C.).

# ATIVIDADES

## I. Retomando

**1.** **Observe o mapa com atenção.**

**A Grécia antiga (século VI a.C.)**

Fonte: PARKER, Geoffrey. **Atlas da história universal**. Lisboa: Verbo, 1996.

a) Qual é o tema do mapa?

b) O que as cores aplicadas no mapa indicam?

c) Como a geografia ajuda a explicar a história da Grécia antiga?

**2.** **Leia o texto a seguir com atenção.**

As cidades cretenses formaram-se em torno de palácios, que funcionavam como sede do governo e eram construídos de forma a abrigar [...] todas as atividades pelas quais o governante era responsável. Ao redor de um pátio central [...] havia depósitos para os cereais, o óleo e o vinho provenientes dos tributos recolhidos – que entre outras coisas deviam constituir as reservas para ocasiões de crise – e também locais próprios para os funcionários que administravam as rendas da cidade.

ACKER, Teresa Van. **Grécia**: a vida cotidiana na cidade-Estado. São Paulo: Atual, 1994. p. 4. (História geral em documentos).

a) Segundo o texto, como se formavam as cidades cretenses?

b) Como era o interior dos palácios cretenses?

c) Para que serviam os cereais, o óleo e o vinho acumulados nos depósitos do palácio?

**3. As lendas criadas pelos antigos gregos inspiraram muitos artistas, entre eles, Monteiro Lobato (1882-1948), um escritor brasileiro muito lido até hoje. Em uma de suas obras, O Minotauro, a turma do Sítio do Picapau Amarelo viaja no tempo e vai até a ilha de Creta. Leia um trecho dessa aventura.**

Foram despertar na ilha de Creta, onde logo descobriram o labirinto. Era um palácio imenso, com mil corredores dispostos de tal maneira que quem entrava nunca conseguia sair – e acabava devorado pelo monstro. O Minotauro só comia carne humana.

Diante do labirinto, os três "picapaus" [Pedrinho, Emília e Visconde de Sabugosa] pararam para refletir.

– Quem entra não sai mais e acaba no papo do monstro – disse Pedrinho. – Mas nós sabemos o jeito de entrar e sair: é irmos desenrolando um fio de linha. [...]

Entraram no labirinto e foram desenrolando o primeiro carretel [...]. Antes de o terceiro carretel chegar ao fim, Emília "sentiu" a aproximação de qualquer coisa.

– Percebo uma catinga no ar – disse ela baixinho, farejando. – O monstro deve ter os seus aposentos por aqui.

Uns passos mais e pronto: lá estava o Minotauro, numa espécie de trono, a mastigar lentamente qualquer coisa que havia numa grande cesta.

LOBATO, Monteiro. **O Minotauro**. 26. ed. São Paulo: Brasiliense, 1994. p. 92-93.

a) O palácio citado no texto é invenção ou em Creta havia grandes palácios?

b) Qual é a tática usada por Pedrinho, Emília e o Visconde de Sabugosa para não se perderem no labirinto?

c) **Em dupla.** Será que Emília, Pedrinho e o Visconde de Sabugosa conseguiram escapar do labirinto com vida? Imaginem um final para essa história e o escrevam no caderno.

**4. Dê o significado de:**

a) *oikos*;

b) cidade-Estado.

c) Aplique o conceito de cidade-Estado escrevendo uma frase que contenha uma comparação entre Atenas e Esparta.

**5. Sobre a colonização grega responda:**

a) Que razões levaram os antigos gregos a fundar colônias na orla do Mediterrâneo?

b) O que era uma colônia grega?

c) Em quais continentes os gregos fundaram colônias?

d) A Grécia não chegou a formar um país único na Antiguidade. No seu momento de maior esplendor, era composta de centenas de cidades-Estado denominadas *pólis*. Então, se não era o governo, o que dava unidade aos gregos?

**6. Imagine a seguinte situação: governantes atenienses e espartanos do século V a.C. têm de decidir sobre o uso do dinheiro público.**

a) Quem tomaria essa decisão em Esparta? E em Atenas?

b) Como era chamado o regime político de cada uma dessas cidades naquela época?

c) Caracterize a democracia ateniense.

**7. Copie no caderno as afirmações verdadeiras.**

a) Assim como os atenienses, nós participamos diretamente das votações que aprovam as leis válidas para todos os cidadãos.

b) Diferentemente dos atenienses, nós não participamos diretamente das votações que aprovam as leis. O que nós fazemos é eleger representantes (vereadores, deputados e senadores) para que tomem as decisões que devem (ou deveriam) beneficiar o povo.

c) Em Atenas, apenas uma parte pequena da sociedade tinha os direitos de cidadania. As mulheres, os escravos e os estrangeiros, que formavam a maioria da população, não podiam participar da política.

d) No Brasil atual, todos os brasileiros (homens e mulheres) são considerados cidadãos. A partir dos 16 anos, os jovens já podem votar.

e) A democracia ateniense era indireta, enquanto a democracia que temos hoje em nosso país é direta, representativa.

**8. Copie no seu caderno o quadro a seguir, completando as diferenças entre a democracia ateniense e a democracia brasileira dos dias atuais.**

| | Democracia Ateniense | Democracia brasileira – século XXI |
|---|---|---|
| **Direito de voto** | | Todos os brasileiros a partir de 16 anos |
| **Tipo de democracia** | MODELO | Democracia representativa |
| **Proteção da democracia** | | *Impeachment* |

**9.** **Sobre as guerras ocorridas na Grécia, responda:**

a) Qual foi o principal motivo das guerras greco-pérsicas?

b) O que foi a Confederação de Delos?

c) O que os governantes de Atenas fizeram depois de vencer os persas?

d) O que foi a Guerra do Peloponeso?

e) Quais foram as principais consequências dessas guerras?

## II. Leitura e escrita em História

### Leitura e escrita de textos

#### VOZES DO PASSADO

**O texto a seguir é atribuído ao governante ateniense Péricles. Leia-o com atenção.**

> Pelo fato de o Estado, entre nós, ser administrado pelo povo e não por uma minoria, nosso regime tomou o nome de democracia. No que diz respeito às divergências particulares, a igualdade é assegurada a todos pelas leis, mas no que se refere à vida pública, cada um obtém reconhecimento em virtude de seu mérito, e a classe a que pertence importa menos que seu valor pessoal. Enfim, ninguém se constrange pela pobreza ou pela obscuridade de sua condição pessoal, se puder prestar serviços à cidade.

Discurso de Péricles. TUCÍDIDES. História da Guerra do Peloponeso. In: REDE, Marcelo. **A Grécia antiga**. São Paulo: Saraiva, 1999. p. 26. (Que história é esta?).

a) Segundo o autor do texto, o que caracteriza a democracia ateniense?

b) Copie no caderno as alternativas corretas. De acordo com o autor do texto, sobre a democracia ateniense:

I. a igualdade é assegurada a todos pelas leis;

II. a classe é mais importante que o mérito;

III. tanto a classe quanto o mérito são igualmente importantes;

IV. se o cidadão for pobre, não pode participar da vida da cidade;

V. a pobreza não impede um cidadão de prestar serviços à cidade.

#### VOZES DO PRESENTE

**O texto a seguir é de Marcelo Rede, professor de História Antiga da Universidade de São Paulo (USP). Leia-o com atenção.**

### A democracia ateniense

No mundo moderno, democracia significa basicamente um regime político em que as pessoas escolhem os seus governantes pelo voto. Os países são considerados democráticos quando garantem as liberdades dos cidadãos e não oprimem os indivíduos e os grupos sociais por meio de atos autoritários. No entanto, o papel do cidadão limita-se, na prática, à eleição de um corpo de políticos, que exercem, de fato, o poder.

Os gregos antigos tinham uma ideia muito diferente de democracia. Em primeiro lugar, quase não havia eleição. [...] a regra era o sorteio: os gregos acreditavam que, sendo todos os cidadãos aptos à participação política, todos podiam e deviam ocupar as magistraturas. [...]

[...] Cada decisão importante era tomada pelo conjunto dos cidadãos que participava da Assembleia (*ecclesia*) [...]. Nesse espaço aberto, os atenienses discutiam como administrar a *pólis*: em que aplicar o dinheiro, com quem guerrear ou fazer aliança, quais obras construir etc.

REDE, Marcelo. **A Grécia antiga**. São Paulo: Saraiva, 1999. p. 25-26. (Que história é esta?).

AAAC/TopFoto/Keystone

Relevo grego de 336 a.C. representando a democracia (em pé) coroando o povo de Atenas.

**Sobre as democracias atuais:**

a) Qual é o papel dos cidadãos nas democracias atuais? Quem exerce, de fato, o poder?

b) Compare a atual democracia brasileira à democracia ateniense no tocante ao papel do cidadão.

c) **Em grupo**: debatam, reflitam e elaborem um conjunto de sugestões para aperfeiçoar a democracia brasileira.

## III. Você cidadão!

Os quadrinhos a seguir são do artista brasileiro Mauricio de Sousa. E, como informa o autor, esta história se passa em um país muito bonito.

**a)** Em que país se passa essa história?

**b)** Como você chegou a essa conclusão?

**c)** Explique com suas palavras o significado de "só jogo bafo usando o truque do chiclete".

**d)** Você já presenciou algum acontecimento relacionado ao tema dos quadrinhos? Relate-o.

**e)** **Em grupo**: releiam a tira que mostra a fila de idosos e, depois de analisar a proposta do primeiro da fila, debatam, reflitam e elaborem um comentário sobre a atitude dele.

# 11 A CULTURA GREGA

Museu Nacional de Arqueologia, Atenas. Foto: DeAgostini/Getty Images

**1.** Cena de luta em vaso grego do século V a.C. Museu Arqueológico Nacional. Atenas, Grécia.

Nxl/Xinhua/ZUMAPRESS/Easypix

**2.** Luta greco-romana nas Olimpíadas de Londres, em 2012. Os lutadores mostrados na imagem são Dzhamal Otarsultanov, da Rússia (de azul), e Daulet Niyazbekov, do Cazaquistão (de vermelho).

As afirmações a seguir dizem respeito aos Jogos Olímpicos na Grécia antiga. Responda no caderno, e por meio de números, quais dessas afirmações continuam válidas para os Jogos Olímpicos atuais.

1. Os Jogos Olímpicos são uma homenagem ao deus Zeus.
2. Somente os atletas do sexo masculino podem participar das provas.
3. Os Jogos Olímpicos são realizados de quatro em quatro anos.
4. Os atletas participam das provas nus.
5. Os Jogos Olímpicos são realizados sempre na mesma cidade.
6. Os atletas recebem como prêmio uma coroa feita de folhas de louro.
7. Entre as modalidades esportivas, pode-se citar: corrida a pé, lutas corporais, arremesso de disco e arremesso de dardo.
8. Apenas atletas gregos participam das provas.

# Os deuses e os heróis gregos

Agora que temos uma ideia de como se formaram as cidades-Estado gregas e a democracia ateniense, vamos apresentar outros aspectos da vida dos antigos gregos que marcaram profundamente o nosso jeito de pensar, sentir e viver.

Os gregos, assim como muitos povos antigos, acreditavam em vários deuses. Eram, portanto, politeístas. Julgavam que seus deuses viviam no alto do **Olimpo**. Por isso a palavra Olimpo passou a ser sinônimo de céu, lugar onde reina a felicidade.

**Olimpo**
A montanha mais alta da Grécia, com cerca de 2 917 metros de altura.

Os deuses gregos eram semelhantes aos seres humanos: guerreavam entre si, sentiam ódio, amor, ciúmes, inveja, casavam-se e tinham filhos. Os gregos acreditavam que os deuses podiam tanto favorecer quanto prejudicar os seres humanos. Por isso, quando queriam agradar um deus ou deusa, ofereciam--lhes presentes, orações, festas. Zeus era o mais poderoso dos deuses gregos. A esposa de Zeus chamava-se Hera, e o filho do casal tinha o nome de Ares.

Museu do Vaticano, Roma. Foto: Marka/Alamy/Glow Images

Cópia romana da deusa Hera. Museu do Vaticano, Roma, Itália. Hera era considerada protetora das esposas, das crianças, dos lares e dos casamentos.

Museu Arqueológico Nacional, Napólis. Foto: The Bridgeman Art Library/Keystone

Cópia romana de uma estátua grega de Zeus encontrada em Pompeia. Museu Arqueológico Nacional, Nápoles, Itália. Zeus zelava pela justiça entre os homens. Quando estava furioso lançava raios e trovões.

Outros importantes deuses do Olimpo eram: **Ártemis**, deusa da caça; **Afrodite**, deusa do amor e da beleza; **Poseidon**, deus dos mares; **Atena**, deusa da sabedoria; **Deméter**, deusa da fertilidade; **Apolo**, deus da música; **Hefesto**, deus do fogo e da metalurgia; **Hermes**, o deus mensageiro; e **Héstia**, deusa dos lares.

À esquerda, Ártemis, deusa da caça; e, à direita, Apolo, deus da luz e protetor dos músicos, médicos e profetas. Detalhe de um cálice com a técnica de figuras vermelhas, c. 450 a.C. Paris, Museu do Louvre.

Museu do Louvre, Paris. Foto: Hervé Lewandowski/RMN/Otherimages

Museu do Louvre, Paris. Foto: Hervé Lewandowski/RMN-Grand

Cópia romana de uma estátua grega de Afrodite, deusa do amor e da beleza, e Eros, deus da paixão. Museu do Louvre, Paris, França.

Escultura da deusa Atena Niké (c. 190 a.C.), que quer dizer Atena que traz a vitória, Museu do Louvre, Paris.

Museu do Louvre, Paris. Foto: The Bridgeman Art Library/Keystone

## Uma religião cívica

Cada cidade grega cultuava seus deuses e construía templos e **santuários** especialmente para eles. Ao longo do ano, os gregos faziam festas religiosas com procissões, cultos e oferendas aos deuses da cidade para obter favores e a proteção deles. Por isso se diz que a religião grega era uma religião cívica. Alguns deles tinham um oráculo, ou seja, um sacerdote ou uma sacerdotisa que orientava quem vinha pedir um conselho ou saber do futuro. No oráculo de Delfos, por exemplo, era uma sacerdotisa, a Pítia, que transmitia à pessoa o conselho ou orientação dado pelo deus Apolo.

**Santuário**
Lugar consagrado pela religião.

**Mito**
É uma história baseada em fatos reais ou inventados que busca explicar a origem do mundo, da humanidade e dos fenômenos naturais.

Os gregos também cultuavam heróis. Herói era o filho de uma divindade com um mortal ou uma personagem admirada e respeitada por seus feitos. Os gregos criaram muitos **mitos** envolvendo seus deuses e heróis. O conjunto de mitos de um grupo ou povo recebe o nome de mitologia. A mitologia grega é rica e variada. Seu estudo ajuda a compreender o modo de viver e de pensar do povo grego.

Museus Estatais de Berlim. Foto: The Bridgeman Art Library/Keystone

Fragmento de cerâmica com pintura representando a Pítia de Delfos em consulta. Obra do pintor Codros, c. 440-430 a.C.

# Os Jogos Olímpicos

Os Jogos Olímpicos, que mobilizam milhões de pessoas ao redor do mundo hoje em dia, foram uma criação dos antigos gregos. O primeiro deles aconteceu pela primeira vez em 776 a.C., na cidade de Olímpia. Os jogos eram uma homenagem a Zeus e ocorriam de quatro em quatro anos. Quando se aproximava a data de sua realização, as guerras eram interrompidas pelos gregos. Homens das mais variadas profissões e das mais diferentes cidades viajavam para Olímpia a fim de participar daquele grande acontecimento esportivo, cívico e religioso.

Os Jogos Olímpicos tinham um perfil militar e aristocrático. Militar porque repetiam exercícios de guerra; aristocrático, pois o objetivo de um atleta era se destacar em honra frente aos seus competidores. A recompensa pela vitória numa competição era simbólica. Os vencedores ganhavam uma coroa feita com folhas de louro e eram recebidos com enorme entusiasmo na volta à sua cidade natal, onde se erguiam estátuas em homenagem a eles. A presença de mulheres era proibida, tanto nas competições como na plateia.

Corredores competindo. Ânfora de figuras negras atribuída a Eufiletos, c. 530 a.C. Museu Nacional, Copenhague.

Museu Nacional, Copenhagen. Foto: Leemage Universal Images Group/Getty Images

John Biever /Sports Illustrated/Getty Images

Linha de chegada da final Olímpica dos 100 metros rasos para mulheres no Estádio Olímpico, em 2012. Londres, Reino Unido.

# As artes gregas

As artes produzidas pelos antigos gregos eram essencialmente humanistas, isto é, valorizavam o ser humano, como se pode concluir no contato com o teatro, a escultura e a pintura criada por eles.

## O teatro

O teatro grego nasceu de uma festa religiosa e cívica em homenagem ao deus Dionísio, o mais jovem dos deuses. O ponto alto dessa festa era o concurso de teatro. As peças eram representadas ao ar livre e, em um mesmo dia, eram encenadas várias peças. Os espetáculos começavam pela manhã e reuniam milhares de pessoas.

Ruínas do teatro de Epidauro, século IV a.C. Epidauro, um dos mais famosos teatros da Grécia antiga, tinha acomodações para 17 mil pessoas. Os melhores lugares eram reservados às autoridades civis e religiosas. Todos os artistas eram homens. Para fazer o papel de mulher, usavam máscaras e adequavam a voz e a roupa à personagem. Atualmente, o Epidauro encontra-se bem conservado e continua possuindo uma ótima acústica.

Roger Wood/Corbis/Latinstock

Acervo Iconographia

Os atores Cleide Yáconis e Paulo Autran durante apresentação da tragédia grega **Édipo Rei**, de Sófocles, c. 427 a.C. Fotografia de 1967.

Frequentar o teatro fazia parte da educação. Todos eram incentivados a comparecer aos espetáculos teatrais. Os pobres podiam assisti-los gratuitamente. Em Atenas, todas as atividades eram interrompidas em dias de espetáculo. Os autores teatrais gregos escreveram peças que continuam sendo montadas hoje no mundo inteiro. Os gregos foram os inventores de dois gêneros teatrais consagrados: a **comédia** e a **tragédia**. A tragédia grega tinha como tema a mudança drástica no destino das pessoas. Já a comédia recorria ao humor para fazer críticas aos costumes e aos políticos.

Elnur/Shutterstock.com

À esquerda, máscara representando a comédia; à direita, máscara representando a tragédia.

## Escultura

Na Grécia antiga, as esculturas eram expostas principalmente em locais públicos, como templos, fontes e praças. A maioria delas eram obras encomendadas pelo governo da cidade. Os escultores gregos da **época clássica** se esforçavam para reproduzir a figura humana de forma harmoniosa e respeitando suas proporções.

**Época clássica**
Período de maior brilho da civilização grega (do século VI ao século IV a.C.).

## Pintura

As pinturas gregas em vasos de cerâmica (usados para armazenar e transportar alimentos) são obras de grande valor artístico e, ao mesmo tempo, importantes fontes para o estudo dos antigos gregos. Elas geralmente retratam cenas mitológicas ou do dia a dia (esporte, amor, trabalho etc.).

Entre as técnicas de pintura criadas pelos gregos, duas são mais conhecidas: a técnica de figuras negras e a de figuras vermelhas.

Museu do Louvre, Paris. Foto: The Bridgeman Art Library/Keystone

Exéquias, o autor dessa pintura, é considerado o maior pintor da técnica de figuras negras. O artista pintava os personagens de preto e o fundo permanecia com a cor natural da argila. Vaso do século VI a.C.

**Reunião musical**. Museu do Louvre, Paris, França (530-520 a.C.). Técnica de figuras vermelhas. Andócines, aluno de Exéquias, inverteu o esquema de cores; pintou o fundo de preto e deixou as figuras com a mesma cor avermelhada da argila ateniense.

# Filosofia

O clima de liberdade e de troca de ideias existente na maioria das cidades gregas favoreceu o desenvolvimento da **filosofia** na Grécia. Veja o que um historiador diz sobre o assunto:

> O aparecimento da filosofia na Grécia não foi um fato isolado. Estava ligado ao nascimento da pólis: a partir do **período arcaico**, os gregos procuraram organizar sua vida na cidade, tomando conta de seu próprio destino [...]; ao mesmo tempo, procuravam entender o universo em que viviam. A palavra autoritária do rei foi substituída pelo debate político entre os cidadãos. A religião e o mito perderam a força, cedendo lugar ao pensamento lógico [...].

REDE, Marcelo. **A Grécia antiga**. São Paulo: Saraiva, 1999. p. 36. (Que história é esta?).

**Dialogando...**

Qual das afirmações a seguir está de acordo com o texto?

a) O surgimento da filosofia foi um fato isolado.
b) O surgimento da filosofia foi anterior ao desenvolvimento da cidade-Estado.
c) A filosofia se desenvolveu depois do surgimento das cidades-Estado.
d) O ambiente de debates nas cidades-Estado favoreceu o desenvolvimento da filosofia.

A filosofia busca explicar tudo o que existe: os seres humanos, o mundo, os acontecimentos etc. Entre os principais filósofos gregos estão Sócrates, Platão e Aristóteles, que viveram entre os séculos V e IV a.C.

## Sócrates: conhece-te a ti mesmo!

Sócrates (469-399 a.C.) acreditava que o meio ideal para se chegar ao conhecimento era o diálogo. Inicialmente, por meio de perguntas inteligentes, ele levava a pessoa a reconhecer que desconhecia o assunto. Depois, aos poucos, ia levando a pessoa a pensar sobre suas próprias afirmações até chegar a uma conclusão racional ou a uma definição.

## Platão e o mundo das ideias

Depois de conviver muitos anos com Sócrates, Platão (427-348 a.C.) fundou uma escola de filosofia chamada **Academia**. Lá se estudavam filosofia, matemática e ginástica. Para Platão, o mundo dos fenômenos (o que se pode ver ou tocar) é ilusório; já o mundo das ideias é verdadeiro e nele é possível encontrar as ideias universais de verdade, bem, bondade, justiça etc. Para Platão, a mais importante das ideias é a de bem.

**Filosofia**
Reflexão sobre o mundo, os seres humanos e os fenômenos. Em grego, a palavra filosofia quer dizer "amor à sabedoria".

**Período arcaico**
Período que compreende os séculos VIII a VI a.C., quando surgiu na Grécia uma nova forma de organização política: a cidade-Estado, à qual os gregos davam o nome de pólis.

## Para saber mais

### O mito da caverna

Platão usou um recurso para apresentar seu pensamento. Imaginou uma caverna onde um grupo de pessoas vivia acorrentado desde a infância. Como o grupo estava acorrentado de costas para a saída, só conseguia enxergar o fundo da caverna. Na caverna havia uma fogueira, o que permitia ao grupo ver apenas as sombras das coisas que passavam às suas costas.

Um dia, um dos prisioneiros foi libertado e levado para fora da caverna.

Inicialmente, por não estar acostumado à luz do dia, ficou quase cego. Depois, aos poucos, começou a ver os verdadeiros objetos. E pôde, então, enxergar a beleza de um dia ensolarado, com toda a sua variedade de formas, sons e cores. Empolgado, resolveu voltar à caverna para contar tudo aos companheiros.

Para Platão, esse homem pode ser comparado aos filósofos em seu trabalho de ensinar a verdade às outras pessoas. Essa alegoria era uma forma de Platão dizer que o que vemos no mundo dos fenômenos é apenas a "sombra" da verdade que habita o mundo das ideias.

Mozart Couto

Rafael Sanzio (detalhe). 1510-11. Museus do Vaticano, Cidade do Vaticano

## Aristóteles e a lógica

Aristóteles (384-322 a.C.) frequentou a escola de Platão; no entanto, discordava dele quanto à existência de ideias universais. Aristóteles considerava necessário testar a validade das ideias, e o único meio de fazê-lo era por meio da **experiência**. Uma importante contribuição desse filósofo grego foi a sistematização da **lógica**, estudo de como organizar o pensamento e a argumentação.

Aristóteles escreveu sobre diversos ramos do conhecimento e é um dos filósofos que mais influenciou o pensamento ocidental.

Detalhe do afresco **Escola de Atenas**, de Rafael Sanzio, 1509-1510. Com a mão direita erguida, Platão (à esquerda) acena para a importância das ideias, enquanto Aristóteles (à direita), também com a mão direita, aponta para a Terra para sugerir a importância da experiência.

# Hipócrates de Cós, o pai da medicina ocidental

O médico grego Hipócrates de Cós é considerado o fundador da medicina ocidental. Ele descobriu que as doenças possuem causas naturais. Isto numa época em que se acreditava que as doenças ocorriam por força do destino ou por vontade dos deuses. Foi o primeiro estudioso a perceber a relação entre o modo de vida de um paciente e a doença contraída por ele. A relação, por exemplo, entre a falta de cuidado com a higiene e determinadas doenças.

**Dialogando...**

Responda ao seguinte problema de lógica: uma vela queima-se totalmente em três horas. Em quanto tempo se queimariam três velas do mesmo tamanho e acesas ao mesmo tempo?

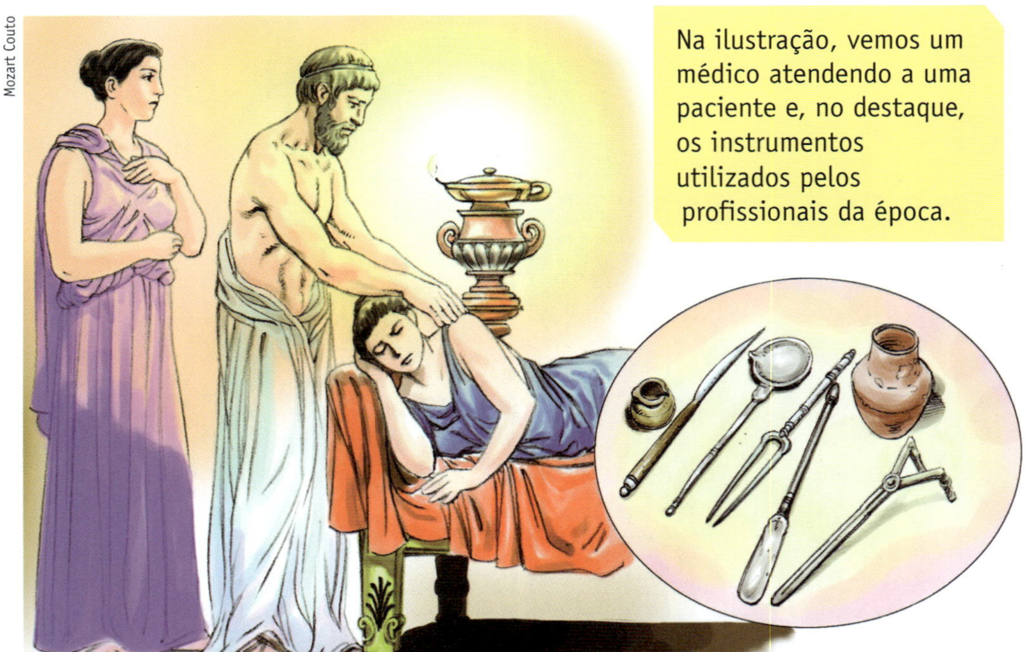

Mozart Couto

Na ilustração, vemos um médico atendendo a uma paciente e, no destaque, os instrumentos utilizados pelos profissionais da época.

# ATIVIDADES

## I. Retomando

**1. Sobre a religião dos antigos gregos, responda.**

a) Os gregos eram monoteístas ou politeístas? Explique.

b) Por que os gregos faziam festas, cultos e oferendas aos deuses de suas cidades?

c) É correto dizer que a religião dos antigos gregos era cívica? Justifique.

**2. Elabore as frases que deram origem a este diagrama.**

| | | | | | | | | | | | | | | |
|---|---|---|---|---|---|---|---|---|---|---|---|---|---|---|
| a) | | | | O | L | I | **M** | P | O | | | | | |
| b) | | A | F | R | O | D | **I** | T | E | | | | | |
| c) | | | | | | A | **T** | E | N | A | | | | |
| d) | | | | | | P | **O** | S | E | I | D | O | N | |
| e) | | | | | | O | **L** | Í | M | P | I | C | O | S |
| f) | | | | | A | P | **O** | L | O | | | | | |
| g) | M | I | T | O | L | O | **G** | I | A | | | | | |
| h) | | Á | R | T | E | M | **I** | S | | | | | | |
| i) | | | | | | H | **A** | D | E | S | | | | |

**3. As frases abaixo dizem respeito às características do teatro grego:**

- Fazia parte da educação do cidadão.
- Era apresentado ao ar livre.
- Os pobres podiam assistir aos espetáculos gratuitamente.

a) Qual dessas características você considera mais importante? Por quê?

b) Quais são os gêneros teatrais criados pelos antigos gregos?

c) Você já foi ao teatro? Gostou? Por quê?

d) **Em dupla**: atualmente, somente uma pequena parte dos brasileiros frequenta o teatro. Por quais motivos isso acontece?

4. **Leia o texto a seguir com atenção.**

A esfinge era um monstro alado com corpo de mulher e leão que afligia a cidade de Tebas. Primeiramente apresentava aos homens o seguinte enigma: "Que animal anda pela manhã sobre quatro patas, a tarde sobre duas e a noite sobre três?" como nenhum dos homens conseguiu decifrar tal enigma, a esfinge os devorava.

Isso ocorreu até que Édipo, filho de Laio, enfrentou a esfinge e conseguiu decifrar seu enigma.

ESFINGE. **Brasil Escola**. Disponível em: <http://www.brasilescola.com/mitologia/esfinge.htm>. Acesso em: 16 abr. 2015.

Mozart Couto

**E você, consegue resolver esse enigma?**

## II. Leitura e escrita em História

### Leitura e escrita de textos

#### VOZES DO PASSADO

**O trecho a seguir é do filósofo Platão; leia-o com atenção.**

Sou decerto mais sábio do que este homem. É possível que nenhum de nós saiba algo de belo e de bom, mas ele julga que sabe quando nada sabe, enquanto eu, que nada sei, não julgo que sei.

PLATÃO. Apologia de Sócrates. In: REDE, Marcelo. **A Grécia antiga**. São Paulo: Saraiva, 1999. p. 36. (Que história é esta?).

**Responda de acordo com o texto:**

a) Por que Platão diz ser mais sábio do que o homem com o qual dialoga?

b) Platão foi discípulo de Sócrates. É possível perceber isso no texto citado?

c) Reflita e opine: você considera importante uma pessoa reconhecer quando não sabe? Justifique.

## VOZES DO PRESENTE

**O texto a seguir foi escrito pela pesquisadora Zélia Cavalcanti; leia-o com atenção.**

### Ler para aprender e perguntar sobre si mesmo

De onde viemos? Pra onde vamos? Como essas, há muitas perguntas para as quais não encontramos uma resposta exata ou uma única resposta.

Não podemos imaginar outro ser além do homem que sofra por desconhecer suas origens ou a finalidade de sua existência. Somente ele [...] quer conhecer a si mesmo e a tudo à sua volta [...]. Nas palavras de Aristóteles, "o homem ama conhecer". E filosofia é justamente isto: *philos* – amor, amizade – e *sophia* – conhecimento.

Há quem pense que o amor ao conhecimento serve para que as pessoas evoluam, para que as sociedades adquiram bem-estar, para que haja mais igualdade e justiça. Tudo isso é verdadeiro. Mas não se pode negar também que problemas continuam surgindo [...]. Então, como se explica nossa persistência em amar o conhecimento, por que praticamos a filosofia? Numa formulação simples [...] podemos dizer que filosofamos, principalmente, pelo próprio prazer de filosofar, de descobrir, de conhecer. [...]

Lysippos of Sicyon/Pictures from History/The Bridgeman Art Library/Keystone

Busto em mármore de Aristóteles, séculos I-II d.C.

CAVALCANTI, Zélia. **Caderno de Leituras:** orientações para o trabalho em sala de aula. São Paulo: Companhia das Letrinhas, 2013. p. 78.

**a)** De acordo com o texto, o que significa a palavra filosofia?

**b)** Por que, segundo a autora, o homem sofre por desconhecer a finalidade de sua existência?

**c)** Você já buscou conhecer a si mesmo? O que descobriu?

**d)** **Em grupo**: reunidos em grupo, debatam e opinem sobre a seguinte afirmação da autora: "[...] filosofamos, principalmente, pelo próprio prazer de filosofar, de descobrir, de conhecer [...]".

## III. Você cidadão!

**Vimos que, na Grécia antiga, as pessoas eram incentivadas a ir ao teatro e os pobres podiam assistir às peças teatrais gratuitamente; o teatro fazia parte da educação. O texto a seguir aborda a frequência aos espaços de cultura no Brasil de hoje.**

### Pesquisa inédita revela hábitos culturais do brasileiro

Abril de 2014 – O brasileiro não tem entre seus hábitos a frequência aos espetáculos culturais, como dança, música e teatro. É o que aponta a pesquisa [...] realizada pelo Sesc, em parceria com a Fundação Perseu Abramo. Das 2.400 pessoas entrevistadas em setembro de 2013, em 25 estados, mais da metade (61%) nunca havia assistido a uma peça teatral. O índice chega a 89% quando se trata de concertos de ópera ou música clássica; 75% em dança; e 71% em exposições de pintura e escultura em museus.

SESC. **Pesquisa inédita revela hábitos culturais do brasileiro**. Sergipe, 2014. Disponível em: <http://www.sesc-se.com.br/noticias/752-pesquisa-inedita-revela-habitos-culturais-do-brasileiro>. Acesso em: 7 jan. 2015.

a) Elabore uma tabela com as porcentagens dos brasileiros que frequentam teatro, concertos de ópera, dança e museu.

**Hábitos culturais dos brasileiros**

| Espetáculos culturais | Porcentagem de brasileiros que frequentam os espetáculos culturais listados |
|---|---|
| Teatro | |
| Concerto de ópera | MODELO |
| Dança | |
| Museu | |

b) Com base na tabela, o que se pode concluir sobre a frequência dos brasileiros nos teatros, espetáculos de dança, concertos e museus?

c) As razões mais citadas para a baixa frequência de públicos nos espaços culturais são:

I. Os altos preços dos ingressos;

II. A falta de patrocínio do governo;

III. A falta de hábito de frequentar espaços de cultura;

IV. A localização dos espaços de cultura;

V. Pouco tempo livre para a ida a esses espaços.

**Em dupla:** debatam e opinem. Quais dessas razões vocês consideram mais importantes para explicar a baixa frequência da população nesses espaços de cultura?

# 12 ROMA ANTIGA

Roma, a capital da Itália, é atualmente uma das cidades mais visitadas da Europa. Nela o presente e o passado se misturam. Ao mesmo tempo em que Roma é uma das capitais dos estúdios de cinema, da indústria e da moda, é também uma porta aberta ao passado. Seu centro histórico é o maior museu a céu aberto do mundo! Nos programas de televisão é comum vermos imagens da cidade de Roma; o que você sabe sobre ela?

Ruínas do Fórum Romano, localizado no centro histórico de Roma, Itália. Fotografia de 2013.

Joe Daniel Price/ Getty Images

A Roma de hoje é muito diferente daquela de antigamente. Incêndios, terremotos, construções e reconstruções, ao longo do tempo, deram outro aspecto à cidade. Mas, por meio da pesquisa, podemos hoje ter uma ideia aproximada da Roma antiga.

## Localização e povoamento

Roma situa-se na Península Itálica, uma longa faixa de terra, em forma de uma bota, que avança pelo Mar Mediterrâneo. Ao norte, a Península é limitada por um conjunto de montanhas, os Alpes; a leste é banhada pelo Mar Adriático; a oeste, pelo Mar Tirreno; e, ao sul, pelo Mar Mediterrâneo.

**Principais povoadores da Península Itálica**

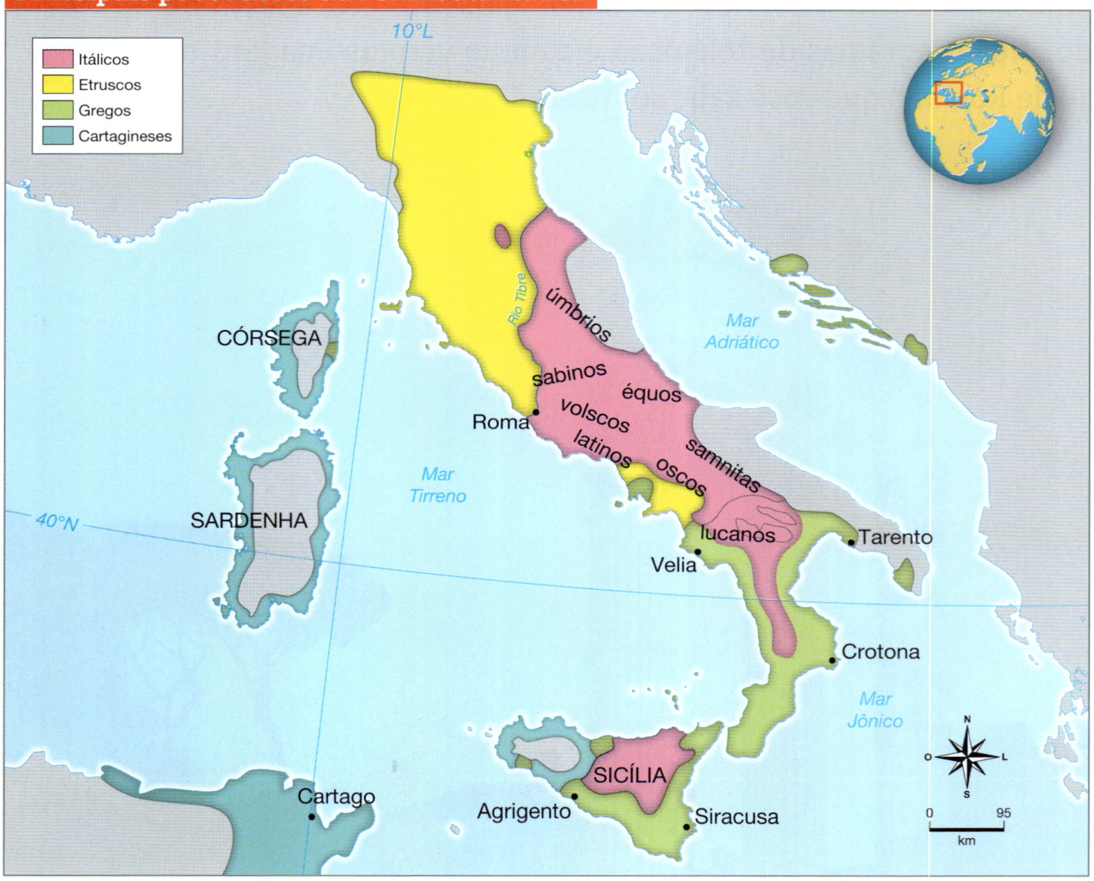


Fonte: ATLAS da História do mundo. São Paulo: Folha de S.Paulo/Times Books, 1995. p. 86.

Os primeiros povos a chegar à Península foram, provavelmente, os itálicos, entre os quais estavam os latinos e os sabinos. Mais tarde, vieram os etruscos, um povo de comerciantes e navegadores. Depois, então, foi a vez dos gregos, que se estabeleceram no sul da Península e na Sicília. Portanto, **itálicos**, **etruscos** e **gregos** foram os principais povoadores da Península Itálica.

## A origem de Roma segundo uma lenda

Havia uma cidade chamada Alba Longa, fundada pelos latinos às margens do Tibre.

Um belo dia, a princesa da cidade de Alba Longa apaixonou-se por Marte, deus da guerra, e com ele teve filhos gêmeos. Ao saber disso, o tio das crianças, Amúlio, que tinha tomado à força o trono daquela cidade, colocou os bebês em um cesto e mandou que os atirassem no Rio Tibre.

Mas, ao contrário do que esperava o maldoso Amúlio, as crianças não morreram. O cesto encalhou em um lugar chamado monte Palatino. Foi quando uma loba, que por ali passava, ouviu o choro dos bebês e salvou-os, amamentando-os como se fossem seus filhos.

Tempos depois, os bebês foram encontrados por um pastor, que os criou e deu a eles os nomes de Rômulo e Remo. Os meninos cresceram fortes e saudáveis. Ao se tornarem adultos, voltaram para Alba Longa, lutaram contra o tio e, depois de vencê-lo, devolveram o trono da cidade ao avô deles. Com isso, ganharam permissão para fundar uma cidade. O lugar escolhido foi o monte Palatino, local onde a loba os havia amamentado. Em 753 a.C., os dois irmãos fundaram Roma, assim chamada em homenagem a Rômulo. Logo a seguir, porém, eles se desentenderam e, na disputa pelo poder, Rômulo foi o vencedor: matou Remo e tornou-se o primeiro rei de Roma.

**Dialogando...**
Você saberia dizer uma diferença entre lenda e História?

Museu Capitolino, Roma. Foto: Photo Scala, Florence/Glow Images

Essa estátua em bronze é uma construção feita em dois tempos: a loba é uma escultura etrusca, de mais ou menos 500 a.C.; os gêmeos Rômulo e Remo foram colocados no século XV.

Cabeça do deus Hermes em terracota, civilização etrusca, 510-500 a.C. Museu Nacional Etrusco de Villa Giulia.

## A fundação de Roma

As dúvidas sobre a origem de Roma são muitas. Sabe-se, no entanto, que por volta do século X a.C., no centro da Península Itálica, às margens do Rio Tibre, havia várias aldeias habitadas pelos latinos, povo que vivia, sobretudo, do pastoreio. Acredita-se que no século VIII a.C., ao se verem ameaçados pelos sabinos, um povo vizinho, os latinos se uniram e fundaram a cidade de Roma.

Costuma-se dividir a história política de Roma em três períodos sucessivos: Monarquia (753-509 a.C.), República (509-27 a.C.) e Império (27 a.C.-476 d.C).

# O tempo dos reis

Nos primeiros tempos da Monarquia, a cidade de Roma era apenas o local onde ficavam os templos religiosos e onde os chefes das famílias se reuniam para discutir assuntos de seu interesse.

Por volta de 600 a.C., os **etruscos** se estabeleceram em Roma como comerciantes ou prestadores de serviço e, aos poucos, foram ganhando poder até conquistarem o governo da cidade. Durante o governo dos reis etruscos, Roma prosperou e foi modernizada: drenaram-se pântanos, construíram-se redes de esgotos, altas muralhas e uma ponte ligando as duas margens do Rio Tibre. Roma, que até então era um conjunto de aldeias, transformou-se em uma cidade próspera e protegida por uma muralha. Dos etruscos, os romanos assimilaram conhecimentos de engenharia, o uso do arco e da **abóbada** nas construções e a crença de que era possível conhecer a vontade dos deuses por meio da adivinhação.

**Etrusco**
Povo de comerciantes e navegadores que vivia ao norte de Roma.

**Abóbada**
Cobertura encurvada construída geralmente com pedras ou tijolos que se apoiam uns nos outros de modo a suportarem o próprio peso.

1 

2 

1. Colunas coríntias do Templo de Zeus Olímpico, Monte Pentélico, Atenas, Grécia.
2. Porta dell'Arco, passagem sob arco em Volterra, na Itália, século II a.C. Enquanto os gregos usavam colunas e vigas-mestras (peça de sustentação - fig. 1), os etruscos utilizavam o arco em suas construções (fig. 2), elemento que os romanos incorporaram à sua arquitetura.

## A sociedade no tempo da Monarquia

Durante a monarquia, a sociedade romana era formada basicamente por quatro camadas sociais.

Os **patrícios** eram os nobres romanos, donos de muitas terras e de gado e os únicos a possuir direitos políticos.

Os **plebeus** formavam a maioria da população e trabalhavam como pequenos agricultores, artesãos ou mercadores. Não tinham o direito de participar do governo da cidade e podiam ser escravizados por dívidas.

Os **clientes** eram servidores ou protegidos do chefe de uma família com grande poder e prestígio; esse chefe era chamado de **patrono**. Quanto mais clientes um patrono possuísse, maior o seu prestígio social e político.

Havia ainda um pequeno número de **escravizados**: prisioneiros de guerra, pessoas que não conseguiam saldar suas dívidas ou que tinham sido condenadas pela justiça.

Erin Babnik/Alamy/Latinstock

Estátua representando patrício romano carregando dois bustos de membros de sua família (século I a.C.).

## A política no tempo da Monarquia

Nos tempos em que Roma era uma Monarquia, o rei era a maior autoridade da cidade, mas não a governava sozinho. Além dele havia o Senado (formado pelos chefes das principais famílias patrícias), e uma Assembleia (composta por soldados com até 45 anos).

Na Roma antiga, o poder do rei não passava de pai para filho; quando um rei morria, o Senado escolhia quem iria sucedê-lo e a Assembleia se manifestava contra a escolha ou a favor dela. Portanto, o rei tinha o seu poder limitado pelo Senado e pela Assembleia.

Os patrícios, que controlavam o Senado romano, nunca se conformaram com o domínio etrusco sobre Roma. Em 509 a.C., aproveitando-se do enfraquecimento dos etruscos por causa de guerras com os povos vizinhos, os patrícios derrubaram o rei etrusco Tarquínio, o Soberbo, e fundaram a **República**.

**Patrono**
Chefe da família que devia proteger e auxiliar o cliente em troca de apoio e da lealdade dele recebida.

**República**
A palavra vem do latim *res publica*, isto é, coisa pública.

## A República Romana

A República Romana era governada pelos **magistrados**, auxiliados pelo **Senado** e pelas **Assembleias**. Conheça os principais magistrados e suas atribuições.

### Os magistrados romanos

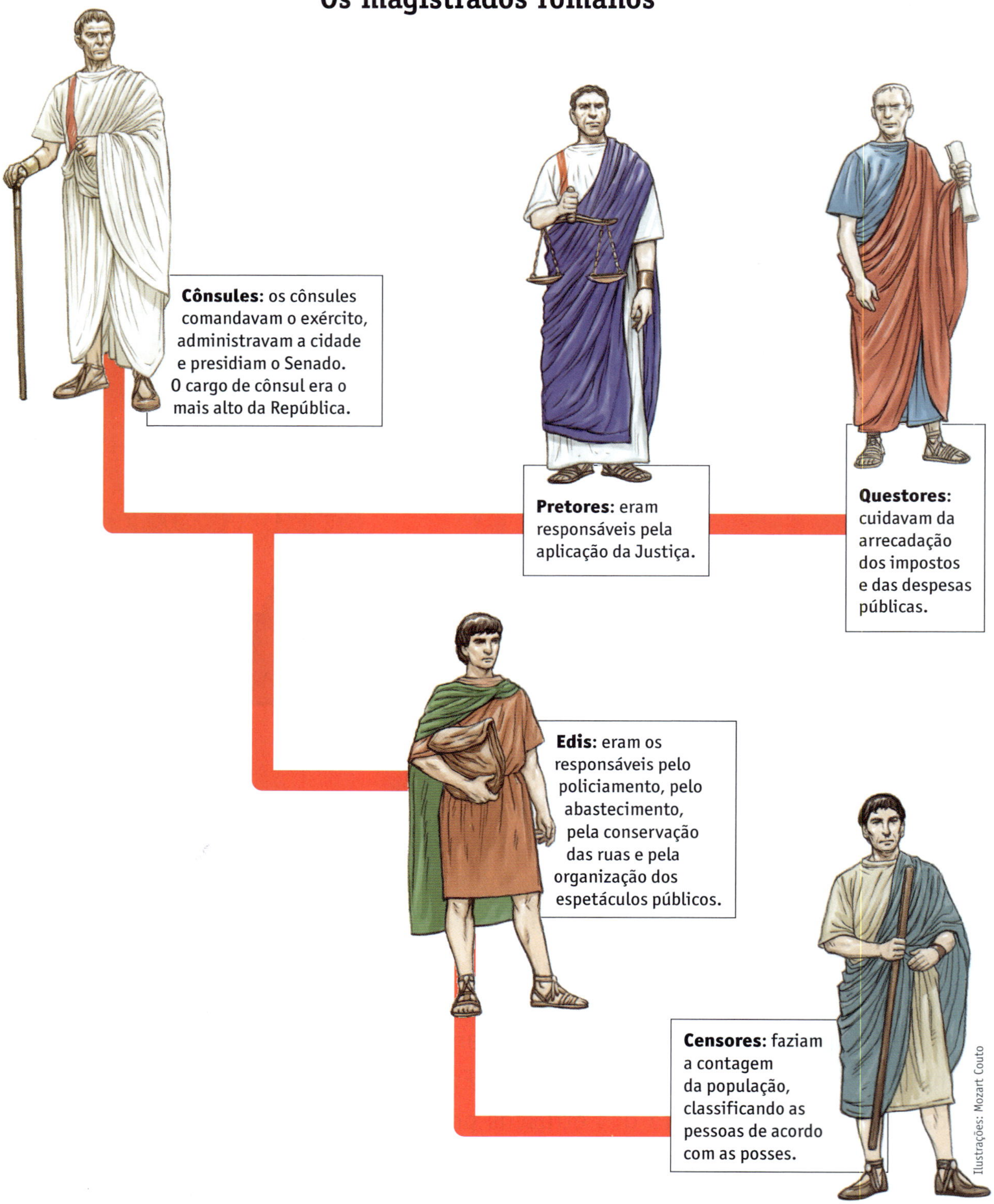


Ilustrações: Mozart Couto

Além desses magistrados, havia o **ditador**. Ele governava Roma com plenos poderes por um período de seis meses, em caso de grave ameaça à República (guerra, por exemplo). Era eleito pelo Senado.

**Senado** – era formado por trezentos membros **vitalícios**, todos patrícios. Suas principais funções eram controlar o tesouro público e propor a guerra ou a paz. Na República Romana, somente os patrícios podiam ocupar altos cargos no governo, isto é, os cargos de magistrado e de senador.

**Vitalício**
Para toda a vida.

As **Assembleias** eram três:

- Assembleia das tribos – reunião dos cidadãos conforme o local de residência ou a origem; elegia os questores e os edis;
- Assembleia centuriata – reunião dos cidadãos em centúrias (unidades do Exército) segundo o grau de riqueza; votava as declarações de guerra, os acordos de paz e elegia os cônsules;
- Assembleia da plebe – composta apenas pelos plebeus; votava assuntos de interesse da plebe.
- Mulheres e escravos eram excluídos da política e, portanto, não podiam participar de nenhuma dessas assembleias.

Mozart Couto

Ilustração atual feita com base em pesquisa histórica representando um senador romano.

## As lutas sociais

Os plebeus eram maioria em Roma. Como cidadãos, pagavam impostos e serviam ao exército. Apesar disso, eles não podiam exercer nenhum cargo importante no governo romano. O casamento entre plebeus e patrícios também era proibido. Além disso, ao serem convocados para ir à guerra, os plebeus eram forçados a deixar suas pequenas propriedades e, com isso, se endividavam; quando não conseguiam pagar suas dívidas, perdiam a terra e eram escravizados.

## Para refletir

Segundo o historiador romano Tito Lívio, quando os plebeus saíram de Roma pela primeira vez e se reuniram no Monte Sagrado, deixando os patrícios sem homens para combater, estes enviaram o tribuno da plebe, Menênio Agripa, para convencê-los a voltar. Ele contou-lhes o seguinte **apólogo**:

Album/Oronoz/Latinstock

Página do livro **História de Roma**, do historiador Tito Lívio (59-17 d.C.).

No tempo em que reinava a desarmonia no corpo humano [...] todas as partes do corpo revoltaram-se contra o estômago, pois a ele cabia apenas o prazer de receber o que lhe davam.

Prepararam uma conspiração: as mãos combinaram não levar mais os alimentos à boca; a boca não mais recebê-los; os dentes não mais triturá-los. Ora, a consequência dessa revolta foi que o corpo inteiro chegou a enfraquecer completamente. Os membros viram então que o estômago exercia funções úteis e que alimentava tanto quanto era alimentado.

Menênio Agripa em discurso. In: ISAAC, J.; ALBA, André. **História universal**: Roma. São Paulo: Mestre Jou, 1964. p. 26.

**Apólogo**
O mesmo que fábula, pequena história contendo um ensinamento ou conselhos.

a) Quem é o estômago, quem são os membros e quem é o corpo?

b) O que Menênio Agripa quis dizer com este apólogo?

## As conquistas dos plebeus

Dispostos a lutar por igualdade de direitos, os plebeus promoveram várias revoltas. Uma tática muito usada por eles era se retirar de Roma e ameaçar não participar mais do exército romano. Como os plebeus constituíam a maioria dos trabalhadores e dos soldados, os patrícios tinham de ceder. Assim, aos poucos, os plebeus foram conquistando mais direitos, como se pode ver a seguir.

| Conquistas dos plebeus | |
|---|---|
| Tribunato da Plebe, 494 a.C. | Os plebeus ganharam o direito de eleger um **tribuno da plebe**, magistrado que tinha o poder de anular leis contrárias aos plebeus. |
| Lei das Doze Tábuas, 450 a.C. | As primeiras leis escritas da história de Roma (na verdade, eram inscrições em placas de bronze). Com leis escritas, ficava mais difícil para os patrícios interpretá-las conforme seus interesses. |
| Lei Canuleia, 445 a.C. | Permitia o casamento entre patrícios e plebeus. |
| Leis Licínias-Séxtias, 367 a.C. | Uma das leis determinava que um dos dois cônsules tinha de ser plebeu. A outra cancelava parte da dívida que os plebeus tinham com os patrícios. |

Posteriormente, os plebeus conseguiram uma lei que proibia a escravidão por dívidas e outra que dava a eles o acesso a todas as magistraturas. Mas, como apenas os plebeus ricos tinham posses suficientes para fazer carreira política, somente eles chegavam ao poder. Formou-se, então, uma nova aristocracia, composta de patrícios e plebeus enriquecidos.

**Leis Licínias-Séxtias**
Essas leis têm o nome de seus autores, os tribunos da plebe Licínio Estolão e Lúcio Séxtio.

# Roma conquista a Itália e, depois, o mundo

Desde cedo, os romanos guerrearam para se defender de seus vizinhos. Mas com o aumento das lutas sociais e da participação política da plebe, os romanos passaram a guerrear com dois outros objetivos: a conquista de terras e o controle das rotas de comércio. As terras conquistadas eram convertidas em "terra pública" (*ager publicus*, em latim), e os povos vencidos eram transformados em aliados dos romanos, chegando inclusive a integrar seu exército.

Entre os séculos V e III a.C., as legiões romanas conquistaram quase toda a Península Itálica.

Museo Della Civiltà Romana, Roma. Foto: DEA/A DAGLI ORTI/Easypix

Relevo do século I representando um capitão da cavalaria romana em ação. As legiões romanas eram integradas por infantaria, artilharia e cavalaria.

De Agostini / G. Dagli Orti/Easypix

Moeda romana de prata que mostra um eleitor votando, c. 100 a.C.

## Para saber mais

### Cidadania: uma comparação entre Roma e Atenas

A cidadania praticada no mundo romano era diferente da que vigorou na Atenas de Péricles. Lá, como vimos, para ser cidadão, o indivíduo tinha de ter nascido livre e ser filho de pai e mãe ateniense. Todos os cidadãos, ricos ou pobres, podiam participar dos debates e do governo da cidade. Enquanto em Atenas a cidadania se baseava em um critério étnico (filho de pai e mãe ateniense) e geográfico (o território ateniense), no mundo liderado por Roma havia diferentes "graus" de cidadania.

No topo da escala situava-se a cidadania romana, que incluía o direito a voto (*suffragium*) nas várias assembleias em Roma e a elegibilidade para magistraturas. A partir dessa cidadania plena (*optimo iure*), definiam-se as outras, por exemplo, a cidadania sem direito de voto (*civitas sine suffragio*); nesta, o povo mantinha autonomia, mas tinha o dever de fornecer homens ao exército romano e pagar tributos.

Além disso, no caso das comunidades itálicas, Roma permitia uma autonomia controlada. O direito latino é que estabelecia se um indivíduo tinha o direito de comerciar e/ou de casar-se legalmente com quem tinha cidadania romana.

Concluindo: a cidade de Roma é que estabelecia os direitos e deveres de seus aliados e o tipo de cidadania que eles podiam exercer no mundo romano.

**Cartago**
Colônia fundada pelos fenícios no norte da África, que se projetou por meio do comércio marítimo.

**Província**
Território conquistado fora da Península Itálica e que devia pagar impostos a Roma.

Depois de conquistar a Península Itálica, Roma passou a disputar a liderança com outra potência daquela época: **Cartago**. A disputa pelo controle do comércio no Mediterrâneo ocidental deu origem a três guerras entre Roma e Cartago, as **Guerras Púnicas**, assim chamadas porque os romanos denominavam os fenícios de *"punici"*, púnicos.

As Guerras Púnicas se desenrolaram entre 264 e 146 a.C. e foram vencidas pelos romanos. Após a vitória final, os romanos arrasaram a cidade de Cartago, venderam seus poucos sobreviventes como escravos e transformaram seu território em **província** romana.

Depois de conquistar terras a oeste, os romanos voltaram-se para o leste, onde conquistaram a Macedônia, a Grécia e parte da Ásia Menor. No século I a.C., sob o comando do general Júlio César, completaram a conquista da **Gália**, invadiram o Egito e o norte da África. Assim, em fins do século I a.C., os romanos eram os senhores de todo o Mediterrâneo, mar que eles passaram a chamar de *Mare Nostrum* (Nosso Mar).

**Terras sob o domínio romano (século I a.C.)**

Fonte: GUARINELLO, Norberto Luiz. **História Antiga**. São Paulo: Contexto, 2014. p. 140.

As conquistas trouxeram mudanças profundas na vida dos romanos, entre as quais cabe destacar:

**a)** o enriquecimento do Estado romano (impostos, terras, joias de ouro e prata e outros bens obtidos nas províncias);

**b)** fortalecimento de um novo grupo social, o dos **cavaleiros**, homens enriquecidos com o comércio, a cobrança de impostos nas áreas conquistadas e os serviços prestados ao governo de Roma;

**c)** grande aumento do escravismo;

**d)** concentração das terras conquistadas nas mãos de poucos.

**Gália**
Aproximadamente onde estão hoje a França e a Bélgica.

**Cavaleiros**
O nome deriva do fato de pertencerem à cavalaria. Somente os ricos podiam ser cavaleiros, pois a cavalaria exigia dos seus integrantes armas e equipamentos caros.

DEA / A DAGLI ORTI/Easypix

Estátua de uma menina escravizada dormindo. Roma, século I a.C. Coleção particular. Os escravos faziam serviços domésticos e trabalhavam também como médicos, músicos e professores dos filhos dos ricos. No campo, faziam todo tipo de serviço. Na Roma antiga, os escravos podiam ser vendidos, torturados, castigados com surras de varas, queimados com ferro em brasa e, até mesmo, crucificados.

## Escravismo e grande propriedade

Com as guerras de conquista, milhares de prisioneiros de guerra foram trazidos para a Península Itálica. Os ricos tinham, às vezes, centenas de escravizados, pessoas das mais diversas cores e origens: gregos, macedônios, asiáticos etc.

As terras e os escravos obtidos nas guerras originaram grandes propriedades escravistas na Península Itálica. Estas produziam vinho e azeite de oliva, que eram vendidos às províncias por altos preços. A pequena propriedade camponesa, porém, não desapareceu, mas passou a produzir apenas para a subsistência e para mercados locais. O administrador da grande propriedade era um capataz, geralmente um escravo com direitos que outros não tinham, como o de se casar, por exemplo. É preciso dizer que, na propriedade escravista, os escravos eram maioria, mas havia também trabalhadores livres.

### Espártaco: a resistência à escravidão

Durante a expansão romana pelo Mediterrâneo, ocorreram várias revoltas de escravos nos domínios romanos. Porém, a maior delas ocorreu em Cápua, no sul da Península Itálica, e foi liderada por Espártaco.

Espártaco foi capturado pelos romanos no norte da Grécia. Conta-se que, por ser forte e corajoso, foi escolhido para ser um **gladiador**.

**Gladiador**
Escravo ou prisioneiro que lutava contra outros homens e/ou feras nos anfiteatros romanos.

Cena de **Spartacus**, série estadunidense exibida entre 2010 e 2013. A história de Espártaco, principal líder da maior revolta escrava, foi tema de livros, filmes, história em quadrinhos e seriados de TV.

Série de Steven S. DeKnight. Spartacus. EUA, 2010. Foto: Everett Collection/AGB Photo Library/Keystone

Em busca de liberdade, dezenas de escravos liderados por Espártaco iniciaram, em 73 a.C., uma das maiores rebeliões do mundo antigo. Milhares de escravizados e homens livres pobres aderiram à rebelião. À frente de um exército de ex-escravos, que chegou a ter cerca de 100 mil combatentes, Espártaco venceu tropas romanas por diversas vezes e dominou boa parte do sul da Itália. Em 71 a.C., os exércitos romanos se uniram e conseguiram vencer os rebeldes. Como castigo exemplar, Espártaco e cerca de 6 mil seguidores foram presos, crucificados e expostos ao longo da via Ápia, estrada que ligava Roma a Cápua.

Conforme o historiador Fábio Joly, a revolta liderada por Espártaco **não** foi contra Roma – os rebeldes lutaram por sua liberdade e a de seus companheiros; por isso fundaram comunidades, que acolhiam escravizados fugidos das áreas próximas.

## A luta pela terra

Os homens ricos, como vimos, apossavam-se das terras obtidas nas guerras de conquista e nelas montavam fazendas escravistas. Assim, ao final de uma guerra, eles se tornavam mais ricos. Já para os pequenos agricultores, a guerra geralmente significava prejuízo. Muitos deles morriam combatendo a pé e nas primeiras fileiras; os que conseguiam voltar para casa, depois de anos de ausência, encontravam sua propriedade devastada ou invadida.

Além disso, com o aumento da entrada de escravos, muitos camponeses ficaram sem trabalho e tiveram de se mudar para as cidades. Assim, o número de pobres nas cidades e nos campos aumentou muito.

Relevo representando camponeses conduzindo uma carroça puxada por touros, século I a.C.

DeA Picture Library/ The Granger Collection/ Glow Images

**Reforma agrária**
Conjunto de medidas que busca tornar a posse e o uso da terra acessíveis a um maior número de pessoas ou famílias.

Diante disso, em 133 a.C., o tribuno da plebe, Tibério Graco, propôs uma **reforma agrária** que limitava o tamanho da terra que um indivíduo podia ter e distribuía lotes de terra aos pobres. A reforma teve total apoio dos camponeses, mas foi mal recebida por uma parte dos ricos. A tensão entre uns e outros aumentou e, em um tumulto ocorrido em uma assembleia, Tibério foi assassinado.

Em 123 a.C., Caio Graco foi eleito tribuno da plebe e deu continuidade à reforma iniciada por seu irmão Tibério. Além disso, conseguiu aprovar duas importantes leis: uma que estendia a cidadania romana a alguns povos aliados, e outra que obrigava o governo a pagar o equipamento dos soldados que iam para a guerra. Com essas propostas, Caio Graco acabou atraindo inimigos poderosos, e, ao perceber que ia ser morto em uma cilada, pediu que um escravo o matasse.

## A ascensão dos militares

Além do problema da terra, outro sinal da crise da República provinha do exército. Em 107 a.C., o cônsul Mário promoveu uma reforma militar instituindo o pagamento de salários àqueles que se alistassem no exército voluntariamente. Com isso, muitos homens pobres alistaram-se como soldados permanentes; além do salário, recebiam dos seus generais parte do saque e das terras conquistadas. Com isso, esses novos soldados se ligaram aos seus generais por laços de lealdade e solidariedade.

Relevo em que se vê um regimento militar romano. Com a Reforma de Mário, o serviço militar foi pouco a pouco se tornando uma profissão.

Museus do Vaticano, Cidade do Vaticano. Foto: Corel Stock Photo

Apoiados por suas tropas, os generais ganharam força e passaram a disputar o poder político. Um dos generais que se sobressaiu na época foi Júlio César, o conquistador da Gália.

Episódios dessa conquista de César são temas do gibi **Asterix**, criado por René Goscinny e Albert Uderzo. Asterix é um guerreiro gaulês, baixinho, narigudo e muito esperto que, ao beber a poção mágica criada pelo druida (sacerdote) Panoramix, ganha, temporariamente, grande força. Graças à poção mágica, a aldeia de Asterix realizou algo quase impossível: resistiu ao Império Romano. O melhor amigo de Asterix é Obelix, um gaulês gordo e bonachão que, apesar do tamanho, tem o coração de uma criança. Obelix possui grande força permanentemente, pois caiu no caldeirão da poção mágica quando ainda era pequeno.

Mas cuidado! **Asterix** é uma invenção de seus autores; não tem nenhum compromisso com a pesquisa histórica. **Asterix** foi sucesso não apenas na França, mas em vários países, inclusive no Brasil.

Tirinha da série de quadrinhos **Asterix e Obelix**.

## Júlio César contra o Senado

Aproveitando-se de sua enorme popularidade, Júlio César juntou-se aos generais Pompeu e Crasso e formou com eles o **Primeiro Triunvirato**, um acordo entre os três generais, pelo qual um se comprometia a ajudar o outro para controlar o poder em Roma.

Com a morte de Crasso, abriu-se uma guerra entre César e Pompeu. Vitorioso, César tomou o poder em Roma e promoveu reformas que aumentaram ainda mais sua popularidade, como a doação de terras a milhares de ex-soldados e plebeus empobrecidos. Os senadores acusaram César de trair a República e desejar a volta da Monarquia e, com base nisso, o assassinaram em 44 a.C.

## Otávio e o Império

Com a morte de César, formou-se o **Segundo Triunvirato**, integrado pelos generais Otávio, Marco Antônio e Lépido. A disputa pelo poder opôs as tropas de Otávio às de Marco Antônio e Cleópatra, rainha do Egito. A vitória coube a Otávio que, ao retornar a Roma, pressionou o Senado a lhe dar vários títulos, entre eles o de Príncipe (líder do Senado e o mais importante cidadão de Roma); o de Augusto (venerado); e o de Imperador (comandante supremo dos exércitos), fato ocorrido em 27 a.C. Com isso teve início o Império.

Museu de Belas Artes, Boston.
Foto: The Bridgeman Art Library/Keystone

Moeda romana de prata (denário) com figura de Júlio César, 44 a.C.

Museu Arqueológico Nacional, Nápoles.
Foto: The Bridgeman Art Library/Keystone

Moeda romana de ouro com figura do imperador Augusto, 7-6 a.C.

### Para saber mais

#### A passagem da República ao Império

Durante muito tempo foi dito que o Império inaugurou um tempo completamente novo na história de Roma.

Historiadores atuais que pesquisam o assunto, a exemplo de Fábio Faversani, discordam disso. Para eles, a passagem da República para o Império envolveu mudanças e também permanências.

Entre as **permanências** podemos citar:

- Roma, a capital, continuou a ser o centro do poder;
- as elites de Roma continuavam mantendo relações de colaboração e/ou competição com as elites das províncias;
- o Senado perdeu parte de suas funções, mas seus membros continuaram a ser escolhidos entre a aristocracia italiana.

E entre as **mudanças** podemos citar:

- grande parte do poder do Senado passou para as mãos do imperador;
- a plebe de Roma, que chegava a quase 1 milhão de habitantes, perdeu seu poder de propor e de votar leis.
- as elites das cidades buscaram aliar-se ao imperador a fim de conseguir vantagens para seus membros.

# ATIVIDADES

## I. Retomando

**1.** **Reveja o mapa da página 232, "Principais povoadores da Península Itálica", e responda.**

a) Em que península Roma está localizada?

b) Indique as áreas ou mares que limitam essa península.

c) Onde a cidade de Roma está situada?

d) Por quais povos essa península foi povoada?

**2.** **Leia as imagens (fonte 1) e o texto (fonte 2) e, a seguir, responda.**

**Fonte 1**

Sigrid Schuetze-Rodemann/Arcaid/Corbis/Latinstock

Aqueduto de Les Ferreres, Tarragona, Espanha.Fotografia de 2006.

Atlantide Phototravel/Corbis/Latinstock

Templo de Segesta, Sicília, Itália. Fotografia de 2008.

Guy Vanderelst/Getty Images

Fotografia recente da cúpula do interior do Panteão de Roma, Itália.

**Fonte 2**

Os etruscos influenciaram a sociedade romana em diversos campos; as instituições políticas foram organizadas segundo seu modelo: transmitiram várias práticas religiosas [...] como a cerimônia do triunfo [...] e o ritual de fundação de cidades. Na arquitetura, disseminaram o uso do arco e da abóbada nas construções.

CORASSIN, Maria Luiza. **Sociedade e política na Roma antiga**. São Paulo: Atual, 2001. p. 18.

a) Durante o domínio etrusco, Roma prosperou, foi modernizada e passou a ser protegida por uma grossa muralha. Quais elementos das imagens os romanos herdaram dos etruscos? Justifique.

b) As fontes 1 e 2 são divergentes ou complementares? Explique.

**3. Observe as imagens com atenção.**

Ilustra Cartoon

Charge a respeito da história política de Roma.

a) O que está acontecendo na cena 1?

b) O que está acontecendo na cena 2?

c) Que passagem da história de Roma está representada na charge?

d) Como se deu essa passagem?

e) Que grupo social mais se beneficiou com a fundação da República em Roma?

**4.** **Leia um trecho do discurso de Tibério Graco registrado pelo escritor grego Plutarco.**

Os animais selvagens da Itália possuem cada um sua toca, seu abrigo; mas os homens que combatem e morrem pela Itália possuem apenas a luz, o ar, e nada mais. [...] Eles combatem e morrem para sustentar o luxo e a opulência dos outros; são chamados de senhores do mundo, quando não possuem sequer um pedaço de terra.

CORASSIN, Maria Luiza. **Sociedade e política na Roma antiga**. São Paulo: Atual, 2001. p. 52-53.

a) Quem foi Tibério Graco?

b) Que comparação ele faz nesse texto?

c) De quem ele está falando quando diz "não possuem sequer um pedaço de terra"?

d) O que Tibério Graco propôs para solucionar o problema que ele aponta nesse texto?

**5.** **Dispostos a lutar por igualdade de direitos, os plebeus promoveram várias revoltas. Assim, aos poucos, foram conquistando direitos. Copie o quadro a seguir em seu caderno e complete-o com o conteúdo de cada uma das leis conquistadas pelos plebeus.**

| Ano | Leis | Conteúdo da lei |
|---|---|---|
| 494 a.C. | Tribunato da Plebe | |
| 450 a.C. | Lei das Doze Tábuas | MODELO |
| 445 a.C. | Lei Canuleia | |
| 367 a.C. | Leis Licínias-Sêxtias | |

**6.** **Leia o texto e a imagem com atenção.**

**Fonte 1**

Depois de meio século de lutas internas, Caio Júlio César, um general aristocrata que se dizia descendente de Vênus e Eneias, conquistou em poucos anos a Gália, uma enorme área que corresponde, mais ou menos, à atual França, Suíça, Bélgica e parte da Alemanha. Quando o Senado não lhe quis permitir que continuasse a comandar as tropas, César recusou-se a obedecer [...] e tornou-se ditador em seguida.

FUNARI, Pedro P. **Grécia e Roma**. São Paulo: Contexto, 2001. p. 89.

▸ **Fonte 2**

Tirinha da série de quadrinhos **Asterix e Obelix**, criada pelos cartunistas Albert Uderzo e René Goscinny.

a) Copie o trecho da fonte 1 que ajuda a explicar a importância da Gália para os romanos.

b) Segundo o texto, César tornou-se um ditador. Quais eram as atribuições do ditador em Roma?

c) Segundo a tirinha, que estratégias foram utilizadas pelo exército romano na conquista da Gália?

## II. Leitura e escrita em História

### Leitura e escrita de textos

#### VOZES DO PASSADO

**Leia com atenção o texto a seguir. Ele foi escrito pelo filósofo romano Sêneca, que viveu nos tempos de Nero. Após a leitura, responda às questões.**

> Lembre-se, por favor, que o chamado "escravo" é um homem igual a você, vivendo sob o mesmo sol, respirando, movendo-se e sendo mortal igual a você! [...]. Você pode desprezar a sorte de um escravo quando você pode ter o mesmo destino? Não desejo envolver-me na discussão do nosso tratamento dos escravos, que me parece demasiadamente severo, sádico e insultante. Meu conselho é simples: trate seus inferiores como desejaria ser tratado por seus superiores. Quando pensar que pode fazer o que quiser com seus escravos, lembre-se que o mesmo pode ser feito por seu senhor. "Mas", você me diz, "não tenho senhor". Há, ainda, uma longa vida a seguir: pode ter um, quando menos esperar.

FUNARI, Pedro Paulo A. **Roma**: vida pública e vida privada. São Paulo: Atual, 1993. p. 64. (História geral em documentos).

a) A quem o texto se dirige? Explique.

b) Identifique e anote o trecho em que fica evidente que o autor era um membro da elite romana.

c) Que argumentos ele usa para condenar o tratamento dispensado aos escravizados no mundo romano?

d) **Em grupo**. Debatam o conselho de Sêneca: "trate seus inferiores como desejaria ser tratado por seus superiores" e elaborem um comentário.

## VOZES DO PRESENTE

**O texto a seguir foi escrito por um estudioso da História Antiga. Leia-o com atenção.**

A luta pelos direitos civis dos plebeus foi o grande motor das transformações históricas a partir da república, por dois séculos (V e IV a.C.). Parte da plebe urbana conseguiu acumular riquezas pelo artesanato e pelo comércio, sem que pudesse gozar de igualdade de direitos em relação aos patrícios. Os plebeus urbanos preocupavam-se, portanto, com os direitos políticos e sociais: queriam ocupar cargos, votar no Senado e até mesmo casar-se com patrícios, o que lhes era **vedado**. Em um movimento paralelo, parte da plebe rural teve as terras **confiscadas** pelo endividamento e lutava pelo fim da escravidão por dívida e pelo direito a parte da terra conquistada de outros povos. Apesar dos interesses diversos, os plebeus não tiveram dificuldades para unir-se contra o patriciado na luta pela cidadania.

**Vedado**
Proibido.

**Confiscadas**
Tomadas pelo governo.

FUNARI, Pedro Paulo A. A cidadania entre os romanos. In: PINSKY, Jaime; PINSKY, Carla Bassanezi (Org.). **História da cidadania**. São Paulo: Contexto, 2005. p. 52.

a) De acordo com o texto, qual foi o grande motor das mudanças ocorridas em Roma a partir da República?

b) Por que a plebe teve de lutar por direitos? Dê um exemplo.

c) A plebe romana não formava um bloco único. Parte dos plebeus vivia em cidades e outra parte no campo. Esses dois grupos tinham interesses específicos. O que queriam os plebeus urbanos? O que pleiteavam os plebeus rurais?

d) O que os plebeus urbanos e os rurais fizeram para conseguir o que desejavam?

e) A ampliação dos direitos dos plebeus representou uma conquista ou uma concessão (isto é, um benefício dado pelos patrícios)? Explique.

## III. Você cidadão!

**O texto a seguir é do romano Cícero (106-43 a.C.), um pensador que conhecia bem a política romana. Leia-o com atenção.**

### Tudo vale em busca do voto

Para ganhar o favor popular, o candidato deve conhecer os eleitores por seu nome, elogiá-los e bajulá-los, ser generoso, fazer propaganda e levantar-lhes a esperança de um emprego no governo [...]

A generosidade é um tema amplo. [...]. Ofereça banquetes e providencie que seus amigos façam o mesmo, procurando atingir os eleitores [...]

Quanto à sua imagem, espalhe que você fala bem [...], que os jovens se amontoam à sua volta [...], e que veio gente do campo e de cidades do interior, até Roma, explicitamente para apoiar a sua campanha. Faça com que os eleitores falem e pensem que você os conhece bem [...] que você é generoso e aberto, que, mesmo antes do amanhecer, sua casa está cheia de amigos, [...], que você fez promessas [...] que as cumpriu, realmente [...].

Sua campanha, na medida do possível, deve levantar, contra seus adversários, suspeitas negativas, apropriadas às suas personalidades, envolvendo crimes, vícios e corrupção [...].

FUNARI, Pedro Paulo A. **Roma**: vida pública e vida privada. São Paulo: Atual, 1993. p. 25-27. (História geral em documentos).

Museu Ashmolean, da Universidade de Oxford, Reino Unido. Foto: The Bridgeman Art Library/Keystone

Estátua em mármore do pensador romano Cícero, século II a.C.

**a)** A quem Cícero se dirige?

**b)** Que conselhos Cícero dá a eles?

**c)** **Em dupla**: História e Ética. Cícero sugere que se levante contra os adversários suspeitos de roubo e corrupção. Avaliem e comentem esse conselho dado por Cícero.

**d)** **Passado/presente**. Alguns conselhos de Cícero são utilizados pelos políticos da atualidade? Em caso afirmativo, quais?

# 13 O IMPÉRIO ROMANO

Nero, Calígula e outros imperadores romanos são mostrados nos filmes, quase sempre, como homens loucos, cruéis e extravagantes; será que esta imagem criada pelo cinema corresponde à realidade? Você já viu filmes, histórias em quadrinhos ou desenhos animados sobre o Império Romano? Lembra-se de ter visto lutas entre gladiadores e/ou corridas de bigas? Sabe o que era o Coliseu? Seria capaz de reconhecê-lo em uma fotografia?

Filme de Mervyn LeRoy. QUO VADIS?. EUA, 1951.
Foto: PHOTO12/Otherimages

Cena do filme ***Quo Vadis*** (1951) em que Nero, o imperador tido como responsável pelo incêndio de Roma, é mostrado com um olhar estranho, como se estivesse bolando um plano diabólico.

# O governo do imperador Otávio Augusto

Vimos no capítulo anterior que Otávio Augusto e seus soldados venceram as forças de Marco Antônio, pondo fim à República e estabelecendo um novo regime político: o Império. Na condição de imperador, Otávio Augusto podia agora propor e rejeitar leis, convocar o Senado e as assembleias e intervir militarmente em Roma, na Itália, e em todas as províncias romanas. Aproveitando-se disso, ele promoveu uma série de reformas importantes:

- definiu os limites do Império Romano e enviou tropas para proteger suas fronteiras;
- distribuiu terras aos seus soldados;
- confiou a administração de algumas províncias aos senadores, enquanto manteve outras, como o Egito (importante fornecedor de trigo a Roma), sob sua responsabilidade;
- modernizou a cidade de Roma que, na época, tinha cerca de 1 milhão de habitantes e passou a ter um prefeito, um corpo de bombeiros e monumentos que glorificavam o governo.

Relevo em mármore em uma antiga construção romana, 9 a.C. Ao centro, vê-se a figura da deusa Tellus (a Terra) ladeada por duas personagens femininas que representam o ar e a água. A escultura é uma homenagem à prosperidade alcançada durante o governo de Otávio Augusto.

The Bridgeman Art Library/Keystone

Museus do Vaticano, Cidade do Vaticano.
Foto: The Granger Collection/Otherimages

Com o governo de Otávio Augusto (27 a.C. a 14 d.C.) teve início um longo período de estabilidade, conhecido como *Pax Romana*, que durou mais de 200 anos. Durante esse período, as cidades ganharam estradas e teatros e as fronteiras do Império foram fortificadas. E, sob o imperador Trajano, em 117 d.C., o império adquiriu sua máxima extensão.

Estátua de Augusto de Prima Porta, representando o imperador romano em trajes militares. Século I a.C. Museu do Vaticano, Roma. Essa estátua foi encontrada em 1863, ainda com restos de tinta vermelha, azul, dourada e outras cores de quando foi colorida originalmente.

## Império Romano: extensão máxima (século II d.C.)

Allmaps

Fonte: DUBY, Georges. **Atlas historique mondial**. Paris: Larousse, 2003. p. 27.

Em sua extensão máxima, o Império Romano, o maior da Antiguidade, ia desde a Península Ibérica, a oeste, até a Mesopotâmia, a leste, e desde a Britânia (ao norte) até o Egito (ao sul). As legiões mais poderosas guarneciam as imediações dos rios Reno e Danúbio.

## Para saber mais

### Reações e revoltas contra a "Paz Romana"

Mesmo durante o período de Paz Romana, foram muitas as reações e revoltas contra o Império. Entre essas manifestações de rebeldia podemos citar:

a) O banditismo, que se alastrou pelas áreas rurais, com saques às propriedades dos aristocratas e cavaleiros.

b) As manifestações frequentes da plebe contra as autoridades romanas durante os espetáculos públicos.

c) Revoltas abertas e violentas contra a dominação romana.

Veja como um historiador analisa uma dessas revoltas:

> [...] Entre 66 e 70 d.C., toda a Judeia, liderada por sua população mais pobre, revoltou-se contra o domínio romano e contra o que considerava a **profanação** do templo. Após uma guerra especialmente sangrenta, Jerusalém foi tomada, a população massacrada e o templo destruído. Foi a maior revolta de um centro político e de uma etnia na história do Império. [...]

GUARINELLO, Norberto Luiz. **História antiga**. São Paulo: Contexto, 2014. p. 146.

**Profanação**
Desrespeito ou violação do que é considerado sagrado por um grupo ou povo.

Danita Delimont/Getty Images

Relevo do século I representando soldados romanos liderados pelo futuro imperador Tito levando peças saqueadas do Templo de Jerusalém depois de destruí-lo. Entre os produtos do saque romano vê-se a menorá (candelabro de sete braços), um dos principais símbolos do judaísmo. Arco de Tito. Roma, Itália.

A relativa estabilidade política vivida pelo Império Romano nos dois primeiros séculos da nossa era favoreceu o crescimento da economia e a expansão do comércio romano. A existência de bons portos, de uma rede de estradas bem construídas e o uso de uma moeda única em todo o império (o denário) também ajudaram nessa expansão comercial.

**A economia do Império Romano (século II d.C.)**

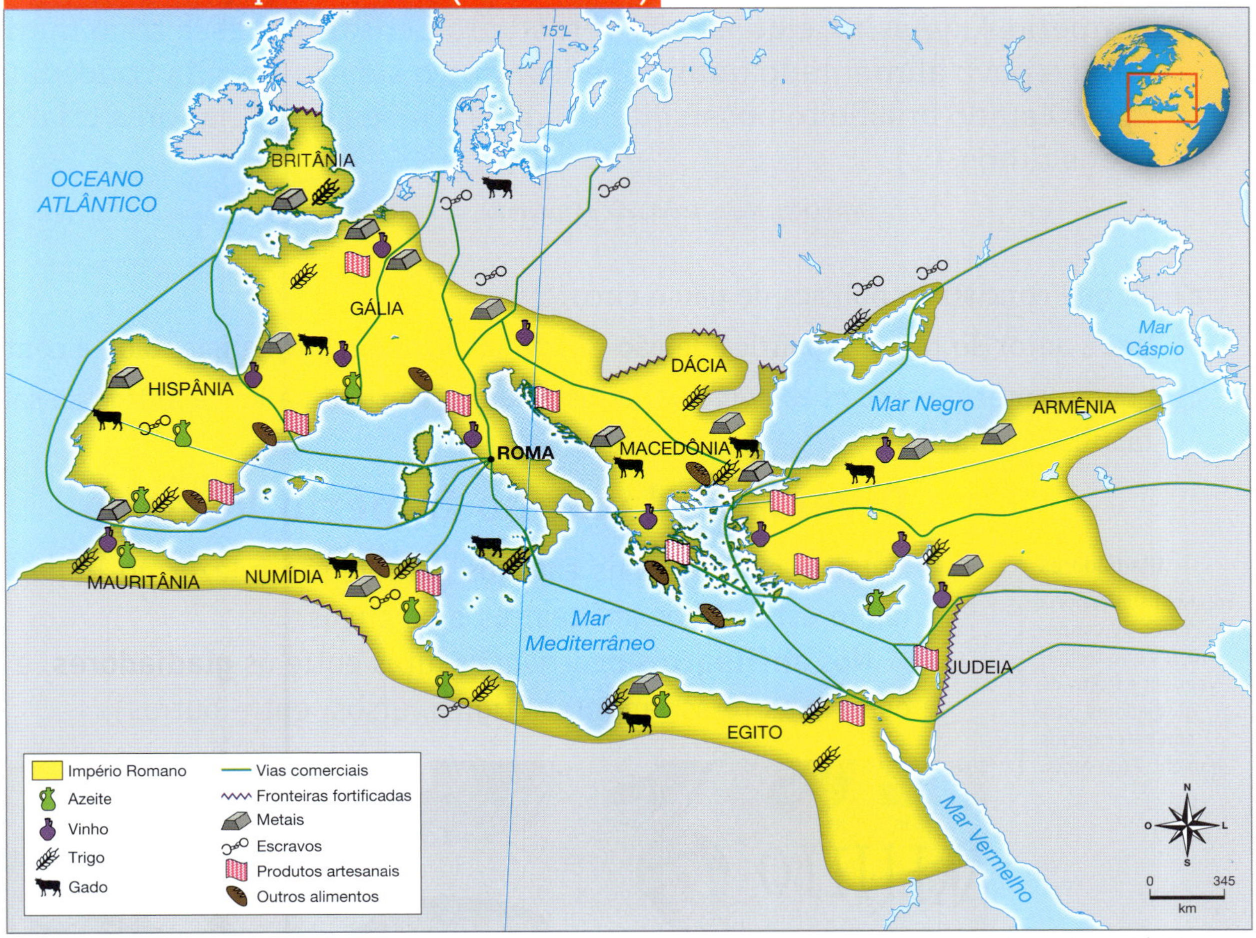


Alexandre Bueno

Fonte: ATLAS histórico escolar. Rio de Janeiro: FAE/MEC, 1986.

Além dos produtos indicados no mapa, os romanos comercializavam animais selvagens (leões, leopardos e javalis), trazidos para lutarem nos circos romanos, e um grande número de escravizados.

**Dialogando...**

a) O Império Romano abrangia terras em três continentes. Quais eram eles?
b) Quais eram os produtos fornecidos pela Península Ibérica?
c) Qual era a principal via marítima utilizada pelos romanos na época?

## Para refletir

### A política de pão e circo

Vários governantes romanos, inclusive Otávio Augusto, adotaram a política de pão e circo, que consistia em agradar à plebe oferecendo trigo e espetáculos circenses. No entanto, muito se tem exagerado sobre os efeitos dessa política na vida romana. Veja o que um pesquisador afirma sobre essa política:

> O trigo era distribuído [...] — se muito — a 0,5% da população total do Império. [...] Assim, é quase tão verdadeiro pensar que esse trigo mantinha o povo alimentado quanto pensar que o salário-família concedido pelo Estado brasileiro possibilite aos pais e mães trabalhadores criarem seus filhos. [...]

FAVERSANI, Fábio. **A pobreza no Satyricon, de Petrônio.** Ouro Preto: Editora da Ufop, 1999. p. 50.

a) Em que consistia a política de pão e circo?

b) Para o autor do texto, a política de pão e circo mantinha o povo alimentado e contente?

c) O que o autor pretendeu ao comparar a distribuição de trigo na Roma antiga ao salário--família no Brasil?

## Diversão e lazer no Império Romano

**Gladiadores**
Eram em sua maioria escravos ou condenados que treinavam em escolas de gladiadores para combater outros homens e/ou feras.

Entre os principais espaços de diversão e lazer no Império Romano estavam os anfiteatros e os circos.

Nos **anfiteatros** ocorriam as lutas entre os **gladiadores**, e entre estes e as feras famintas (tigres, ursos, entre outros).

The Bridgeman Art Library/Keystone

Detalhe de um mosaico do século IV mostrando a luta de um gladiador contra um leopardo. Galeria Borghese, Roma, Itália.

Na arena, as bandas de música entretinham a plateia antes de cada luta. Uma vez anunciados, os gladiadores entravam com capacetes, lanças, escudos, espadas, redes e garfos, e lutavam até que um deles tombasse. Então o perdedor tirava o capacete e oferecia o pescoço ao vencedor. Nesse momento, o público decidia: os polegares para cima indicavam que o perdedor devia continuar vivo; os polegares para baixo significavam que ele devia ser executado.

Os espetáculos eram financiados por políticos e gratuitos para o público. Entre os grandes anfiteatros romanos, o mais famoso era o **Coliseu de Roma**, inaugurado em 80 d.C.

Justin Foulkes/Immediate Media/Zumapress/Easypix

Vista externa do Coliseu, Roma, Itália, 2012.

Miles Ertman/All Canada Photos/Corbis/Latinstock

Vista interna do Coliseu de Roma (2010). O Coliseu foi reaberto ao público no ano 2000 com uma montagem da peça **Édipo Rei**, do grego Sófocles. Na frente das escadas que davam acesso às arquibancadas havia banquinhas de salgadinhos, lanches e bebidas, parecidas com as existentes em frente aos estádios de futebol no Brasil de hoje.

Nos **circos** realizavam-se as corridas com carros puxados por cavalos. Havia carros puxados por dois cavalos (as bigas), e outros eram puxados por quatro (as quadrigas).

Museo Archeologico Nazionale, Itália. Foto: Leemage/Getty Images

Vitória alada dirigindo uma biga. Afresco do século IV a.C. Museu Arqueológico Nacional, Pesto, Itália.

Os corredores, chamados aurigas, se vestiam com uma túnica leve, protegiam a cabeça com um capacete de metal e portavam um chicote em uma das mãos. As corridas eram patrocinadas pelo governo romano e a entrada era gratuita. Os corredores eram, em sua maioria, escravos, mas havia também homens livres que ganhavam somas fabulosas. O risco de morte era muito grande e, como nas corridas de carro atuais, o perigo maior estava na ultrapassagem e nas curvas.

**Dialogando...**
Assim como nos circos romanos, nos estádios de futebol de hoje também ocorrem muitas brigas. Em sua opinião, por que isso acontece?

Os espetáculos começavam pela manhã e se prolongavam pelo resto do dia. As pessoas levavam comida e bebida de casa para consumir no local. As torcidas eram divididas por cores: verde, azul, branco e vermelho. Havia policiamento, mas, muitas vezes, a rivalidade entre as torcidas terminava em pancadaria.

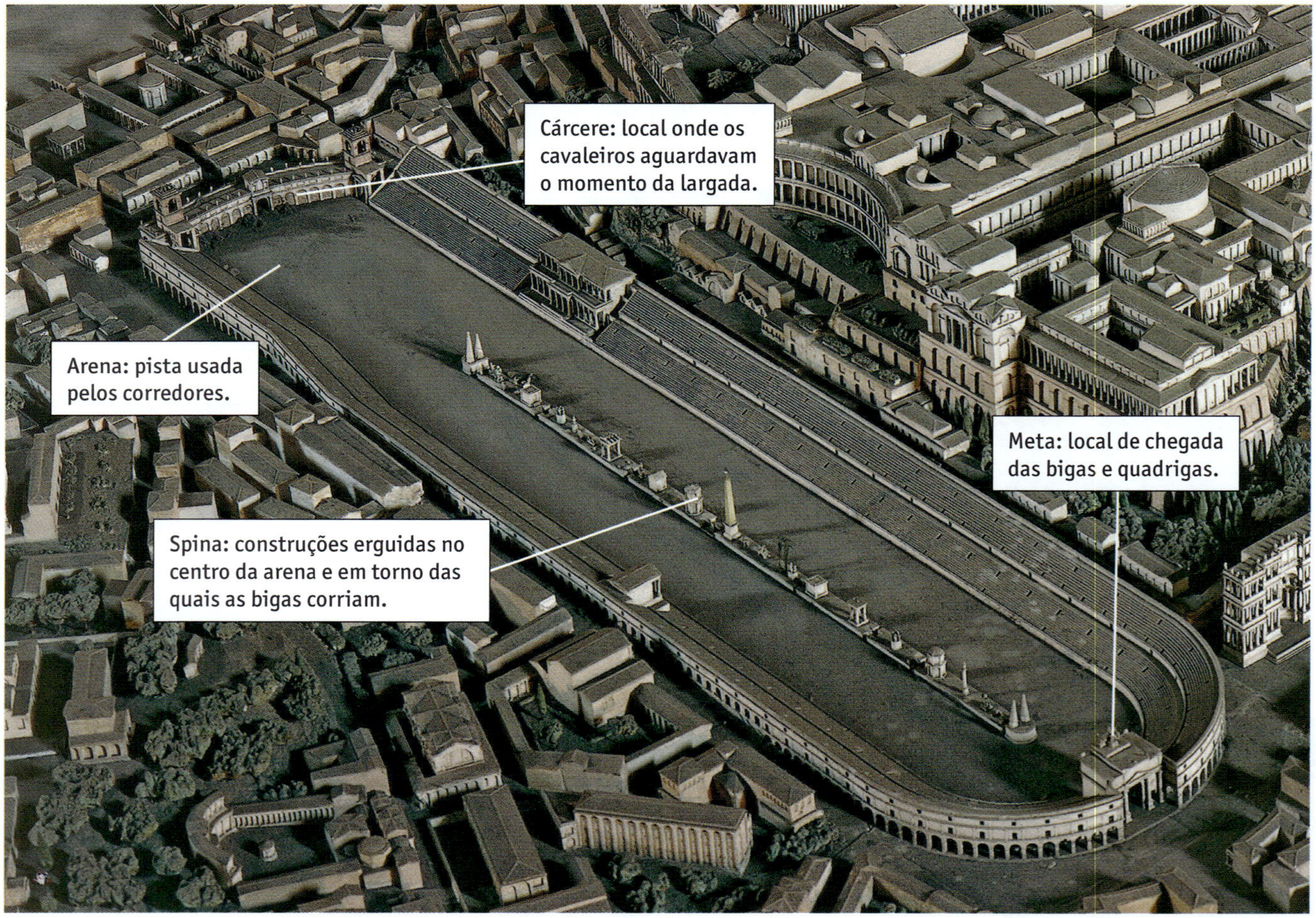


Museo Della Civiltà Romana, Roma. Foto: DEA / A DAGLI ORTI/Easypix

Maquete da Roma Imperial. Em primeiro plano vê-se o Circo Máximo durante a época de Constantino (272-337). Trabalho do arquiteto Ítalo Gismonti (1887-1974). Museu da Civilização Romana. Roma, Itália. O Circo Máximo, o maior da Roma antiga, possuía cerca de 640 metros de comprimento por 190 metros de largura. No final do Império, acomodava cerca de 250 mil pessoas.

## Habitações romanas

Apesar de todas as riquezas que afluíam para o Império, a maioria dos romanos era pobre e morava em uma **ínsula**, prédio de habitação com quatro ou cinco andares, formado de cômodos minúsculos onde, por vezes, viviam muitas pessoas. As condições de vida no interior dessas habitações eram precárias, a começar pelo fato de não possuírem banheiros. Seus diversos andares eram ligados por uma escada externa.

Séc. I a.C. Museu da Civilização Romana, Roma.

Relevo de mármore datado do século I a.C., encontrado na área do Lago Fucino, na Roma antiga. As *insulae* eram bastante semelhantes ao que hoje chamamos de cortiços. Museu da Civilização Romana, Roma, Itália.

Já os ricos viviam em casas luxuosas e confortáveis, com aberturas no teto, com várias salas e jardim nos fundos, denominadas ***domus***. Geralmente, as paredes dessas residências eram decoradas com pinturas.

Vittorio Sciosia/SIME/Latinstock

Sala de visitas da casa de Giulio Polibio, século I d.C. Sítio Arqueológico de Pompeia. Itália.

Reconstituição da *domus* romana a partir de uma planta.

A *domus* romana era formada geralmente de:

1 Vestíbulo: pequeno corredor que dá acesso ao átrio.

2 Átrio: área com um pequeno tanque no centro que captava a água das chuvas. Uma abertura no teto permitia a entrada de luz natural no átrio e nos cômodos próximos, quartos de dormir, escritório, depósito e sala.

3 Tablino: sala de visitas ou de reuniões com pessoas que não fossem da família.

4 Alas: saletas abertas na lateral.

5 Peristilo: grande jardim rodeado de colunas e embelezado com arbustos, flores e estátuas. Além de ser uma área de lazer, esse jardim possibilitava a entrada de luz natural que clareava outras construções, por exemplo, o salão de festas. O jardim, como se vê, ficava no fundo da casa.

6 Salão de festas e banquetes: os banquetes romanos eram servidos por numerosos criados, livres ou escravos. Havia comida e bebida à vontade e apresentações de dança e música feitas por profissionais contratados.

## Namoro e casamento

Os romanos também namoravam e se apaixonavam; mas quanto ao casamento, as diferenças entre nós e eles são grandes. Nas famílias ricas, um dia antes de se casar, a noiva depositava seus brinquedos no altar onde ficavam os deuses protetores de sua família; ela ainda tinha brinquedos porque se casava muito jovem, com 12 a 15 anos de idade. Já o noivo era geralmente um homem com mais de trinta e cinco anos.

A menina, porém, não tinha liberdade de escolha; era seu pai que escolhia com quem ela deveria se casar. Para o pai, o amor não tinha importância, o que contava era a posição social do noivo e a riqueza de sua família.

Já entre os pobres, as diferenças de idade entre homens e mulheres não eram tão grandes; o casal se unia com o objetivo de se ajudar na luta pela sobrevivência. Os escravizados, por sua vez, eram proibidos de casar; então namoravam e, por vezes, moravam juntos; isto ocorria com mais frequência quando eles pertenciam ao mesmo dono.

Sem a interferência do fator econômico, os casamentos entre os pobres eram, geralmente, movidos pelo sentimento.

The Bridgeman Art Library/Keystone

Relevo de mármore em um sarcófago romano representando a celebração de um casamento. Basílica de São Lourenço, Roma, Itália, século III.

## A literatura romana

Inicialmente os romanos escreveram comédias e tragédias que imitavam as dos gregos. Posteriormente escreveram obras importantes e originais no campo da poesia, da **sátira**, da História e da Filosofia.

A literatura romana é rica em máximas, ou seja, frases curtas, mas de grande impacto. Muitas delas são usadas ainda hoje em conversas do dia a dia. Conheça algumas dessas frases e seus autores.

Museu Arqueológico Nacional, Nápoles. Foto: The Bridgeman Art Library/Keystone

Busto do filósofo e escritor Sêneca, século I.

| Autores | Quem eram? | Frases |
|---|---|---|
| **Virgílio (70-19 a.C.)** | É o mais famoso entre os grandes poetas romanos. Escreveu **Eneida**, poema que conta a história do herói troiano Eneias. | "Temo os gregos, mesmo que tragam presentes." "O amor tudo vence." |
| **Sêneca (4-65 d.C.)** | Filósofo e escritor. | "Qualidade, e não quantidade." "Estrada escarpada (cheia de obstáculos) é a que leva à grandeza." |
| **Públio Siro (85-43 a.C.)** | Poeta trazido para Roma como escravo; foi libertado graças ao seu talento, tornando-se depois um ator popular. | "Existem remédios piores que a doença." "Muitos recebem conselhos, poucos os aproveitam." |
| **Cícero (106-43 a.C.)** | É considerado o maior de todos os oradores romanos. | "Ninguém sabe antes de experimentar." "Não existe lugar mais delicioso que o lar." |

HADAS, Moses. **Roma imperial**. Rio de Janeiro: José Olympio, 1983. p. 109.

### Dialogando...

a) O que Virgílio quis dizer com "temo os gregos, mesmo que tragam presentes"?

b) Você concorda que qualidade é mais importante que quantidade?

**Sátira**

Texto em prosa ou verso que se caracteriza por ironizar ou ridicularizar as instituições, os indivíduos ou os costumes de uma época.

## A religião romana

Durante séculos, os romanos acreditaram em divindades que eles diziam morar nas matas, nas árvores, nas rochas etc. Além disso, cultuavam os antepassados e os deuses domésticos que, por guardarem o lar de cada família, eram chamados "lares". Praticavam também a adivinhação com base na observação do voo dos pássaros e das vísceras dos animais, especialmente o fígado.

Mais tarde, ao se expandirem militarmente, os romanos entraram em contato com os gregos; daí assimilaram seus deuses e deram a eles nomes latinos. Assim, Zeus, o mais poderoso dos deuses gregos, corresponde a **Júpiter** entre os romanos; Hera, irmã e esposa de Zeus, a **Juno**, e Ares, o deus grego da guerra, tornou-se **Marte**.

Durante o Império, o cidadão romano tinha de cultuar também o imperador, como forma de demonstrar sua lealdade ao Estado.

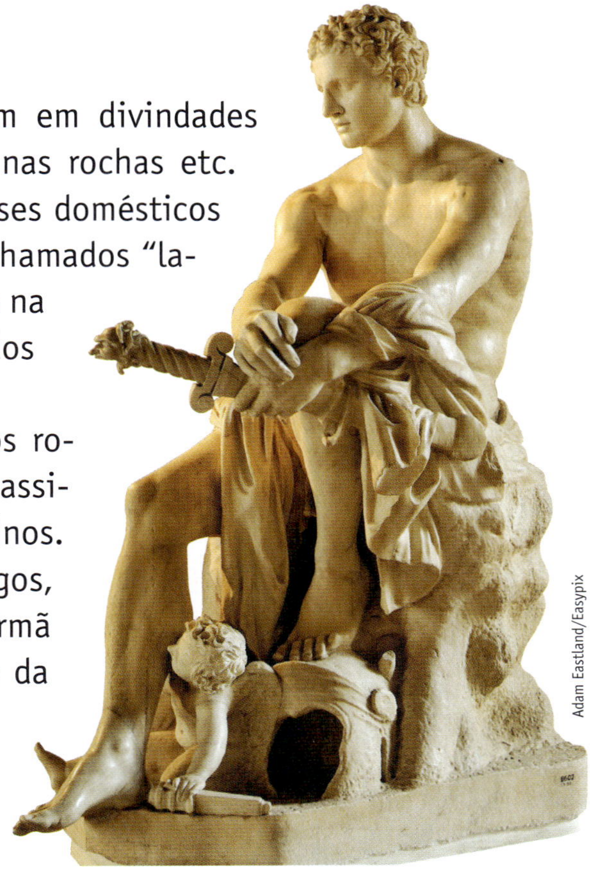

Adam Eastland/Easypix

Cópia romana de uma representação de Ares, o deus grego da guerra. Museu Nacional Romano. Roma, Itália.

## Contribuições romanas

O império fundado pelos romanos desapareceu, mas algumas de suas criações são decisivas para compreender o mundo em que vivemos. A língua, a Engenharia e o Direito são exemplos disso.

### Língua

As três palavras abaixo estão escritas em português, espanhol, italiano e francês. Leia-as com atenção.

| Português | Espanhol | Italiano | Francês |
|---|---|---|---|
| **afetividade** | *afectividad* | *affetività* | *affectivité* |
| **caridade** | *caridad* | *carità* | *charité* |
| **generosidade** | *generosidad* | *generosità* | *générosité* |

> **Dialogando...**
> Você sabe como se escreve a palavra **verdade** em espanhol, italiano ou francês?

Reparou que o jeito de escrever essas palavras é parecido? Agora leia-as em voz alta; reparou que a sonoridade também é parecida? Reparou, ainda, que elas têm o mesmo significado? Sabe por quê? É que o português, o espanhol, o italiano e o francês têm origem em uma mesma língua, o **latim**, a língua falada na Roma antiga.

Pois bem, o latim surgiu no Lácio, região onde a cidade de Roma foi construída. Com a expansão militar romana, o latim falado pelos soldados e camponeses romanos (latim vulgar) foi se misturando à língua dos povos conquistados. Dessa mistura se formaram as **línguas neolatinas**, como o português, o espanhol, o italiano, o francês e o romeno.

## Engenharia romana

No campo da construção, os romanos desenvolveram importantes técnicas e conhecimentos. Alguns dos melhores exemplos da engenharia romana são as casas de banho (*thermas*), suas estradas e seus aquedutos (canais que serviam ao transporte de água).

Via Ápia em fotografia de 2012. Roma, Itália. Abaixo, esquema de construção de uma estrada romana.

Adam Eastland/Easypix

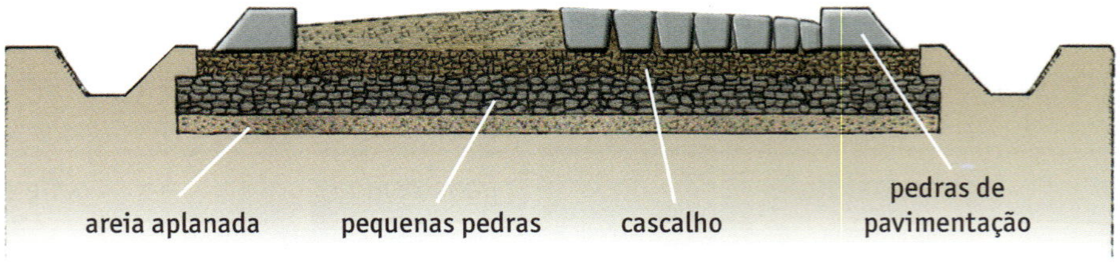


Getúlio Delphim

Fonte: FUNARI, Pedro Paulo. **Império e família em Roma**. São Paulo: Atual, 2000. p. 23. (A vida no tempo).

Os **aquedutos** são canais que servem ao transporte de água que, após ter sido recolhida em nascentes e poços, era levada até as cidades. Inicialmente, os aquedutos eram tubulações, de 1,20 metro de largura por 1,80 metro de altura, construídas no nível do solo. Durante a expansão militar, os adversários do Império Romano procuravam os aquedutos romanos para roubar ou envenenar a água que seguia para Roma. Para evitar o roubo ou o envenenamento da água, os romanos construíram aquedutos aéreos, com colunas de 15 metros de altura, como o que se vê na imagem.

Getulio Delphim

Lucas Vallecillos/VW Pics/ZUMAPRESS/Easypix

Acima vemos um esquema da construção de um aqueduto aéreo. Note que ele corre sobre uma fileira contínua de arcos construídos sobre altos pilares apoiados em enormes alicerces. Ao lado, vista do Aqueduto de Valente, em Istambul, Turquia, 2009.

## Direito romano

Os romanos também se destacaram na área do Direito. A própria palavra "justiça" é de origem romana, pois vem da palavra latina *jus* (direito). Por muito tempo os romanos se guiaram por leis orais baseadas nos costumes. Durante a República, vendo-se prejudicados pelas leis criadas pelos patrícios, os plebeus exigiram um código escrito. Como resposta a essa exigência, na metade do século V a.C., foram elaboradas as Leis das Doze Tábuas, base do Direito romano.

Mais tarde os juristas romanos criaram uma série de outras leis que serviram de base para os códigos civis de muitos países da Europa e da América Latina, inclusive do Brasil.

Conheça alguns princípios do Direito Romano:

> "Ninguém sofrerá penalidade pelo que pensa."
>
> "Nada que não se permita ao acusado deve ser permitido ao acusador."
>
> "O encargo da prova fica com aquele que acusa e não com o acusado."
>
> "Na aplicação de penalidades, contam a idade e a inexperiência da parte culpada."

*Corpus Juris Civilis*

**Dialogando...**

a) Qual desses princípios você considerou mais importante? Por quê?

b) Você acha justo que a prova caiba à pessoa que acusa e não à acusada? Justifique.

# Jesus e o cristianismo

A principal fonte para o estudo da vida de Jesus são os evangelhos, livros escritos por seus seguidores por volta de 70 d.C. e que fazem parte do Novo Testamento, a segunda parte da **Bíblia**. Segundo esses textos, Jesus, filho de Maria e José, nasceu em Belém, lugarejo próximo a Jerusalém, na Judeia, que, na época, era uma província do Império Romano, sob o governo de Otávio Augusto.

Aos 30 anos, dizendo ser o **Messias** esperado, Jesus começou a percorrer as aldeias e cidades da Judeia pregando o amor a Deus e ao próximo, a humildade e a igualdade entre as pessoas e prometendo aos justos o paraíso. Com isso, conseguiu um grande número de seguidores entre os judeus pobres.

**Messias**
Termo que, em hebraico, significa "o ungido", ou seja, o sagrado, o puro. No sentido religioso, é associado ao Salvador.

Acusado de pregar contra as autoridades romanas e de dizer que era rei dos judeus, Jesus foi condenado à morte na cruz pelos romanos. Após sua morte, os apóstolos, com destaque para Paulo e Pedro, passaram a transmitir seus ensinamentos a vários povos do Império Romano, já que a proposta cristã era uma religião universal.

Daniel Cymbalista/Pulsar

Na fotografia, vemos estátuas de Jesus e os doze apóstolos em tamanho natural, feitas no século XVIII por Aleijadinho, um dos maiores artistas brasileiros de todos os tempos. Santuário de Bom Jesus de Matosinhos, Congonhas (MG). Fotografia de 2012.

## A perseguição aos cristãos

Com as pregações dos apóstolos, o cristianismo começou a se expandir entre diferentes grupos sociais e povos (como os gregos, os romanos, os samaritanos, entre outros) e regiões ao redor do Mar Mediterrâneo. Conforme o cristianismo se expandia, as autoridades romanas passaram a persegui-lo.

**Dialogando...**

a) Você sabe qual o número de cristãos no mundo atual?
b) Já tinha ouvido falar de Aleijadinho?
c) Quais igrejas cristãs você conhece?

Os cristãos eram perseguidos por não crerem nos deuses romanos, por se recusarem a cultuar o imperador e por defenderem a existência de um Deus único e universal. Resistindo à perseguição romana, os cristãos reuniam-se nas **catacumbas**, galerias subterrâneas onde oravam e sepultavam seus mortos.

Apesar de perseguido pelo governo romano, o cristianismo (com sua crença na vida pós-morte) continuou atraindo pobres, remediados, ricos, homens, mulheres e, até mesmo, autoridades romanas.

Inicialmente, vendo que o cristianismo crescia, os imperadores romanos intensificaram a perseguição, ordenando a morte de cristãos e a destruição de suas igrejas. Posteriormente, decidiram aliar-se a eles, a fim de conservar seu poder. Em 313, o imperador Constantino concedeu liberdade de culto aos cristãos, por meio do **Édito de Milão**. Em 380, outro imperador, de nome Teodósio, transformou o cristianismo em **religião oficial** do Império Romano.

Nascido entre os pobres, o cristianismo passava a ser agora uma das bases do Estado romano.

**Dialogando...**
O motivo principal da perseguição aos cristãos era político ou religioso?

Vista externa e interna das catacumbas de São Sebastião, século IV.

Araldo de Luca/Corbis/Latinstock

Raimund Kutter/imageBROKER/Easypix

# ATIVIDADES

## I. Retomando

**1.** **Identifique a frase incorreta e corrija-a, no caderno.**

**Depois de acumular cargos e poder, o imperador romano Otávio Augusto promoveu uma série de reformas importantes, são elas:**

a) definiu os limites do Império Romano e enviou tropas para proteger suas fronteiras.

b) distribuiu terras entre os povos vencidos.

c) confiou a administração de algumas províncias aos senadores, mas manteve outras, como o Egito.

d) modernizou a cidade de Roma que, na época, tinha cerca de 1 milhão de habitantes.

e) com essas reformas de Otávio Augusto teve início um longo período de estabilidade conhecido como *Pax Romana*.

**2.** **Nos primeiros séculos da nossa era, ocorreu uma grande expansão do comércio romano. Que fatores contribuíram para isso?**

**3.** **A cena que você vê é de um mosaico do século III, encontrado na Germânia.**

a) O que mostra a cena?

b) O que eles estão usando para lutar?

c) Qual era a condição social desses lutadores?

Detalhe de um mosaico romano do século III.

INTERFOTO/Latinstock

**4.** **As lutas de gladiadores e as corridas de bigas eram importantes fontes de diversão e entretenimento no Império Romano. Os espetáculos eram seguidos pela distribuição de pão e trigo.**

a) Qual é o nome dessa política?

b) Qual era o objetivo de promover espetáculos públicos e distribuir pão e trigo à população romana?

c) O governo romano conseguia atingir seu objetivo com essas práticas?

**5.** **O texto abaixo é uma carta dos cristãos de Lyon, na antiga Gália (atual França), aos seus irmãos da Ásia Menor. A carta foi escrita no ano de 177 d.C. e é um dos principais testemunhos das perseguições aos cristãos durante o Império Romano. Leia-a com atenção, depois responda às questões:**

> O diácono Sanctus sofria com força sobre-humana todos os suplícios que os carrascos podiam inventar... A todas as perguntas ele respondia em latim: Eu sou cristão. Não se conseguiu arrancar dele nenhuma outra resposta. Isso bastou para provocar a fúria do procônsul e dos carrascos: não tendo mais outro tormento à sua disposição, aplicaram-lhe chapas ardentes nos lugares mais sensíveis do corpo. Mas enquanto os seus membros assavam, a sua alma não se rendia, e ele persistia na sua confissão [...]. Entretanto não se conseguiu que Sanctus pronunciasse uma só palavra a não ser aquela que não parou de repetir desde o começo: Eu sou cristão. [...]

ISAAC, J.; ALBA, André. **Roma**. São Paulo: Mestre Jou, 1964. p. 196-197.

a) Com a ajuda de um dicionário, explique o significado das palavras **diácono**, **suplício** e **confissão** presentes no texto.

b) O que se pode concluir com base na leitura desse documento?

c) Por que os cristãos foram perseguidos no Império Romano?

d) Com que objetivo os cristãos de Lyon teriam escrito essa carta aos cristãos da Ásia Menor? Explique.

## II. Leitura e escrita em História

### a. Leitura de imagem

**A imagem reproduz parte de um mosaico do século II, proveniente do distrito romano da Tripolitânia (atual Trípoli, capital da Líbia, no norte da África). Observe-a com atenção.**

Roger Wood/Corbis/Latinstock

A imagem reproduz parte de um mosaico do século II.

a) O que se vê na imagem?

b) Levante uma hipótese. Quem seriam esses homens expostos às feras ou em luta com elas?

c) Com base no que você estudou sobre o Império Romano, responda: em que época esse mosaico foi produzido?

## b. Cruzando fontes

Leia com atenção a imagem e o texto.

**Fonte 1**

Tirinha dos personagens Frank & Ernest, 2010.

**Fonte 2**

### Todos os caminhos levam a Roma

Hoje em dia, os caminhos terrestres, aéreos ou marítimos levam viajantes a qualquer lugar. Porém, quando queremos dizer que todas as alternativas têm a mesma solução, dizemos que “todos os caminhos levam a Roma”. A tradição vem, é claro, dos tempos da antiga Roma, quando a cidade dos césares era o umbigo do mundo. “No século I, quando o Império ia da Bretanha (na atual Inglaterra) à Pérsia (no atual Irã), Roma chegou a ter 80 mil quilômetros de estradas”, segundo pesquisa da historiadora Maria Luiza Corassin, da Universidade de São Paulo.

TODOS os caminhos levam a Roma. **Guia do estudante**. São Paulo, 1 nov. 2003. Disponível em: <http://guiadoestudante.abril.com.br/aventuras-historia/todos-caminhos-levam-roma-433451.shtml>. Acesso em: 9 jan. 2015.

**Responda com base na fonte 1.**

**a)** É possível saber se havia diferença de posto entre os militares representados na tirinha? Justifique.

**b)** O que os soldados estão informando ao seu comandante?

**c)** Qual o significado de “cidade dos césares” e “umbigo do mundo” na fonte 2? Explique.

**d)** Segundo a fonte 2, qual é a origem da expressão: “Todos os caminhos levam a Roma”?

**e)** Há relação entre a fonte 1 e a fonte 2? Explique.

## III. Você cidadão!

Leia o texto a seguir com atenção.

### As consequências de uma metrópole

Por volta de 27 a.C., quando o imperador Augusto subiu ao poder, vivia em Roma quase um milhão de pessoas em situação extremamente precária, em moradias pequenas e aglomeradas.

A cidade cresceu tanto e tão rápido que as consequências não demoraram a aparecer. Havia falta de habitações, os aluguéis eram caros, trânsito caótico, criminalidade, alto custo de vida e impostos elevados que incidiam sobre quase tudo. O desemprego era um dos maiores problemas, pois a cidade não suportava a demanda dos camponeses que chegavam em busca de trabalho.

As condições de saúde e higiene eram tão precárias que a cidade exalava um terrível mau cheiro. Plínio, o Jovem, escritor e orador, para disfarçar esse fedor, sugeriu que fossem queimados pães. [...]

ANDE, Edna; LEMOS, Sueli. **Roma**: a arte da idade antiga. São Paulo: Callis, 2011. p. 43.

a) Liste os problemas da Roma antiga citados no texto.

b) Quais desses problemas você acha mais grave? Justifique.

c) Agora vamos nos reunir para debater os problemas da cidade onde você mora. Entreviste um morador adulto da sua cidade; pergunte a ele ou ela:

c1) Quais dos problemas a seguir atingem mais a nossa cidade?

| | |
|---|---|
| **1.** Falta de postos de saúde. | **6.** Poluição dos rios. |
| **2.** Falta de creches. | **7.** Violência nas ruas. |
| **3.** Preços elevados das passagens dos transportes coletivos. | **8.** Falta de policiamento. |
| **4.** Coleta de lixo. | **9.** Congestionamentos. |
| **5.** Existência de esgoto a céu aberto. | **10.** Outros. Quais? |

c2) Quais desses problemas você considera mais graves? Aponte dois.

c3) Em sua opinião, o que poderia ser feito para resolvê-los?

d) **Em grupo**: debatam sobre os problemas apontados pelos entrevistados e proponham por escrito soluções para resolvê-los. Postem as propostas de vocês no ***blog* da turma**.

# 14 A CRISE DE ROMA E O IMPÉRIO BIZANTINO

© Guido Baviera/Grand Tour/Corbis/Latinstock

Mosaico bizantino do século VI.

As imagens que você vê nesta página foram produzidas em diferentes tempos e espaços; a acima é de c. 547 e encontra-se na igreja de São Vital, em Ravena, na Itália. A da direita é uma fotografia atual de um mosaico feito por alunos de uma escola particular. Em comum, ambas utilizam a técnica do mosaico. Você sabe o que é um mosaico? Observe o mosaico acima; saberia dizer quem é essa mulher que aparece em destaque? É possível saber se ela era uma pessoa importante? Como você chegou a esta conclusão? Agora, observe o mosaico à direita. O que ele mostra? Do que é feito? Você já participou da produção de um mosaico?

Trabalho realizado por alunos do 6ºB, do Colégio 24 de Março, em São Paulo. Fotografia de: Nelson Toledo

Mosaico feito por alunos de uma escola em São Paulo (SP), 2015.

Vimos que nos séculos I e II, o Império Romano viveu uma época de relativa estabilidade e atingiu sua extensão máxima, abrangendo terras em três continentes: Europa, África e Ásia.

## A desagregação do Império

A partir do século III, no entanto, uma **crise prolongada**, motivada por fatores internos e externos, desorganizou o Império Romano e contribuiu para a sua desagregação.

Internamente, a raiz da crise está nos gastos crescentes do Império Romano para conservar províncias, pagar funcionários e manter soldados em toda a sua extensa fronteira. Para cobrir esses gastos, os imperadores romanos aumentavam os impostos sobre a população e desvalorizavam a moeda. Como na época não havia dinheiro em papel, diminuía-se a quantidade de metal (ouro e prata) em cada moeda. Assim, o governo romano economizava metal, mas o dinheiro de cada pessoa passava a valer menos, os preços subiam e a população empobrecia.

Colonos pagando impostos em produto ao seu senhorio. Cópia do friso de um monumento em Trier (Alemanha). Século III. Museu da Civilização Romana, Roma.

Museo Della Civiltà Romana, Roma. Foto: DEA/A DAGLI ORTI/Easypix

Nessa mesma época, os povos **germanos** aumentaram sua pressão sobre as fronteiras do Império Romano, gerando pânico entre a população. Empobrecidos pela crise econômica e com medo dos germanos, muitos moradores das cidades foram viver no campo; as cidades se esvaziaram, e a Europa viveu um **processo de ruralização**.

**Germanos**
Conjunto de povos que habitava a Germânia, região da Europa compreendida entre os rios Reno e Danúbio. Por não falarem a língua dos romanos nem adotarem seus costumes, os germanos eram chamados pelos romanos de bárbaros.

Como no campo as terras cultiváveis estavam nas mãos dos grandes proprietários, os pobres que para lá foram passaram a trabalhar para eles na condição de colonos. O colono era um trabalhador que cultivava um pedaço de terra do proprietário e, em troca, entregava a ele uma parte da colheita como pagamento pelo uso da terra. A essa relação de trabalho dá-se o nome **colonato**.

Album/AKG-Images/Gilles Mermet/Latinstock

Mosaico de *Dominus Julius*, 5,9 m x 5 m, do final do século IV, retratando a propriedade de um grande senhor da região de Cartago, no norte da África. Além de colonos, os grandes proprietários continuaram usando mão de obra escrava nas suas lavouras.

**Dialogando...**

a) O que se vê ao centro da imagem?

b) E na faixa inferior e à direita?

c) O que os outros trabalhadores estão fazendo?

## Em busca de soluções para a crise

A crise econômica enfraqueceu o governo imperial que, por vezes, ficava sem pagar seus soldados ou atrasava seus salários. Aproveitando-se dessa situação, generais ambiciosos nascidos nas províncias romanas marchavam sobre Roma com seus soldados e tomavam o poder à força. Nesse tempo, o assassinato de imperadores tornou-se um fato comum, e a **anarquia militar** tomou conta do Império.

Alguns imperadores, no entanto, buscaram soluções para a crise. Um deles, de nome Diocleciano, criou em 285 a **tetrarquia**, um modelo de governo de quatro imperadores, cada um responsável por uma grande região do Império. Essa reforma surtiu efeito, mas, assim que Diocleciano deixou o poder por motivos de doença, os generais do Exército voltaram a disputar o cargo de imperador.

Outro imperador que buscou soluções para a crise foi Constantino. Além de combater os germanos com eficiência, por motivo de segurança, em 330, ele mudou a capital do Império Romano para Bizâncio, cidade que, em sua homenagem, passou a se chamar Constantinopla.

Outra tentativa de solucionar a crise e facilitar a administração foi feita por Teodósio. Em 395, ele dividiu o território romano em duas partes: **Império Romano do Ocidente**, com capital em Roma, e **Império Romano do Oriente**, com capital em Constantinopla.

Basílica de São Marcos, Veneza. Foto: Werner Forman Archive/Glow Images

Acredita-se que esta escultura é uma representação de Diocleciano e seus companheiros. Ela pretende transmitir a ideia de união entre os últimos imperadores romanos. Basílica de São Marcos, em Veneza, Itália.

**O Império Romano dividido (século IV)**

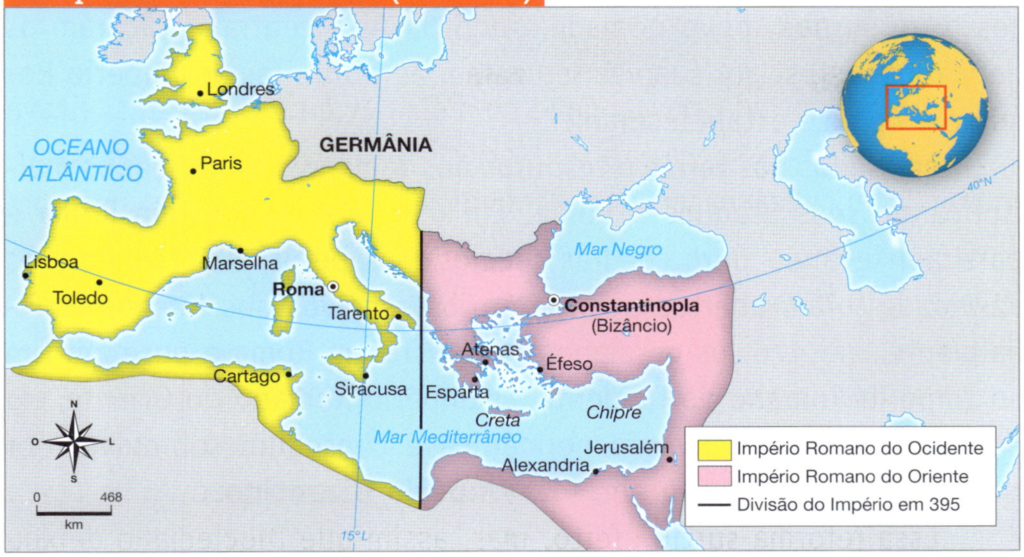


Essa divisão coincidiu com um aumento das invasões germânicas.

Fonte: VIDAL-NAQUET, Pierre; BERTIN, Jacques. **Atlas histórico**: da Pré-História aos nossos dias. Lisboa: Círculo de Leitores, 1990. p. 29.

# Germanos no Império Romano

Os germanos viviam na Europa, ao norte dos rios Reno e Danúbio, e estavam divididos em vários grupos: alamanos, burgúndios, francos, godos, jutos, ostrogodos, saxões, suevos, vândalos, visigodos, entre outros. Eles possuíam culturas diferentes entre si, mas tinham em comum o fato de serem povos guerreiros e agricultores.

Desde o início do Império Romano, os contatos entre germanos e romanos eram frequentes e, quase sempre, pacíficos. Entre os séculos I e IV, os germanos foram entrando no Império Romano pouco a pouco e de diversas formas:

**a)** na função de soldados, chegando a ocupar os mais elevados postos no exército romano;

**b)** na condição de lavradores, trabalhando nas grandes propriedades romanas como colonos;

**c)** por meio do comércio: os germanos forneciam trigo, madeira e peles para os romanos e compravam deles ferramentas;

**d)** por meio de casamentos entre pessoas desses povos.

Os germanos dedicavam a maior parte de seu tempo à guerra e à agricultura. Observe na ilustração a **frâncica**; esse objeto era, ao mesmo tempo, uma arma e um instrumento agrícola. Na guerra servia como lança, na agricultura era usado para revolver a terra para o plantio.

No final do século IV, porém, um fator novo veio acelerar o processo: os **hunos**, povo nômade vindo da Ásia central, atacaram os germanos. Estes, por sua vez, cruzaram as fronteiras do Império Romano e nele se estabeleceram.

Interessados nas terras e tesouros dos romanos, os germanos multiplicaram seus ataques a Roma. Em 410, eles saquearam Roma e partiram levando ouro, pedras preciosas, tapetes etc. (os portões da cidade foram abertos pelos próprios escravos dos romanos). Finalmente, em 476, os germanos conquistaram Roma e puseram fim ao Império Romano do Ocidente. O Império Romano do Oriente, no entanto, resistiu à invasão germânica e conseguiu sobreviver por mais de mil anos, com o nome de **Império Bizantino**.

**Germanos no Império: migrações e invasões**

Fonte: DUBY, Georges. **Grand atlas historique**. Paris: Larousse, 1999.

## Para refletir

O texto a seguir é da historiadora Maria Sonsoles Guerras. Leia-o com atenção.

### Os germanos

[...] A guerra era a razão de ser do germano, que devia sempre estar preparado para o ataque. Suas armas eram principalmente ofensivas: lanças, espadas longas com duplo corte e machados. A organização dos exércitos 'bárbaros' **descansava** no serviço de todos os homens livres em estado de combater, equipar-se e alimentar-se, pelo menos, para uma curta expedição. As mulheres também davam sua contribuição, incentivando os guerreiros. [...] Os achados arqueológicos confirmaram toda essa **belicosidade**, pois nos túmulos encontraram-se grandes quantidades de armas. Uma das principais atividades dos germanos estava ligada à guerra: a metalurgia das armas, arte na qual eram insuperáveis. Esta superioridade técnica proporcionava uma vantagem garantida aos germanos nas guerras que empreendiam. [...].

GUERRAS, Maria Sonsoles. **Os povos bárbaros.** São Paulo: Ática, 1987. p. 16-17. (Série princípios).

**Descansava**
A palavra descansava está no sentido de "se apoiava".

**Belicosidade**
Gosto pela guerra.

**a)** Como a autora caracteriza os germanos?

**b)** Que tipo de fonte histórica ela cita para afirmar o perfil guerreiro dos germanos?

**c)** Como eram as relações entre os germanos e os romanos até o século IV?

**d)** O que motivou a mudança nas relações entre germanos e romanos?

**e)** Por que os romanos chamavam os germanos de bárbaros?

# O Império Bizantino

O Império Bizantino era extenso e abrigava povos de diversas culturas e línguas, mas tinha o grego como língua oficial. Constantinopla, sua capital, tinha uma posição geográfica privilegiada: ficava na entrada do Mar Negro, entre a Europa e a Ásia e era passagem obrigatória de importantes rotas comerciais que ligavam o Oriente ao Ocidente.

A fama de Constantinopla devia-se principalmente ao seu intenso comércio. Conhecida como "Porta do Oriente", a cidade era o ponto de encontro de pessoas e mercadorias de várias partes do mundo: da China vinha a seda; da Índia e do **Ceilão**, as famosas especiarias (cravo, pimenta-do-reino etc.). Esses produtos, mais as joias e as imagens religiosas fabricadas pelos bizantinos, eram exportados para o Ocidente, gerando grande lucro.

**Ceilão**
Atual Sri Lanka, "Ilha do Leão", foi território português por 153 anos. Está situado no Oceano Índico, ao sul da Índia.

Hartmann Schedel.1493. Xilogravura. Coleção particular. Foto: Akg-Images/Latinstock

Representação de Constantinopla em xilogravura, de Hartmann Schedel, retirada da obra **Livro de crônicas**, de 1493. Nuremberg, Alemanha. Com uma economia dinâmica, Constantinopla tinha, no século X, cerca de 1 milhão de habitantes, enquanto a população de Roma ou Paris, na mesma época, não chegava a 20 mil. O fato de ser cercada de água por três dos seus lados facilitava a sua defesa.

## A política

Como quase tudo no Império Bizantino, a política também tinha a ver com a religião. O imperador era considerado o representante de Deus na Terra. Era a maior autoridade nos assuntos terrenos (como guerra e administração) e nos religiosos. Para os bizantinos, a autoridade do imperador provinha de Deus, por isso diz-se que o Império Bizantino era uma teocracia – do grego *theos* (Deus), *kratos* (poder).

Era o imperador bizantino quem escolhia o **patriarca**, o cargo mais alto na Igreja Bizantina. O patriarca aconselhava o imperador, auxiliava-o a governar e, depois dele, era o homem mais poderoso do império.

# O governo de Justiniano

O governo do imperador Justiniano (527-565) e de sua esposa Teodora marcou a história do Império Bizantino.

Mosaico. Séc. VI. San Vitale, Ravena. Foto: Mary Evans Picture

Mosaico bizantino representando Justiniano e sua corte, século VI. Basílica de São Vital, Ravena, Itália. Os imperadores bizantinos eram chamados de *basileus* (rei, em grego).

**Dialogando...**

a) Que posição o imperador Justiniano ocupa na imagem?

b) Quem são os personagens à direita?

c) E os personagens à esquerda, quem são?

O governo de Justiniano empenhou-se em restabelecer a unidade do antigo Império Romano, reconquistando as terras por eles perdidas. Os exércitos bizantinos empreenderam, então, várias campanhas militares, através das quais conquistaram parte do norte da África, o sul da Espanha e a Península Itálica. Observe o mapa.

**O Império Bizantino sob Justiniano (século VI)**

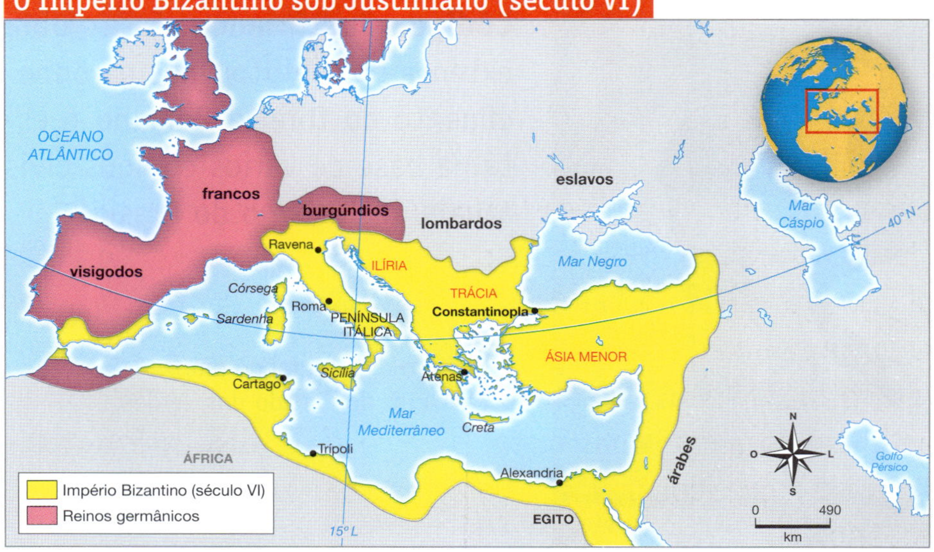


Alexandre Bueno

O mapa mostra a extensão do Império Bizantino após as conquistas efetuadas no governo de Justiniano.

Fonte: DUBY, George. **Atlas historique mondial**. Paris: Larousse, 2003. p. 34.

Essas conquistas, no entanto, custaram caro aos bizantinos. Para cobrir os gastos com a guerra e a manutenção dos novos territórios, o imperador passou a aumentar cada vez mais os impostos, o que provocou forte descontentamento e revolta.

## A Revolta de Niké

**Verdes e Azuis**
Eram, ao mesmo tempo, partidos políticos e agremiações esportivas. Os Verdes, de tendência mais popular; e, os Azuis, de perfil mais aristocrático.

Milhares de pessoas iam ao hipódromo de Constantinopla todos os domingos assistir às corridas de carros puxados por cavalos. No segundo domingo de 532, o hipódromo estava lotado: de um lado estavam os **Verdes**, de outro, os **Azuis**. O imperador e sua esposa Teodora também estavam presentes e torciam pelos Azuis.

No intervalo entre uma corrida e outra, os Verdes aproveitaram para fazer uma manifestação contra os impostos elevados e o abuso de autoridade dos funcionários do governo. E, para surpresa do imperador, os Azuis aderiram à manifestação. A população marchou sobre o palácio imperial aos gritos de "vitória! vitória!" (palavra que em grego é *niké*, daí o nome Revolta de Niké).

Vendo-se ameaçado, Justiniano decidiu fugir levando consigo todo o tesouro real. Depois, aconselhado por sua esposa Teodora, voltou atrás e ordenou uma violenta repressão, que fez milhares de mortos e pôs fim à revolta.

Mas a violência não foi o único recurso usado por Justiniano. Ele procurou dar ao seu governo uma base legal. Para tanto, encarregou juristas de reunir e atualizar as principais leis romanas. Esse trabalho resultou no *Corpus Juris Civilis*, também chamado de **Código Justiniano**. Essa obra extensa possibilitou-nos o conhecimento do Direito Romano e está na base de vários códigos civis atuais, inclusive o do Brasil.

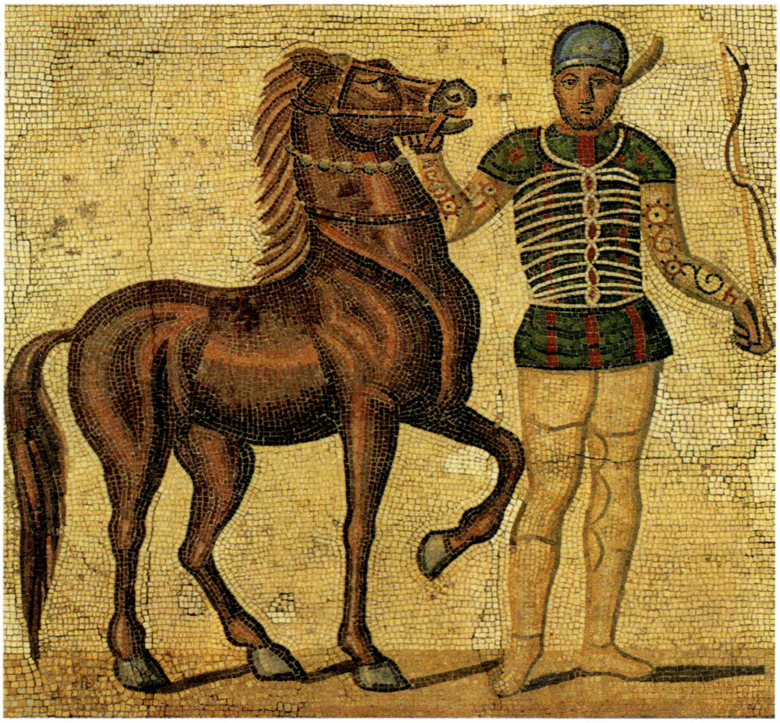

Museu Nacional Romano, Roma. Foto: The Bridgeman Art Library/Keystone

Mosaico representando um cavaleiro do Partido dos Verdes.

## A religiosidade bizantina

Os bizantinos eram cristãos e viviam intensamente o cristianismo. As festas oficiais, como a coroação de um imperador, tinham sempre caráter religioso. Os aniversários das pessoas eram comemorados duas vezes ao ano, uma no dia de seu nascimento e outra no dia do santo cujo nome a pessoa adotou. Quem faltasse à missa por três domingos seguidos era expulso da Igreja.

Durante a Revolta de Niké, em 532, a igreja de Santa Sofia foi completamente destruída. Utilizando material vindo de várias partes do mundo, o governo de Justiniano a reconstruiu, tornando-a maior e mais bela. A cúpula da Igreja de Santa Sofia tem 32 metros de diâmetro e 60 metros de altura e parece estar suspensa no ar. Em 1936, essa igreja (expressão da arte bizantina) foi transformada em um museu, e é muito visitada por pessoas de várias partes do mundo. A Igreja de Santa Sofia é um documento do poder e da riqueza dos bizantinos daquele tempo.

Lucas Vallecillos/Age Fotostock/Easypix

No Império Bizantino, os ícones (imagens pintadas e esculpidas de Cristo, da Virgem e dos Santos) eram muito populares e serviam como estímulo à devoção. Os principais fabricantes de ícones eram os monges, que enriqueciam com essa atividade.

Basílica di San Marco, Veneza. Foto: The Bridgeman Art Library/Keystone

Ícone bizantino em madeira, no qual se vê a pintura da Virgem Maria e o menino Jesus. Basílica de São Marcos, Veneza, Itália.

Em 726, movido por razões políticas e religiosas, o imperador bizantino Leão XIII proibiu o culto às imagens e ordenou a destruição de ícones em todo o Império. Quando as imagens começaram a ser destruídas, populares reagiram de forma violenta aos **iconoclastas**, e em vários pontos do Império explodiram revoltas; muitas delas lideradas por monges e interessadas em derrubar o governo imperial.

**Iconoclasta**
Pessoa contrária à veneração de ícones; pessoa que destrói imagens.

O imperador, por sua vez, reprimiu duramente essas revoltas. O conflito desembocou em uma guerra civil que se prolongou até 843, quando a então imperatriz Irene restabeleceu o direito de culto às imagens.

## O Cisma do Oriente

Com o tempo, o cristianismo dos bizantinos foi trilhando um caminho próprio: a missa era celebrada em grego, os rituais apelavam aos sentimentos e negava-se a existência do purgatório. Conforme o cristianismo bizantino se diferenciava do romano, as divergências entre o patriarca e o papa iam aumentando.

O patriarca considerava-se dirigente supremo da **cristandade** e rejeitava, portanto, a autoridade do papa. Este, por sua vez, não abria mão de seu poder. As relações entre o patriarca e o papa pioraram a tal ponto que, em 1054, a Igreja cristã dividiu-se em duas: a **Igreja Católica Apostólica Romana**, liderada pelo papa, e a **Igreja Cristã Ortodoxa Grega**, dirigida pelo patriarca. Essa divisão ficou conhecida como **Cisma do Oriente** e continua até os dias atuais.

Este cristianismo, chamado de ortodoxo, foi então se expandindo junto com as fronteiras do Império. Enquanto os bizantinos ampliavam suas conquistas, conseguiram evangelizar e converter povos **eslavos**, como os russos e os húngaros, ao cristianismo.

**Cristandade**
Comunidade cristã, conjunto de povos e países tidos como cristãos.

**Eslavos**
Grupos humanos que habitavam a Europa central e oriental há cerca de 5 mil anos. Entre seus descendentes atuais estão os russos, bielo-russos, sérvios, croatas, macedônios, eslovênios, tchecos, eslovacos e poloneses.

Painel. 1862. Museu de História de Sofia, Bulgária. Foto: The Bridgeman Art Library/Keystone

Os irmãos São Cirilo (à esquerda) e São Metódio (à direita) se dedicaram a evangelizar os povos eslavos, 1862. A escrita usada hoje na Rússia derivou do alfabeto glagolítico criado por eles.

# A arte bizantina

**Mosaico**
Habilidosa junção de pequenos pedaços de pedras ou vidros ou outros materiais.

A arte bizantina recebeu influências das artes grega, romana e oriental, mas o que a consagrou foi o fato de ser o primeiro estilo de arte cristã. Os **mosaicos**, expressão máxima da arte bizantina, não serviam apenas para embelezar o ambiente; visavam, antes de tudo, instruir os fiéis sobre a vida de Cristo, dos apóstolos e dos imperadores e ensinar a **Bíblia** às pessoas que não sabiam ler. Eram os sacerdotes bizantinos que ditavam as regras de como fazer uma obra de arte, e cabia aos artistas obedecer a essas regras rigorosamente.

São Pedro, por exemplo, era representado sempre de barba branca e cabelos encaracolados, também brancos; São João Batista, de barba desgrenhada; São Paulo, calvo; Jesus era mostrado vestindo azul e ouro antes da crucificação e púrpura e ouro depois da ressurreição. Essas regras tornavam os personagens facilmente reconhecíveis.

Este mosaico, representando o milagre da multiplicação dos peixes, está na Basílica de Santo Apolinário Novo, em Ravena, Itália.

Mosaico. Basílica de Santo Apolinário Novo, Ravenna.
Foto: Photo Scala, Florence - courtesy of the Ministero Beni e Att. Culturali/Glow Images

## Esplendor e queda do Império Bizantino

Após o governo de Justiniano, o Império Bizantino começou a declinar; esse processo, no entanto, não foi contínuo.

Entre os séculos IX e XI, o Império viveu um período de grande prosperidade: reconquistou as terras que havia perdido para os árabes, retomou o controle sobre o Mar Mediterrâneo e sua economia voltou a crescer. A posição geográfica de Constantinopla (entre a Europa e a Ásia) somada à existência de ótimos portos em seu território, como o de Alexandria (no Egito) e os da Grécia, e o seu domínio marítimo ajudam a explicar essa prosperidade.

A partir do século XI, no entanto, o Império Bizantino voltou a declinar sob o peso dos enormes gastos militares para defender suas fronteiras, ameaçadas por diferentes povos. Depois de sucessivos ataques, em 1453, os turcos otomanos conquistaram Constantinopla. Usando balas de canhão, armamento moderníssimo naquela época, puseram fim ao Império Bizantino.

Sob o domínio turco, Constantinopla passou a se chamar Istambul, nome que mantém até hoje. Vista aérea da cidade; em primeiro plano, a Mesquita Azul; ao fundo, Catedral de Santa Sofia. Fotografia de 2013.

David Cannon/Getty Images

# ATIVIDADES

## 1. Retomando

**1.** **Corrija a afirmativa incorreta e reescreva-a em seu caderno. Entre as razões da crise prolongada que levou à desagregação do Império Romano podemos citar:**

a) os gastos crescentes do Império Romano para conservar províncias, pagar os funcionários e manter soldados em toda a sua extensa fronteira.

b) redução dos impostos sobre a população e valorização da moeda.

c) a inflação (aumento dos preços dos aluguéis e dos alimentos).

d) pressão dos germanos sobre as fronteiras do Império Romano.

**2.** **Observe o mapa da página 280, "Germanos no Império: migrações e invasões ".**

a) Explique o título do mapa.

b) Indique os povos germânicos que ocuparam as regiões a seguir:

b1) Britânia.

b2) Gália.

b3) Hispânia.

b4) Península Itálica.

**3.** **Em 532, uma revolta popular ocorreu em Constantinopla. Monte, no caderno, uma ficha sobre essa revolta com as informações a seguir.**

a) Nome da revolta.

b) Local onde ocorreu.

c) Reivindicações.

d) Partidos envolvidos.

e) Desfecho.

**4.** **Em seu caderno, elabore as frases que deram origem ao diagrama a seguir.**

a) I G R E **J** A * O R T O D O X A

b) H **U** N O S

c) I C O N O C L A **S** T A S

d) I S **T** A M B U L

e) C **I** S M A

f) J E S U S * D E * **N** A Z A R É

g) N **I** K É

h) E S L **A** V O S

i) C O N S T A **N** T I N O

j) M **O** S A I C O

**5. Em grupo**: com orientação do(a) professor(a), criem um mosaico com personagens da História, da Arte ou do Esporte que vocês admiram. Lembrem-se de que o passo inicial é fazer o desenho do que se quer representar. Deem um título ao trabalho.

Material:

- cartolina; cola; tesoura e régua; o mosaico pode ser feito com papel picado de diferentes cores, botões, palitos ou grãos (de arroz, feijão, milho, lentilha etc.).

## II. Leitura e escrita em História

### a. Leitura de imagem

As imagens que você vê são da Catedral Ortodoxa de São Paulo. A foto da esquerda é uma vista interna; e a foto da direita é uma vista externa da catedral. Observe-as com atenção.

Rubens Chaves/Folhapress

Neoimagem

**a)** O que se pode concluir comparando a vista externa dessa igreja paulistana com a de Santa Sofia, na Turquia (mostrada neste capítulo)?

**b)** No interior da catedral, é possível ver ícones?

**c)** E na cúpula da catedral, o que se vê?

**d)** Observe e opine: na decoração dessa igreja, há a intenção de instruir os fiéis sobre o Evangelho?

## b. Leitura e escrita de textos

### VOZES DO PRESENTE

**O texto a seguir é de Cláudia Beltrão, professora de História Antiga da Universidade Federal do Estado do Rio de Janeiro (Unirio). Leia-o com atenção.**

### O casamento e a família

No Império Bizantino, a lei [...] fixava uma idade mínima para que o casamento fosse realizado: 12 anos para as meninas e 14 anos para os rapazes.

Os casamentos geralmente eram combinados pelas famílias e é curioso perceber a presença de intermediários, agentes matrimoniais que, mediante pagamento, conseguiam "bons partidos" às famílias interessadas e "bons **dotes**" à família do noivo.

A cerimônia nupcial era **solene**: o noivo, acompanhado por músicos e cantores, buscava a noiva em sua casa e dirigiam-se juntos à igreja, com numerosos acompanhantes, sob uma chuva de rosas ou violetas. Na igreja, após a cerimônia religiosa, os noivos eram coroados e trocavam-se as alianças. Em seguida, os noivos e convidados participavam do banquete na casa do noivo. (Homens e mulheres comiam em separado, para dar sorte.)

O marido era o chefe e protetor da família. [...] Era ele quem deveria manter sua família. A mulher vivia prin-

Konrad von Altstetten. c. 1340. Manuscrito. Heidelberger Liederhandschrift, Zurique

Iluminura do século XIV mostrando cena de amor.

**Dote**
Neste texto, eram os bens que a família do noivo recebia quando ele se casava.

**Solene**
Realizada em público com muito brilho.

cipalmente no **gineceu**, cuidando dos afazeres domésticos e das crianças. [...]. As mulheres das camadas populares não viviam tão **reclusas**. Algumas trabalhavam fora e havia muitas atrizes, bailarinas, cantoras e flautistas. A mais famosa dessas "artistas" bizantinas foi Teodora, que se tornou imperatriz ao se casar com Justiniano.

BELTRÃO, Cláudia. **O mundo bizantino**. São Paulo: FTD, 2000. p. 48-49.

**Gineceu**
Parte da habitação destinada às mulheres.

**Reclusa**
Presa, fechada.

a) Que nome você daria ao casamento bizantino?

b) Quais os significados de "bons partidos" e de "bons dotes" no texto?

c) Segundo o texto, que diferenças havia entre as mulheres ricas e as mulheres pobres quanto ao modo de vida?

d) **Em dupla**: que diferenças se pode estabelecer entre o papel da mulher na sociedade bizantina e o desempenhado por ela na nossa sociedade?

## c. Cruzando fontes

**Leia as fontes 1 e 2 com atenção e responda.**

**Fonte 1**

The London Art Archive/Alamy/Otherimages

Detalhe de mosaico bizantino do século VI.

**Fonte 2**

De fato, o imperador bizantino foi sempre visto pelo seu povo como um vice-Deus, uma manifestação visível da Divindade. Assim como Deus é o regulador da ordem cósmica, o imperador [...] deveria ser o regulador da ordem social. Logo, seus atos possuíam um caráter essencialmente sagrado. Na arte ele era representado por todo um simbolismo religioso: seus retratos, por exemplo, mostravam-no quase sempre com a auréola reservada aos santos e personagens divinas.

FRANCO JR., Hilário; ANDRADE FILHO,Ruy de O. **O Império Bizantino**. São Paulo: Brasiliense, 1985. p. 32. (Tudo é história).

a) Que elemento da imagem indica o cargo ou o poder do personagem representado?

b) Que elemento da imagem sugere ser ele uma figura sagrada?

c) O que a imagem sugere sobre os poderes desse personagem?

d) Que relação se pode estabelecer entre o texto e a imagem? Explique.

## III. Integrando com... Geografia

**Observe o mapa.**

A divisão do Império Romano (século IV)

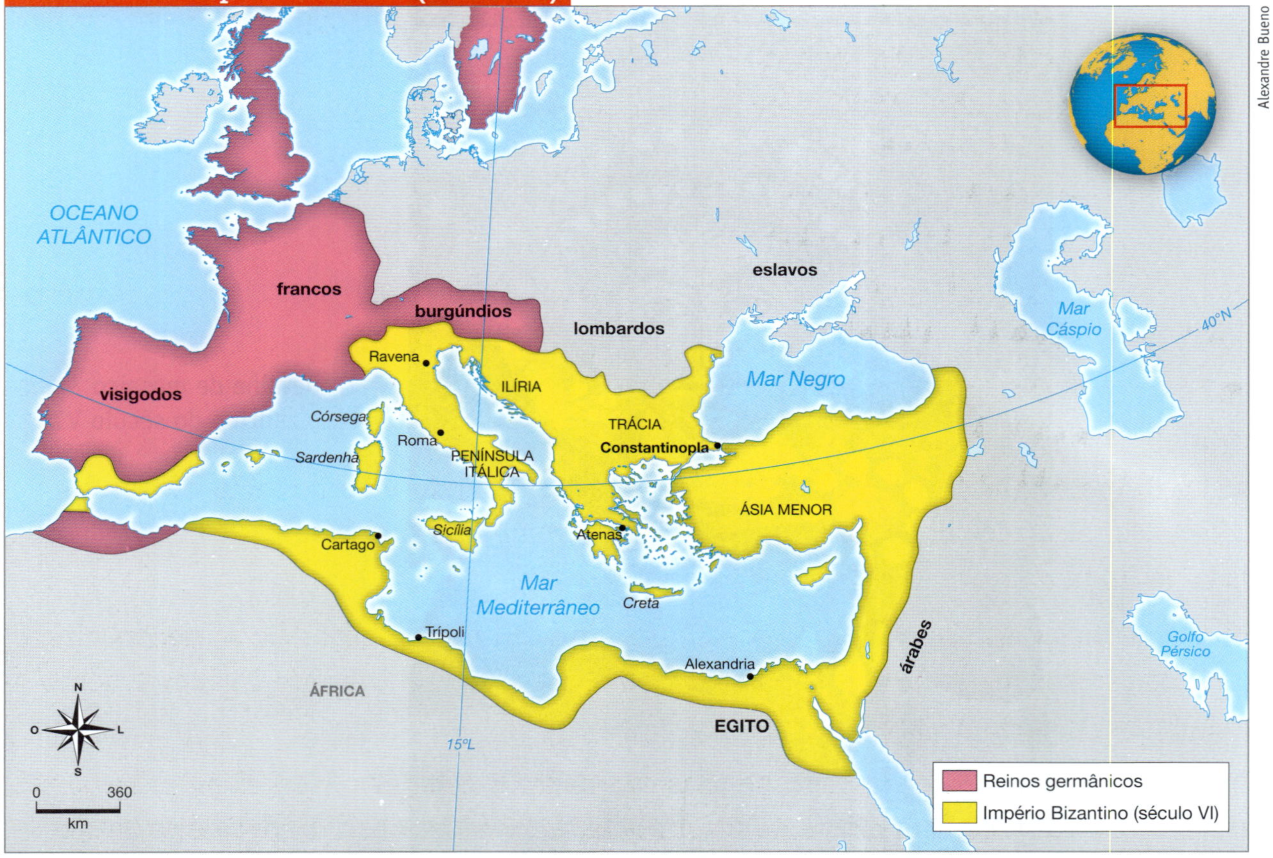


Fonte: VIDAL-NAQUET, Pierre; BERTIN, Jacques. **Atlas histórico**: da Pré-História aos nossos dias. Lisboa: Círculo de Leitores, 1990. p. 29.

a) Onde a cidade de Constantinopla está localizada? Dê as referências geográficas.

b) Constantinopla tinha, de fato, uma posição geográfica privilegiada? Justifique.

c) O que explica o fato de Constantinopla ter durado cerca de mil anos e ter resistido aos muitos ataques de seus adversários?

d) Que nome Constantinopla tem atualmente? Em que país se localiza?

## IV. Você cidadão!

### Um bispo romano e os burgúndios

Conta-se que o bispo de Clermont, Sidônio Apolinário (430-489), habitante da Gália, foi obrigado a hospedar um grupo de **burgúndios**. Depois de algum tempo, um dos seus amigos lhe perguntou por que não compunha mais versos. Veja o que ele respondeu:

> "Eu, cantar em versos... quando vivo no meio de hordas cabeludas, ensurdecido pelos sons da língua germânica, obrigado a ter a aparência de louvar algumas vezes o que canta, quando é bastante repulsivo o burgúndio de cabelos besuntados de uma manteiga rançosa? Felizes os teus olhos, felizes os teus ouvidos, feliz mesmo o teu nariz! Pois ele não sente dez vezes de manhã o odor empestado do alho ou da cebola."

ISAAC, J.; ALBA, André. **Roma**. São Paulo: Mestre Jou, 1964. p. 226.

**Burgúndio**
Povo germânico.

**Horda**
Bando indisciplinado; grupo numeroso de pessoas.

**Em sua fala, o bispo de Clermont revela uma aversão a alguns hábitos e à língua do povo burgúndio.**

a) Identifique no texto expressões que demonstram preconceito com relação à língua dos burgúndios.

b) Sidônio Apolinário disse: "Eu, cantar em versos... quando vivo no meio de hordas cabeludas, ensurdecido pelos sons da língua germânica". O que se pode concluir com base na análise dessa frase?

c) Relacione a fala do bispo ao que você estudou no capítulo e responda: o preconceito com relação aos germanos era exclusivo do bispo de Clermont ou um comportamento comum aos romanos? Explique.

d) **Em grupo.** É comum observarmos pessoas caçoando de certas expressões próprias de um grupo humano ou de uma região do Brasil. Debatam e proponham modos de enfrentar esse tipo de preconceito linguístico. Postem as propostas do grupo no ***blog* da turma**.

# BIBLIOGRAFIA

ANDE, Edna; LEMOS, Sueli. **Roma**: arte na idade antiga. São Paulo: Callis, 2011.

ASHERI, David. **O Estado persa**. São Paulo: Perspectiva, 2006.

BAKOS, Margaret (Org.). **Egiptomania**: o Egito no Brasil. São Paulo: Paris Editorial, 2004.

BEARD, Mary; HENDERSON, John. **Antiguidade clássica**: uma brevíssima introdução. Rio de Janeiro: Jorge Zahar Editor, 1998.

BERTHOLD, Margot. **História mundial do teatro**. São Paulo: Perspectiva, 2000.

BLOCH, Marc. **Apologia da história ou o ofício do historiador**. Rio de Janeiro: Jorge Zahar, 2001.

BURKE, Peter. **O que é história cultural?** Rio de Janeiro: Jorge Zahar Editor, 2005.

CARCOPINO, Jérôme. **Roma no apogeu do império**. São Paulo: Companhia das Letras, 1990.

CARDOSO, Ciro Flamarion S. **A cidade-Estado antiga**. São Paulo: Ática, 1993.

CARDOSO, Ciro Flamarion S. **Sete olhares sobre a Antiguidade**. Brasília: Ed. UnB, 1998.

CARTLEDGE, Paul. **História ilustrada da Grécia antiga**. São Paulo: Ediouro, 2009. (História ilustrada).

CAVALCANTI, Zélia (Coord.). **Caderno de leituras**: orientações para o trabalho em sala de aula. São Paulo: Companhia das Letrinhas, 2013.

CORASSIN, Maria Luiza. **Sociedade e política na Roma antiga**. São Paulo: Atual, 2001.

DEL PRIORE, Mary (Org.). **História das crianças no Brasil**. São Paulo: Contexto, 2000.

DUBY, Georges; PERROT, Michele. **História das mulheres no Ocidente**. Porto: Afrontamento, 1990. v. 1.

FAIRBANK, John King. **China**: uma nova história. Porto Alegre: L&PM, 2008.

FAUSTO, Carlos. **Os índios antes do Brasil**. São Paulo: Jorge Zahar Editor, 2000.

FAVERSANI, Fábio. **A pobreza no Satyricon de Petrônio**. Ouro Preto: Ed. Ufop, 1999.

FEIJÓ, Martin Cezar. **Antigo Egito**: o novo império. São Paulo: Ática, 2009.

FINLEY, Moses I. **Escravidão antiga e ideologia moderna**. Rio de Janeiro: Graal, 1991.

FLORENZANO, Maria Beatriz B. **Nascer, viver e morrer na Grécia antiga**. São Paulo: Atual, 1996.

FONTANA, Josep. **A história dos homens**. Bauru: Edusc, 2004.

FUNARI, Pedro P. **Antiguidade clássica**: a história e a cultura a partir dos documentos. Campinas: Unicamp, 1995.

FUNARI, Pedro Paulo Abreu. **Grécia e Roma**. São Paulo: Contexto, 2001. (Repensando a história).

GASPAR, Madu. **Sambaqui**: arqueologia do litoral brasileiro. Rio de Janeiro: Jorge Zahar Editor, 2002.

GRANDAZZI, Alexandre. **As origens de Roma**. São Paulo: Ed. Unesp, 2010.

GUARINELLO, Norberto L. **História antiga**. São Paulo: Contexto, 2014.

JACQ, Christian. **As egípcias**: retratos de mulheres do Egito faraônico. 5. ed. Rio de Janeiro: Bertrand Brasil, 2002.

JOLY, Fábio Duarte. **A escravidão na Roma antiga**: política, economia e cultura. São Paulo: Alameda, 2005.

JOLY, Fábio Duarte. **Tácito e a metáfora da escravidão**. São Paulo: Edusp, 2004.

JONES, Peter V. (Org.). **O mundo de Atenas**: uma introdução à cultura clássica ateniense. São Paulo: Martins Fontes, 1997.

KI-ZERBO, Joseph (Org.). **História geral da África**: metodologia e pré-história da África. Brasília: Unesco, 2010. v. 1.

KUPER, Adam. **Cultura**: a visão dos antropólogos. Bauru: Edusc, 2002.

LE GOFF, Jacques. **História e memória**. Campinas: Editora Unicamp, 1996.

LEAKEY, Richard E. **A origem da espécie humana**. Rio de Janeiro: Rocco, 1995. (Ciência atual).

LESSA, Fábio de Souza. **Mulheres de Atenas**: Mélissa – do Gineceu à Agorá. Rio de Janeiro: Mauad X, 2010.

MELATTI, Julio Cezar. **Índios do Brasil**. São Paulo: Edusp, 2007.

MOKHTAR, G. (Coord.). **História geral da África**: a África antiga. São Paulo: Ática/Paris: Unesco, 1983. (História geral da África, v. 2).

MOSSÉ, Claude. **Atenas**: a história de uma democracia. Brasília: Ed. UnB, 1997.

NEVES, Walter A.; PILÓ, Luís B. **O povo de Luzia**: em busca dos primeiros americanos. São Paulo: Globo, 2008.

PINSKY, Jaime. **As primeiras civilizações**. São Paulo: Contexto, 2001. (Repensando a História).

PROUS, André. **Arqueologia brasileira**. Brasília: Ed. UnB, 1992.

SCLIAR, Moacyr. **ABC do mundo judaico**. São Paulo: SM, 2007.

SELEEM, Ramses. **O livro dos mortos do antigo Egito**. São Paulo: Madras, 2003.

SILVA, Alberto da Costa e. **A enxada e a lança**: a Africa antes dos portugueses. Rio de Janeiro: Nova Fronteira, 2011.

TODOROV, Tzvetan. **Nós e os outros**: a reflexão francesa sobre a diversidade humana. Rio de Janeiro: Jorge Zahar Editor, 1993.

TREVISAN, Cláudia. **Os chineses**. São Paulo: Contexto, 2009.

VERNANT, Jean-Pierre. **As origens do pensamento grego**. Rio de Janeiro: Difel, 2009.

VERNANT, Jean-Pierre; VIDAL-NAQUET, Pierre. **Mito e tragédia na Grécia antiga**. São Paulo: Perspectiva, 1999.

VEYNE, Paul. **Do império romano ao ano mil**. São Paulo: Companhia das Letras, 1990. v. 1. (História da vida privada).

VEYNE, Paul. **História da vida privada**: do império romano ao ano mil. São Paulo: Companhia das Letras, 1990. v. 1.

# HISTÓRIA 6
## Sociedade & Cidadania

# MAPAS DE APOIO



FTD

## América (político)

Allmaps

Fonte: ATLAS geográfico escolar. 6. ed. Rio de Janeiro: IBGE, 2012. p. 37; 39; 41.

# África (político)

Allmaps

Fonte: ATLAS geográfico escolar. 6. ed. Rio de Janeiro: IBGE, 2012. p. 45.

# Europa (político)

Fonte: ATLAS geográfico escolar. 6. ed. Rio de Janeiro: IBGE, 2012. p. 43.

## Planisfério

Allmaps

Fonte: ATLAS geográfico escolar. 6. ed. Rio de Janeiro: IBGE, 2012. p. 32.

OCEANO GLACIAL ÁRTICO
Mar de Barents
Mar da Sibéria Oriental
FEDERAÇÃO RUSSA
FINLÂNDIA
SUÉCIA
ESTÔNIA
LETÔNIA
LITUÂNIA
POLÔNIA
BELARUS
UCRÂNIA
MOLDÁVIA
ÁUSTRIA
ROMÊNIA
BULGÁRIA
GRÉCIA
ITÁLIA
MALTA
Mar Mediterrâneo
Mar de Okhotsk
Mar de Bering
CASAQUISTÃO
MONGÓLIA
UZBEQUISTÃO
QUIRGUISTÃO
TADJIQUISTÃO
TURCOMENISTÃO
GEÓRGIA
ARMÊNIA
TURQUIA
CHIPRE
SÍRIA
LÍBANO
ISRAEL
IRAQUE
JORDÂNIA
KUWAIT
IRÃ
AFEGANISTÃO
PAQUISTÃO
COREIA DO NORTE
COREIA DO SUL
Mar do Japão
JAPÃO
CHINA
OCEANO PACÍFICO
Mar da China Oriental
LÍBIA
EGITO
BAREIN
CATAR
ARÁBIA SAUDITA
OMÃ
NEPAL
BUTÃO
BANGLADESH
ÍNDIA
MIANMAR
LAOS
TAIWAN
Mar das Filipinas
CHADE
SUDÃO
ERITREIA
IÊMEN
Golfo de Áden
Mar da Arábia
Golfo de Bengala
TAILÂNDIA
VIETNÃ
CAMBOJA
Mar da China Meridional
FILIPINAS
DJIBUTI
ETIÓPIA
SUDÃO DO SUL
REP. CENTRO-AFRICANA
SOMÁLIA
SRI LANKA
MALDIVAS
PALAU
ESTADOS FEDERADOS DA MICRONÉSIA
ILHAS MARSHALL
BRUNEI
MALÁSIA
UGANDA
QUÊNIA
REP. DEM. DO CONGO
CONGO
RUANDA
BURUNDI
TANZÂNIA
SEICHELES
NAURU
KIRIBATI
Vaiaku
INDONÉSIA
PAPUA NOVA GUINÉ
ILHAS SALOMÃO
TIMOR LESTE
COMORES
OCEANO ÍNDICO
ANGOLA
ZÂMBIA
MALAUÍ
MOÇAMBIQUE
ZIMBÁBUE
NAMÍBIA
BOTSUANA
MADAGASCAR
MAURÍCIO
Mar de Coral
VANUATU
FIJI
SUAZILÂNDIA
LESOTO
ÁFRICA DO SUL
AUSTRÁLIA
Grande Baía Australiana
Mar da Tasmânia
NOVA ZELÂNDIA
OCEANO GLACIAL ANTÁRTICO
Círculo Polar Antártico
20°L
40°L
60°L
80°L
100°L
120°L
140°L
160°L
R T I D A
N
O
L
S
0
911
km

## Ásia (político)

Allmaps

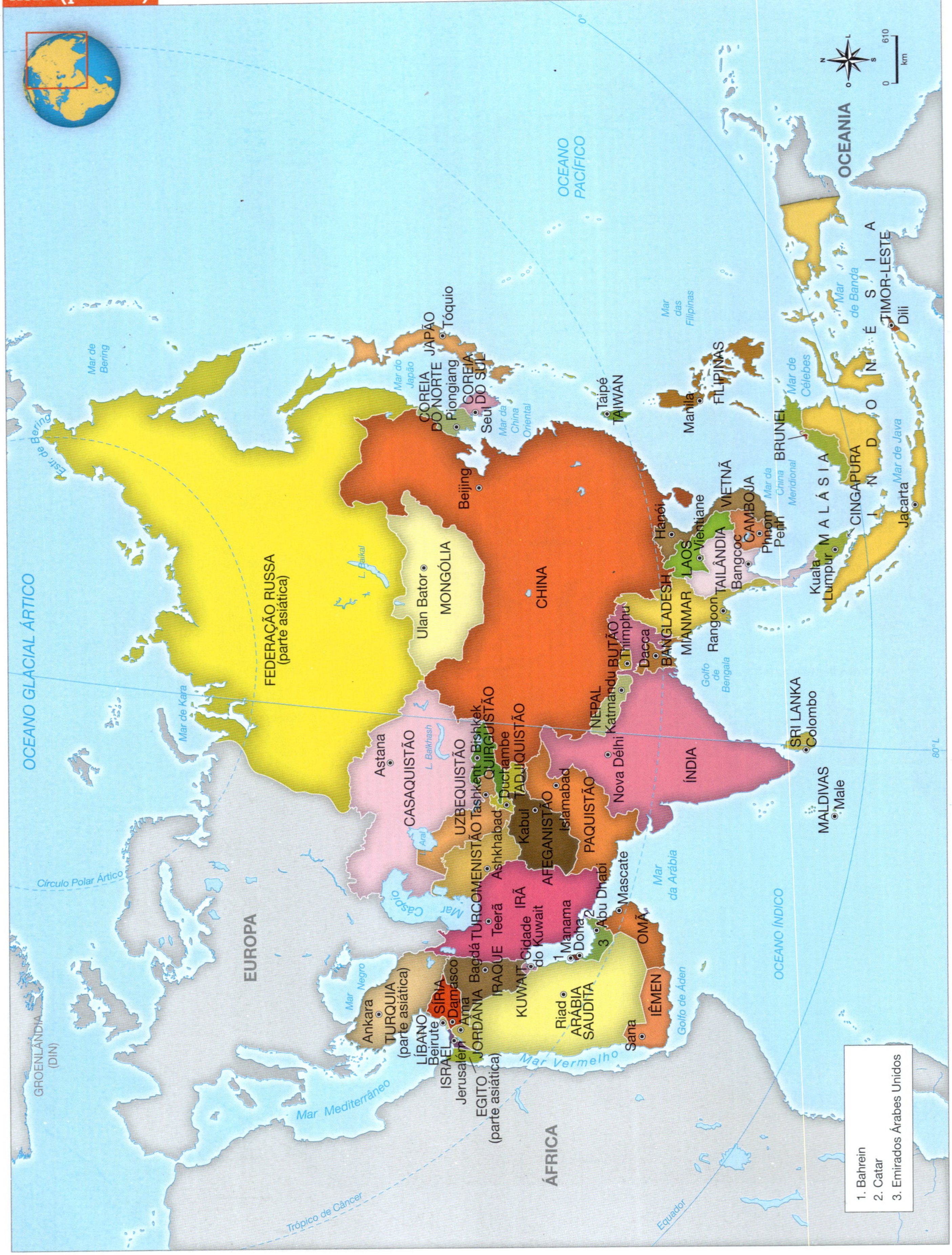


Fonte: ATLAS geográfico escolar. 6. ed. Rio de Janeiro: IBGE, 2012. p. 47; 49; 51.